JN235516

知りたいことがパッとわかる
ダンゼン得する
会社設立のしかたがよくわかる本

司法書士 鎌田幸子
税理士 北川真貴
社会保険労務士 山口絵理子
弁護士 今井多恵子

ソーテック社

本書の内容には、正確を期するよう万全の努力を払いましたが、記述内容に誤り、誤植などがありましても、その責任は負いかねますのでご了承ください。

＊本書の内容は、特に明記した場合をのぞき、2013年3月1日現在の法令等に基づいています。

Cover Design…Yoshiko Shimizu (smz')
Illustration…Yasuko Tanaka

はじめに

この本が生まれたきっかけ

　この本は4人の士業（さむらいぎょう）が書いています。登記のことは司法書士、税金のことは税理士、労務・社会保険のことは社会保険労務士、法務のことは弁護士といったように、士業にはそれぞれの専門分野があります。

　会社をつくる場合にも、各分野が関係してきますが、**1冊の本で会社設立にまつわるすべての必要不可欠なことが完結**すれば、どんなに便利だろう。そういった思いからこの本が生まれました。

「会社をつくる」にはどうすればいいのか

　「自分の名前で仕事がしたい」「社長になりたい」「独立したい」。

　きっかけは異なるにしても、この本を手に取ってくださった人は、会社をつくりたい、またはいずれ会社をつくってみたいと考えている人でしょう。

　では、**会社をつくるためには何をすればよいのでしょうか？**

　会社をつくったらまず何をしなければいけないのでしょうか？

　そういったことは学校で教えてくれるわけでもなく、自ら学んでいかなければなりません。

　しかし、登記や税務といった慣れない手続きには思ったよりも多くの時間がかかり、煩わしさを感じることでしょう。ただでさえ、やることがたくさんあって忙しいときに、じっくりと1つひとつ進めていく余裕がない人も多いと思います。

　でも大丈夫です。**知識ゼロからスタートして、最後までちゃんとできるように・わかるように、1冊にまとめました。**

この本の読み方

　この本では、会社をつくるための準備から会社をつくったあとの諸手続きについてまで、順番に説明しています。

　第1章から読み進めれば、何を決めてどんなものを用意すればいいのか、どこに何を提出すればいいのかがわかるようになっています。

　第2章から第4章までは、会社ができるまでのことを順を追って詳しくまとめています。

> 　第5章は会社ができたあとにする手続きについて、わかるようになっています。
> 　第6章は個人事業ですでに事業をはじめている人向けの注意点を書いています。

　単に手続きの説明だけでなく、会社や登記がどういったものか、代表取締役社長と会長の違いなど、会社を運営していくうえで役立つ情報も満載です。

　書き込み式のチェックシートや定款のサンプル、各書類のひな型も豊富に載せています。効率よく進めていくための助けとなるので、必要に応じてコピーしたりして、ぜひ利用してください。

みなさまへの感謝の意を込めて

　最後に、この本をつくるにあたりご協力いただいたすべての人に心よりお礼申し上げます。

　そして、読者のみなさまにとって、この本が会社をつくる際の一助になれば幸いです。みなさまの夢が花開くための最初のお手伝いができたのであれば、この本の役目は果たしたと思います。

　大きな花に育つかどうかはみなさま次第です。みなさまのつくった会社が末永く発展していくことを、私たちは心から願っています。

著者を代表して　　鎌　田　幸　子

目 次

第1章 会社設立のポイントを知っておこう

> 基本的なことから、とにかくわかりやすくまとめてみました!

1-1 会社設立のための基礎知識

1. 会社をつくるには「登記」が必要..................16
   - 株式会社と合同会社の違い ❶
   - 株式会社と合同会社の違い ❷
   - 設立登記までの流れをザッと知っておこう

1-2 タイムテーブルで見る会社設立までの流れ

1. 会社設立のスケジュール..................19
   - 窓口別手続き早見表
   - 最短1週間で会社をつくる場合のタイムテーブル

第2章 1つひとつ順を追って決めていこう

2-1 株式会社をつくるにはいくらかかる?

1. 手続きにかかる費用..................24
   - 会社設立にかかる費用の一覧
2. 定款の認証にかかる費用..................25
   - 紙の定款で認証をした場合と電子定款の認証をした場合の費用の比較

2-2 会社の概要を決めよう

1. 決めたことをチェックシートに書こう..................27
   - 決定事項チェックシート

2-3 会社の名称(商号)を決めよう

1. 会社の名称の決め方 29
   - 決定事項チェックシートに商号を書く
2. 商号を決めるときのルール 32
   - **column** 商号の名板貸 34
3. 商号の調査をしよう 35
   - サンプル 閲覧申請書例
4. 登記はできるけど、商号が使用できない場合もある 39
   - 決定事項チェックシートに商号を書く
5. 商号を守るための商標登録 41

2-4 お金を出す人と運営をする人を決めよう

1. 会社にはこれだけの人が必要 42
   - お金を出す人と会社の運営をする人
2. 発起人を決めよう 43
   - 1人で出資した場合
   - 複数名で出資した場合
   - 決定事項チェックシートに出資者(発起人)を書く
3. 役員を決めよう 46
   - 取締役になれない人
   - 決定事項チェックシートに取締役を書く
   - 取締役会を設置している会社と設置していない会社の比較
   - 取締役会を置くメリット
   - 取締役会を置くデメリット
   - 決定事項チェックシートに監査役・取締役会を書く
   - 役員の構成例
   - **column** 会長、社長、専務と代表取締役は何が違うか 54
4. 役員の任期を決めよう 55
5. 複数のメンバーで設立する場合の注意点と任期 56

2-5 資本金の決め方・資金の調達のしかた

1. 資本金はいくらにすればよいか 58
   - 資本金の決め方
   - 決定事項チェックシートに資本金を書く
2. 金銭以外で出資する方法 62
   - 資本金100万円 ⇒ 現金 ＋ 現物でもOK!
   - 検査役の調査が不要な現物出資

2-6 会社の本店の所在場所を決めよう

1. 会社の本店は法律上の住所 64
   - サンプル 定款の記載例
   - サンプル 登記の記載例
   - 決定事項チェックシートに本店住所を書く
2. 事務所の賃貸借契約の注意事項 67

2-7 印鑑の手配

1. 会社を設立するときに必要な印鑑は2種類 70
   - 会社の登記段階で必要な印鑑の種類
2. 印鑑をつくろう 71
   - サンプル 個人の認印・銀行印・実印例
   - サンプル 印鑑登録申請書例（個人用、東京都中央区の場合）
   - サンプル 印鑑登録証明書交付申請書例
                     （個人用、東京都中央区の場合）
   - 個人の印鑑証明書を取得するまでの流れ
   - サンプル 会社の実印例
   - 会社の印鑑証明書を取得するまでの流れ
   - サンプル 会社の銀行印例
   - サンプル 会社の角印例
   - サンプル 会社のゴム印（住所印）例

2-8 事業目的を決めよう

1. 「会社の目的」とは？ 77
2. 「目的」を決めるときに気をつけること 79
   - 決定事項チェックシートに目的を書く

サンプル　業種別会社目的例

2-9　決算期と公告のしかたを決めよう

1. 決算期の決め方 86
- 決算期の選び方（消費税の観点から）
- 決定事項チェックシートに事業年度を書く

2. 公告の方法 89
　　　サンプル　官報公告例
- 決定事項チェックシートに公告方法を書く

2-10　そのほか決めておくとよいこと

1. 株式の譲渡制限に関する規定 91
- 決定事項チェックシートに株式譲渡制限規定を書く

2. 設立当初発行する株式の数 92
- 1株1万円としたときの例

3. 発行できる株式の数 93
- 決定事項チェックシートに発行可能株式総数を書く

2-11　そのほか確認しておくとよいこと

1. 許可がないとできないお仕事？ 94
- 許可・届け出が必要な仕事例

2. 助成金について知っておこう 97
- 助成金がもらえる例

第3章　定款を作成しよう

3-1　定款は会社のルール

1. 定款に記載する事項 100
- 定款の作成から認証までの流れ
- 一般的な定款の構成

2. 絶対的記載事項を知ろう..102
   - 絶対的記載事項
3. 相対的記載事項を知ろう..103
   - 相対的記載事項例
4. 任意的記載事項を知ろう..104
   - 任意的記載事項例

3-2 実際に定款を書いてみよう

1. 定款の書き方..105
   サンプル 文字の大きさ例　サンプル 署名押印例
   サンプル 記名押印例
   - ホチキスで留める場合
   - 袋とじにする場合（ミミの部分を自作する例）
   - 袋とじにする場合（製本テープを利用する例）
   サンプル 訂正印例　サンプル 捨印例
2. 発起人1人、取締役1人、取締役会を設置しない会社の定款.............111
   サンプル 定款例
3. 発起人1人以上、取締役3人以上、監査役1人以上、
   取締役会を設置する会社の定款...120
   サンプル 定款例

3-3 公証役場の認証を受けよう

1. 認証手続きの流れ..129
2. 公証役場に定款の認証に行くときに必要なもの......................131
   column　公証役場とはどういうところ？..................................132
   サンプル 委任状例
   - 定款の認証の際に、公証役場に持っていくもの
   column　原本と謄本と抄本の違い..135
3. 電子定款の認証をざっくり知ろう......................................136
   サンプル 電子定款の認証手続きを代理人に依頼するときの委任状例
   - 電子定款認証の流れ　● 認証機関
   サンプル 電子定款の末尾例

- 登記・供託オンライン申請システムの申請用総合ソフトと申請者操作手引書のダウンロードページ
- 申請者操作手引書

第4章 登記をしよう

4-1 登記って何?

1. 登記までの流れ..148
   - 定款認証が終わってから登記までの流れ
2. 登記する事項..150
   - 登記する事項一覧

   column 変更事項を登記しなかったり、嘘の登記をしたら？........151

4-2 資本金の払い込みをしよう

1. 定款の認証が終わったら資本金の払い込みをしよう 152
2. 資本金の払込方法と注意点....................................154
   - 平成24年12月5日に定款の認証を受け、12月10日に資本金の払い込みをする場合
3. 資本金の払込や現物出資の証明書をつくろう..........................157
   - **サンプル** 払込があったことを証する書面例
   - 通帳のコピーを取る頁
   - 払込証明書のとじ方
   - **サンプル** 調査報告書例
     （※ 現物出資をする物の価額が500万円以下の場合）
   - **サンプル** 財産引継書例
     （※ 現物出資をする物の価額が500万円以下の場合）

4-3 登記に必要な書類

1. 登記（発起設立）で必要な書類の確認 164
   - 取締役会を設置しない会社の場合の必要書類一覧表（チェックシート）

- 取締役会を設置する会社の場合の必要書類一覧表（チェックシート）

2. 登記申請書をつくろう 167

   サンプル 登記申請書例 ❶　取締役会非設置［取締役が1人で（定款で取締役を決めている）、金銭の出資のみの場合］

   サンプル 登記申請書例 ❷　取締役会設置［取締役が3人、代表取締役1名、監査役1名（定款で取締役・監査役・代表取締役を決めている）、金銭の出資のみの場合］

   サンプル 登録免許税納付用台紙例

   サンプル OCR用申請用紙例（取締役会非設置の場合）

   サンプル OCR用申請用紙例（訂正がある場合）

   - 磁気ディスクの種類
   - 磁気ディスクの記録の主な注意点

   サンプル 書式例　登記すべき事項をCD-Rへ記録する場合の記載例（取締役会設置会社の場合）

3. 添付書類① 発起人の決定書 180

   サンプル 発起人の決定書例

4. 添付書類② 就任承諾書 182

   サンプル 就任承諾書（設立時取締役）例

   サンプル 就任承諾書（設立時代表取締役）例

   サンプル 就任承諾書（設立時監査役）例

5. 添付書類③ 資本金の額の計上に関する証明書 185

   サンプル 資本金の額の計上に関する証明書例

6. 添付書類④ 印鑑届出書 187

   サンプル 印鑑（改印）届書例（代表取締役本人が提出する場合）

7. 書類をとじよう.. 189

   - 書類をとじる順番（取締役会を設置していない会社で金銭の出資のみの場合）

   サンプル 書類のセット例（取締役会を設置していない会社で金銭出資のみの場合）

4-4　登記の申請

1. 登記申請から完了までの手順を押さえよう.............................. 192

   - 登記申請から完了までの流れ

   サンプル 取下書例

2. 登記申請書を法務局に提出する..194

4-5 登記完了後に取得する書類

1. 登記事項証明書..197
   - 窓口とオンラインとの取得費用の比較
   - 登記事項証明書の種類
   - サンプル 登記事項証明書交付申請書例
   - サンプル 履歴事項全部証明書例
2. 印鑑証明書、印鑑カードの取得のしかた..................................202
   - サンプル 印鑑カード交付申請書例
   - サンプル 印鑑証明書交付申請書例
3. 登記事項証明書、印鑑証明書はどんなときに使うのか 205
   - サンプル 印鑑証明書例

第5章 銀行口座開設と諸官庁への届け出

5-1 銀行口座を開設する

1. 取引金融機関の決め方..208
2. 口座を開設しに行こう..212
   - 会社の口座開設の際に必要な主な書類と持ち物例

5-2 会社設立後にしなくてはいけない届け出

1. 会社設立後に必要な税金に関する届出書類............................213
   - 会社をつくったら納めなくてはいけない税金とその納め先
   - 各種書類の提出先と提出期限チェックシート
2. 税務署に届け出る書類..215
   - 税務署に届け出る書類　● 添付書類
   - サンプル 法人設立届出書例
   - サンプル 株主名簿と設立時貸借対照表例
   - サンプル 青色申告の承認申請書例

- ● 給与支払事務所の役割と例
- サンプル 給与支払事務所等の開設届出書例
- サンプル 源泉所得税の納期の特例の承認に関する申請書例
- 棚卸資産の評価方法の届出書
  - ● 棚卸資産のしくみ
- 減価償却資産の償却方法の届出書
  - ● 定額法　● 定率法

3. 都道府県税事務所に届け出る書類 227

4. 市町村に届け出る書類 228

5. 年金事務所に届け出る書類 229
   - ● 労働時間の上限は1日＝8時間、1週間＝40時間

6. 労働基準監督署に届け出る書類 231
   - ● 各種書類の提出先と提出期限チェックシート
     　　　　　　　　　　　（労働基準監督署届出用）

7. ハローワークに届け出る書類 233
   - ● 加入要件の目安
   - ● 各種書類の提出先と提出期限チェックシート
     　　　　　　　　　　　（ハローワーク届出用）

5-3　資金の調達

1. 開業資金の借り方 235
   - ● 創業時の資金調達方法

2. 日本政策金融公庫の「新創業融資制度」の融資の受け方 236
   - ● 融資制度概要　● 融資実行手順
   - ● 主な必要書類
   - ● 面談でしっかり答えたい項目
   - サンプル 借入申込書例
   - サンプル 創業計画書例

3. 自治体の「制度融資」の受け方 247
   - ● 東京都の制度融資概要
   - ● 融資実行手順
   - サンプル 信用保証委託申込書例

4.「新創業融資制度」と「制度融資」の注意点 253

第 6 章　個人事業者が法人成りしたらすること

6-1　法人成りをするとき・したあとにすること

1. 法人成りに伴う流れ..256

6-2　法人成りをするとき

1. 「資産」や「負債」を引き継がない場合.....................................257
   - 「資産」や「負債」を引き継がない場合にするべきこと（その1）
   - 「資産」や「負債」を引き継がない場合にするべきこと（その2）
   - 資産や負債を会社に引き継がない場合の売上代金の回収や経費の支払い

2. 「資産」や「負債」を引き継ぐ場合...259
   - 個人事業から会社への財産の引き継ぎ方
   ❶ 売買契約
   - 個人事業と会社の社長は同一人物でも両者は別人
   ❷ 現物出資
   - 金銭出資も現物出資も同じ資本金
   ❸ 賃貸借契約
   - 会社へ資産負債を引き継ぐ方法の決め方（お勧めな方法）

6-3　法人成りしたあと

1. 法人成りしたあとの個人事業者としての確定申告 265
   - トラックの売却にかかる税金
   - 個人事業の事業税の見込額の計算方法

2. 個人事業の廃業に伴う届出書 268
   - サンプル ❶ 個人事業の開業・廃業等届出例
   - サンプル ❷ 所得税の青色申告の取りやめ届出書例
   - サンプル ❸ 給与支払事務所等の廃止届出書例
   - サンプル ❹ 事業廃止届出書（消費税）例

索引 273

この章の中で、何月何日に●●●をしようと決めたらここに書き込んで、実際にやったらチェックを入れましょう。

月　日 .... ☐
月　日 .... ☐
月　日 .... ☐

第1章

会社設立のポイントを知っておこう

　いざ「起業しよう！」と思っても、何を決めて何をすればいいのかわかりづらいものです。会社をつくるとなると、いろいろな手続きがあって難しく感じるかもしれませんが、ポイントと流れを押さえていけば、それほど大変な作業ではありません。

　本書では、第1章から読み進めていけば自分で会社をつくることができるように、わかりやすく各手続きについて説明しています。第1章では、会社をつくるうえでの基礎知識と大まかな流れを説明しています。まずは、会社をつくるまでの流れをザッとつかみましょう。

1-1 会社設立のための基礎知識

1. 会社をつくるには「登記」が必要

❶ 個人事業と法人

　起業をしようと思ったときに、「個人事業」で事業を行っていくか、「法人」で事業を行っていくか、2つの選択肢があります。

　法人は、法務局に登録（これを「登記」といいます）する必要があります。登記は個人でいうところの出生届にあたり、登記をすることで法人が新たに誕生します。登記をすれば、個人と同じように、法律上の権利や義務の主体となることができます。実際に経営を行うのは法人の代表者や役員ですが、事業に関わるあらゆる権利・義務が法人に帰属します。

　たとえば、事務所の賃貸借契約をする場合、事務所を借りることを決めるのは法人の代表者（社長）や役員ですが、契約の名義は法人名義となります。原則として、事務所を使用することができるのは借主の法人であって、代表者個人が勝手にプライベートで使用してはいけません。事務所の家賃を払うのも借主である法人であって、法人が支払えないからといって代表者が当然に支払う義務はありません。

　法人の中でも、特に、経済的な利益を追求する団体が「会社」になります。会社にもいろいろ種類がありますが、一般的に一番知られているのは「株式会社」です。

❷ 会社の種類

　会社にはいくつか種類があります。**事業をはじめる際には、株式会社か合同会社のいずれかを選択することが多いです。合同会社は株式会社をさらに小さくしたようなイメージ**で、小規模の事業をするのに向いている会社です。どちらも登記が必要な点は同じですが、コストや組織の構成などが異なります。

● 株式会社と合同会社の違い ❶

	定款の認証	登記	設立費用	知名度	事業拡大
株式会社	必要	必要	24万円〜	ある	小規模から大規模まで可
合同会社	不要（定款の作成は必要）	必要	6万円〜	あまり知られていない	小規模の事業

❸ 信用面から株式会社がお勧め

　株式会社と合同会社は共通点も多いですが、広く一般に知られているのは圧倒的に株式会社です。合同会社は費用が安くすむというメリットがありますが、会社法になってからつくられた新しい会社形態のため、知らない人も多いでしょう。また、**将来的に役員を増やしたり事業の拡大をしていく場合は、お金を出す人（出資する人、会社設立後は「株主」という）と経営を行う人（役員）が分かれている株式会社のほうがお勧め**です。登記されている会社の形態も圧倒的に株式会社が多いため、特に理由がなければ株式会社がお勧めです。

● 株式会社と合同会社の違い ❷

● 株式会社

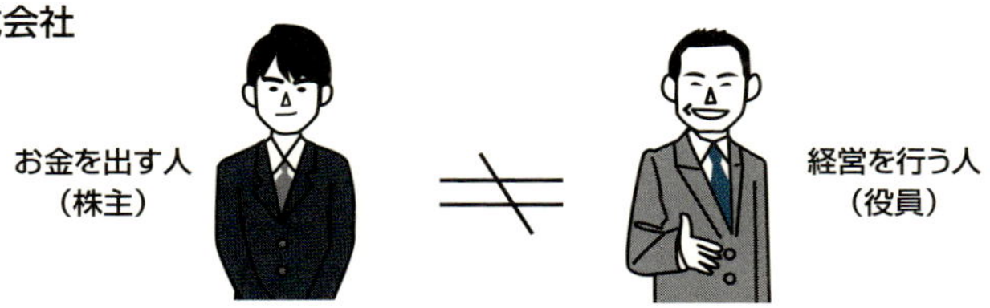

お金を出す人（株主） ≠ 経営を行う人（役員）

※ 同じ人が株主と役員になってもかまいません。

● 合同会社

お金を出す人（社員） ＝ 経営を行う人（社員）

※ 経営を行う人を一定の人に限定することも可能です。

❹ 会社をつくる＝登記をする

　会社は、法務局に登記（登録）をすることで「法人」として認められます。つまり、**登記をすることで、はじめて、会社名義で契約を行ったり、銀行に口座開設ができるようになります**。個人事業の場合は、税務署に開業届などを出せばよいのですが、会社の場合は、まずさまざまな書類を作成し、定款の認証や登記の申請といった一定の手続きを経なければなりません。

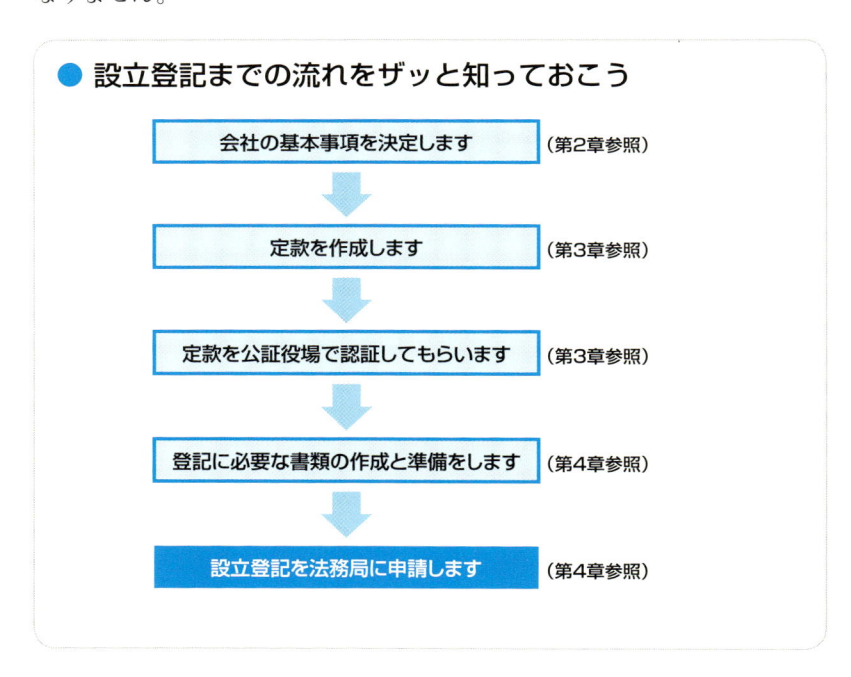

● 設立登記までの流れをザッと知っておこう

```
会社の基本事項を決定します　　　　　（第2章参照）
          ↓
定款を作成します　　　　　　　　　　（第3章参照）
          ↓
定款を公証役場で認証してもらいます　（第3章参照）
          ↓
登記に必要な書類の作成と準備をします（第4章参照）
          ↓
設立登記を法務局に申請します　　　　（第4章参照）
```

設立の登記を申請するまで、いくつか手順を踏まなければなりません。まずは会社の内容を決めていきます。

1-2 タイムテーブルで見る会社設立までの流れ

1. 会社設立のスケジュール

株式会社を設立する手続きは、大きく3つに分けることができます。

❶ 定款の認証

会社は株主がお金などを出し、役員が事業を運営することで発展していきます（株主も役員になれます）。したがって、複数の関係者が関わってきます。そこで、**会社に関する一定の約束事を決める必要があります**。この約束事をまとめたものを「定款」といいます。定款は、作成したのち、「公証役場」（132頁参照）というところで正しく作成されていることを確認してもらわなければなりません（定款の認証）。定款の認証は設立の登記をするために必ず必要な手続きで、省くことはできません。

❷ 設立登記

子どもが生まれたら出生届を提出するのと同様に、会社を設立する際には、まず法務局という役所で「設立登記」をします。

「登記」という言葉は聞き慣れませんが、**簡単にいうと法務局に会社の重要な情報を登録すること**です。第4章で詳しく解説します。

❸-1 各種届出【新規設立の場合】

会社を運営していくためには、諸官庁に手続きが必要になります。会社を設立したら、その旨を税務署、年金事務所などに速やかに届け出ます。提出の期限はそれぞれ異なるので、遅れることのないように順番に提出していきます。なお、登記が完了しなければ登記事項証明書（197頁参照）が取れないため、**銀行で会社名義の口座をつくるのも、登記が完了してから行う**ことになります。詳しくは第5章で説明します。

❸-2 各種届出【法人成りの場合】

　一からはじめる場合の新規設立に対し、**すでに個人事業者として活動していた人が事業を株式会社に引き継ぐことを「法人成り」**といいます。

　法人成りするときには、事業を会社が引き継ぐので、個人事業の廃業手続きと会社の設立手続きとを一連の流れですませなければなりません。会社をつくるための手続きは新規設立の場合とほぼ変わりませんが、現物出資をするときには注意が必要です。法人成りに特有の手続きについては、第6章で説明します。

手続きは1カ月程度かかる

　会社をつくるには、いろいろと決めなければならないことや用意しなければならないものがあるため、思いのほか時間がかかります。設立登記の準備にすべての時間を注ぐことができない場合もあるでしょうし、公証役場や法務局で手続きをしなければいけないので、自分の予定どおりに進まない場合もあります。

　設立登記を法務局に申請するまでの準備期間を2週間、法務局に登記の申請をしてからその後の諸手続きに1～2週間ほど見ておきましょう。そうすれば余裕を持って進めることができます。

　法務局に設立登記を申請してから、その申請内容の審査が行われます。不備がなければ、3日から1週間前後で審査は完了します。それぞれの法務局の混み具合などによって、完了までの審査期間が変わるので、急ぎの場合は早めに登記の申請を行いましょう。

まとめ

- 会社をつくる ＝ 設立登記をする
- 会社をつくるには、大きく3つの手続きがある
   ❶ 定款の認証　❷ 登記　❸ その後の手続き、各種届出
- 会社をつくるまで、1カ月程度見ておくとよい

● 窓口別手続き早見表

法：法人成りの場合に必要となる手続き

手続きをする役所 / タイムテーブル	公証役場	法務局	市区町村	税務署など	年金事務所、労働基準監督署、公共職業安定所（ハローワーク）	金融機関
会社設立登記の前（準備中）（第2章・第3章参照）	定款の認証	・事業目的の確認※1 ・商号の調査 ・申請書類の入手	・発起人（出資をする人）と役員の印鑑証明書の入手			・出資の払い込み（個人の口座）
会社設立登記（第4章参照）		・設立登記の申請 ↓ 会社設立の日				
会社設立登記の完了後（第5章・第6章参照）		・登記事項証明書の取得 ・印鑑カードの取得 ・会社の印鑑証明書の取得	・個人事業主の健康保険資格喪失手続き（年金事務所への手続き後速やかに）法 ・従業員の住所地ごとに特別徴収義務者の変更届	・設立時に必要となる各種届出書の提出（設立から1カ月以内）※2 ・個人事業の廃業に必要となる各種届出書の提出（廃業から1カ月以内）法	・年金事務所へ各種届出書の提出（設立から5日以内） ・労働基準監督署への各種届出書の提出（労働者を雇い入れた日の翌日から10日以内） ・公共職業安定所（ハローワーク）へ各種届出書の提出（設置した日の翌日から10日以内）	・会社名義の口座の開設手続き ・資本金を会社名義の口座に振り替える

※1 許認可事業を行う場合には、監督官庁にも確認しておくと安心です。
　　許認可の申請自体は、登記が完了したあとに行います。
※2 各種届出書の中には1カ月よりあとに提出してもかまわないものもありますが、忘れないように1度にすべて提出したほうが無難です。また、設立第1期が1カ月以内の場合には、事業年度末の前日までに提出する必要があります。

● 最短1週間で会社をつくる場合のタイムテーブル

現：現物出資をする場合に必要となる手続き（ここでは検査役の調査は不要としています）
＜＞内は手続きをする窓口

タイムスケジュール / 手続きをする人	発起人（出資をする人）	会社設立時の役員（会社の経営をしていく人）
1日目	・会社の基本的な事項を決める（第2章参照） ・事業目的の確認＜法務局＞ ・商号（社名）の調査＜法務局など＞ ・印鑑証明書の取得＜市区町村＞※1	・印鑑証明書の取得＜市区町村＞※1 ・会社の印鑑の手配（73頁参照）
2日目	・定款の作成（第3章参照） ・収入印紙、公証人手数料の用意 ・資本金の用意（58頁参照）	
3日目	・定款の認証＜公証役場＞（第3章参照） ・資本金の払込み＜金融機関＞ ・現物出資財産の引き渡し 現 ・登記に必要な書類の作成（第4章参照） ・登録免許税の用意	・出資に関する調査（157頁参照） ・登記に必要な書類の作成（第4章参照） ・登録免許税の用意
4日目		・設立登記の申請＜法務局＞（第4章参照）
5日目〜7日目		設立登記の完了※2 ・登記事項証明書の取得＜法務局＞ ・印鑑カードの取得＜法務局＞ ・印鑑証明書の取得＜法務局＞
登記完了〜		・各種届出＜諸官庁＞（第5章参照） ・許認可の手続き＜諸官庁＞（94頁参照） ・口座開設＜金融機関＞（第5章参照）

※1 個人の実印登録をしていない人は市区町村で行います。
※2 各地の法務局により登記が完了するまでの期間は異なるので注意が必要です。

この章の中で、何月何日に●●●をしようと決めたらここに書き込んで、実際にやったらチェックを入れましょう。

月　　日　　　　　　　　　□
月　　日　　　　　　　　　□
月　　日　　　　　　　　　□

第2章

1つひとつ順を追って決めていこう

　会社をつくるまでの流れがつかめたら、会社の概要を決めていきましょう。社名、事業目的、役員を誰にするか、資本金はいくらにするかといった会社の基本情報を考えていきます。どういった会社をつくりたいか、起業を志したきっかけなどを思い出して、夢を形にしていきましょう。

　第2章では、会社をつくるために最低限決めておくべきこととその注意点を説明しています。会社の情報が決まらなければこの先の手続きに進めませんが、かといって適当に決めてしまっては後々問題になることもあります。あせらず1つひとつ丁寧に決めていってください。

2-1 株式会社をつくるにはいくらかかる？

1. 手続きにかかる費用

約 25 万円かかります

　株式会社をつくるときに最低限必要となる主な手続費用は、次の3つになります。これらは、専門家に依頼しても自分で手続きをしても、必ずかかる費用です。

❶ 定款（会社の規則集）を認証してもらう費用
❷ 設立登記をするときの登録免許税（登記にかかる税金）
❸ 会社の登記事項証明書（会社の基本事項が記載されている証明書）、印鑑証明書の取得費用

● 会社設立にかかる費用の一覧

手続き	窓口	項目	費用	備考
定款の認証	公証役場	・認証手数料 ・収入印紙 ・定款の謄本手数料（5枚とした場合）	5万円 4万円 1,250円	電子定款の認証をした場合は、収入印紙代は不要。 定款の謄本代は、1枚250円×枚数分。定款の謄本は登記申請のときに使う
設立登記	法務局	・登録免許税	15万円	資本金の額の0.7%で、その額が15万円に満たない場合は一律15万円
登記が終わったあとの書類取得	法務局	・会社の登記事項証明書（3通取得した場合） ・会社の印鑑証明書（1通取得した場合）	1,800円 450円	登記事項証明書は1通600円（ただし、オンラインで取得した場合は、1通500円）。 印鑑証明書は1通450円
その他		・会社の印鑑作成費（会社の実印のみ作成した場合）	1,300円〜	インターネットで手配すると、安い。材質により数万円かかるものもある
合　計			24万4,800円〜	

2-1 株式会社をつくるにはいくらかかる？

2. 定款の認証にかかる費用

紙の定款の認証にかかる費用

　紙の文書の形で定款を作成して認証をする場合は、認証手数料として5万円、公証人が保存する定款の原本に貼る収入印紙代として4万円、定款の謄本代として数千円、合計9万円強かかります。

　電子文書の形で認証を受けるよりも費用はかかりますが、機器を購入したり環境を整えたりする手間がかからないため、自分で会社をつくる人の多くは、紙の定款で認証を受けています。なお、謄本代は定款の枚数によって異なります。

電子認証にすると4万円もお得！

　電子文書（パソコンに読み込める電子ファイル）の形で定款を作成して認証を受けることもできます。その場合は収入印紙代の4万円が不要となるので、定款認証の費用は5万円弱ですみます。

　しかし、電子定款の認証の手続きを自分でやる場合、さまざまな事前準備が必要になります。実際の作業も初心者には容易ではなく、オンラインでの手続きに慣れていない人には敷居が高く感じてしまうかもしれません。

　電子定款の認証は、専門家（司法書士、行政書士等）に依頼をする場合に利用されることが多いですが、個人事業者時代、確定申告の際に、住基カードやICカードリーダライタをそろえている人もいるかと思うので、136頁で詳しく解説します。

電子定款の作成・認証手続きを専門家に依頼することもできる（登記は自分で行う）

　自分で電子定款の認証の手続きを進めようとしたとき、機器やソフトの購入、インストールなどに思いのほか費用や手間がかかることもあります。司法書士や行政書士など専門家に依頼したほうが便利なこともあり、費用についても紙の定款の認証でかかる収入印紙（4万円）代より安い報酬で行っている事務所が多いので、自分で行うのと同じかそれよりも安い金額でできます。

　ただし、専門家に依頼をする場合は、定款の作成を含めてお願いすることになるため、会社の概要が決まった時点で検討しましょう。

● 紙の定款で認証をした場合と電子定款の認証をした場合の費用の比較

	定款の認証費用	設立登記費用	書類取得そのほか	合計
紙の定款の場合	約9万円	15万円	4,800円〜	24万4,800円〜
電子定款の場合※	約5万円	15万円	4,800円〜	20万4,800円〜

※ 機器の購入費は別途かかります。

差額4万円

> ソフトや機器の購入が必要になるので、電子定款の認証のほうが、かえって費用と手間がかかることがあります。

2-2 会社の概要を決めよう

1. 決めたことをチェックシートに書こう

決めなければいけないこと

　会社の基本的な情報を決めていくうえで、気をつけなければならないのは、法律上必要な事項を漏らさないようにすることです。

　会社の設立には、「定款の認証」と「登記」が必要であることは説明したとおりです。これらに必要な事項が漏れていれば、定款の認証が受けつけてもらえなかったり、登記の申請をしても取り下げなければならなかったり、やり直しに余計な費用と時間がかかってしまいます。

チェックシートをコピーしよう

　本書では、必要な事項を漏れなく決めることができるよう、次頁に「決定事項チェックシート」を用意したので、A4サイズに拡大コピー（140％程度）して使ってください。

　会社の規則集である定款を作成するにあたっては、自分で決めなければ先に進まない事項と、一般的に記載されている文言をそのまま使えば十分な事項があります。

　前者は、会社の商号（社名）や本店住所など、決定事項チェックシートに記載していく事項です。商号や本店住所は、当然ながら、ほかの会社の情報を丸写しにするわけにはいかないので、自分で決めなければなりません。事業の目的や資本金の額、役員の構成・任期なども会社の根幹を成す重要事項なので、よく考えて決めます。逆にいえば、チェックシートに記載されている事項以外は、特に必要がないかぎり、定款サンプル例（111頁参照）にしたがい、そのまま書き込むだけでも大丈夫です。

　以下、項目順に解説していくので、決まった事柄を、実際にチェックシートに書き込んでいきましょう。チェックシートが完成したら、定款を作成する準備完了となります。

● 決定事項チェックシート

商号		29頁参照
本店住所		64頁参照
目的※1	1. 2. 3. 4. 5. 6. 7. 8. 9. 10. 前各号に附帯または関連する一切の業務	77頁参照
資本金	金　　　　　万円	58頁参照
事業年度	月　　　日から　　　月末日	86頁参照
取締役※1	1.（住所）　　　　　　　　　　　（氏名） 2.（住所）　　　　　　　　　　　（氏名） 3.（住所）　　　　　　　　　　　（氏名） ※ 代表取締役になる人に○をつけましょう。	46頁参照
監査役	設置（住所　　　　　　　氏名　　　　　）or　非設置	51頁参照
取締役会	設置　or　　非設置	49頁参照
取締役 (監査役) の任期	ア．2年以内（監査役は4年以内） イ．（　　）年以内 ウ．10年以内　※10年以内の期間であれば、自由に期間を設定できます。	55頁参照
出資者 (発起人) 出資金 持ち株数	（住所）　　　　　　　　（氏名）　　　　・　　円　　　株 （住所）　　　　　　　　（氏名）　　　　・　　円　　　株 （住所）　　　　　　　　（氏名）　　　　・　　円　　　株	43頁参照 合計を書く
発行可能 株式総数	株	93頁参照
設立時株数	株（設立当初発行する株数、発行済株式総数）	92頁参照
株式譲渡 制限規定※2	あり 譲渡承認機関：　株主総会　or　　代表取締役	91頁参照
公告方法	官報　or　　電子公告　or　　新聞	89頁参照
そのほか		
メモ	設立予定日　　　　　　：　　　　年　　月　　日 取得する登記事項証明書：　　　　通 取得する印鑑証明書　　：　　　　通	

※1 目的や取締役の記入欄が足りない場合は、適宜余白にご記入ください。
※2 本書では、株式譲渡制限規定を設けることを前提にしています。取締役会設置会社の場合は、取締役会が譲渡承認機関となります。

2-3 会社の名称（商号）を決めよう

1. 会社の名称の決め方

　会社の名称（会社法では「商号」といいます）は、個人でいうところの姓名にあたり、会社の顔ともいうべき大事な決定事項です。どのような「商号」にするか、もしかしたら一番悩むところかもしれません。

　商号は会社をつくる人のこだわりや思いが込もっているだけに、最後まで迷う人が多くいます。名刺を渡して挨拶するところを想像してみると、イメージが湧きやすいでしょう。「株式会社○○の社長の○○です」と声に出して言ってみるのもいいかもしれません。

　参考までに、商号を決める際のパターンをいくつか紹介します。それぞれにメリットがあるので、目的にあった商号を考えましょう。

❶ 個人事業で活動していた名称をそのまま引き継ぐ

　これまで個人で事業をしていた場合は、**個人事業時代に使用していた名称をそのまま引き継いでもかまいませんし、まったく別の商号にしてもかまいません。**

　たとえば、個人事業時代に「パール商店」と名乗っていても、株式会社化するにあたって「株式会社すずきコンサルティング」という商号にしても問題ありません。しかし、**個人事業時代に築いた取引先や顧客などに浸透している名称は、株式会社化にあたって引き継いだほうが混乱が少なくてすみます。**

　逆に認知度が低かったり、周囲での評判がよくなかった場合には、心機一転、思い切ってまったく別の商号にするのもいいかもしれません。

　　例　パール商店 ⇒ パール株式会社
　　※「パール商店」という名称で活動していた個人事業者が、株式会社化にともない、名称を引き継いだ。

❷ 個人の姓名をつける

　自分のキャラクターをアピールしていきたい場合は、**創業者や代表者の姓名を商号に入れる**ことを考えます。読み方の難しい名字はひらがなにして覚えてもらったり、姓の一部や縁起のよい漢字1文字を入れるといった工夫をしても面白いでしょう。ただし、あまり一般的な名字の場合は、ほかにも同じ商号の会社が存在する場合があるので、印象が薄くなりがちです。

　またこのパターンは、将来的に代表者が名字の違う人に交代する場合などにどうするかという問題が生じます。

　例 株式会社わたなべコンサルティング
　※「渡邊」という名字を読みやすいひらがなにした。
　例 株式会社凜建築設計事務所
　※ 社長の名前である「凜子」の1文字をとって社名にした。

❸ 業種、事業内容を入れる

　テレビコマーシャルなどをやっている大企業に比べて、中小企業の場合、商号を見ただけでは何の事業をしている会社かわからないことがあります。こういった場合、**商号に業種や事業内容を入れておくと、名刺を渡したときに説明をしなくても、商号を見ただけで何の会社かわかってもらえる**というメリットがあります。初対面の際に商談がスムーズに進みやすいですし、自己紹介の時間を節約することにもなります。

　例 株式会社パールコンサルティング
　　　　株式会社パール自動車販売

❹ 地名を入れる

　地域に密着して事業を展開していく場合は、地名を商号に入れると顧客に伝わりやすくなります。インターネットでの検索にも引っかかりやすくなります。

　たとえば、銀座で物件を探している人に対して、「株式会社パール不動産」と「株式会社銀座不動産」だったら、「株式会社銀座不動産」の

ほうが銀座の物件に強い印象を与えることができます。また、会社の場所がわかりやすくなるという利点もあります。商号に「東京」とあるのに、沖縄県に会社があるとは連想しづらいでしょう。

逆に地域を特定したくないようであれば、「株式会社○○ジャパン」や「株式会社ワールド○○」のように広がりを持たせた言葉を商号に入れるのも一案です。ただし、最初からあまり大風呂敷を広げて規模に見あわない名称にすると、かえって信用されないということもあるのでよく考えましょう。

> **例** 株式会社銀座総合コンサルティング

❺ 自分の好きな言葉を外国語にしたもの

創業者の好きな言葉や業界用語を、英語やフランス語といった外国語にしたものを商号として使用するパターンです。デザイン系や美容系の業種に多く、お洒落で洗練された印象を与えます。珍しい商号だと初対面の人に興味を持ってもらえるので、商号に込められた思いを説明するうちに話が盛り上がるかもしれません。一方で、商号の意味がわからなかったり、読めなかったり、何をしている会社か伝わりづらいというデメリットもあります。

> **例** 株式会社ドリーム
> 　　 株式会社BIJOU

※ BIJOU：フランス語で「宝石」という意味。

● 決定事項チェックシートに商号を書く

商号	株式会社パールコンサルティング

この段階で1度チェックシートに記入しますが、次項以降でその商号が使えるか、確認していきます！

2-3 会社の名称（商号）を決めよう

2. 商号を決めるときのルール

　商号は、あなたの好きなように決めることができますが、設立の登記をするにあたって一定のルールがあります。

　登記はできても、後々トラブルになる場合もあるので、詳しくは39頁をご覧ください。

❶ 同一の住所で同一の商号はダメ

　まったく同じ住所でまったく同じ商号では会社の区別ができないため、登記することはできません。同じ住所でないかぎりは、同じ都道府県、同じ町内であってもかまいません。

例
東京都中央区銀座一丁目2番3号　株式会社パールコンサルティング
東京都中央区銀座三丁目2番1号　株式会社パールコンサルティング
※ 同じ商号ですが、本店住所が違うので登記は可能です。しかし、一丁目2番3号に重複して同じ商号の会社の設立登記をすることはできません。

❷ 必ず「株式会社」を入れる

　株式会社であることを表示するために、商号の前か後ろに「株式会社」の文字を入れなければなりません。ちなみに、商号の前に「株式会社」が入っている（株式会社○○）のを「前株」、後ろに入っている（○○株式会社）のを「後株」と言ったりします。

　なお、**「株式会社」に代えて「K.K.」「Co.,Ltd.」といった英文表記を登記することはできません。**

　また、株式会社であるのに「合同会社」と表示するなど、ほかの種類の会社と誤認される名称を登記することもできません。

| 登記できる例 | 株式会社パールコンサルティング、パールコンサルティング株式会社

※ 「株式会社パールコンサルティング」と「パールコンサルティング株式会社」は、「株式会社」の位置が違うため同一の商号とはみなされません。

| 登記できない例 | パールコンサルティングCo.,Ltd.、株式会社パールコンサルティング合同会社

❸ 支店、部署など会社の一部門を商号に入れることはできない

| 登記できない例 | パールコンサルティング東京支店株式会社、パールコンサルティング法務部株式会社

❹ 公序良俗に反する商号は使用できない

道徳に反する言葉やわいせつな言葉は使用できません。

| 登記できない例 | 株式会社盗品売買、詐欺請負株式会社

❺ 一定の業種においては必ず使用しなければならない文字がある

　銀行や信託銀行、保険会社などは、法律上、その業種を表す文字を商号の中に使用しなければなりません。また、逆に、それらの業種ではない会社が、「銀行」「信託」「保険」などといった文字を使用することはできません。

❻ 使用できる文字は決まっている

| 使用できる文字 | 漢字、ひらがな、カタカナ、ローマ字（大文字、小文字）、アラビア数字（算用数字）、一定の符号※

※ ＆（アンパサンド）　・（中点）　．（ピリオド）　-（ハイフン）
　'（アポストロフィー）　,（コンマ）

前頁の符号は、字句を区切る際の符号に用いる場合のみ使用できます。商号の先頭や末尾に用いることはできません。また、「．（ピリオド）」は、その直前にローマ字を用いた場合に、省略を表すものとして商号の末尾に使用することができます。なお、ローマ字を用いて複数の単語を表記する場合にのみ、スペースを用いることもできます。

- **使用できない文字**　?、!、@など、前記以外の符号、Ⅰ、Ⅱ、Ⅲといったローマ数字
- **使用できる例**　株式会社A&A、株式会社Dream Consulting、777株式会社、株式会社ABC日本印刷（ローマ字と日本文字を組みあわせた商号は使用できます）
- **使用できない例**　&A株式会社、!!!株式会社、株式会社 Dream※

※　複数の単語を表記する場合ではないため「株式会社」と「Dream」の間にスペースを入れることはできません。

column

商号の名板貸(ないたがし)

　商号は自分の会社を示す大事なものであり、安易に他人に使用させてはいけません。

　たとえば、誰かが「お金を払うから、あなたの会社の商号を取引に使わせてください。決して迷惑はかけませんから」と持ちかけてきても応じてはいけません。その人があなたの会社の商号を使用して取引をした場合、その責任はあなたの会社にもおよぶことがあります。

　このように、自己の商号を他人が使用し営業するのを許可することを「名板貸」といいます。お金ほしさに名板貸を了解してしまうと、相手が行方をくらまし、取引先にあなたの会社が支払いをしなければならなかったりと、不測の事態に陥る可能性があります。名板貸を持ちかけてくること自体あやしいので、くれぐれも注意しましょう。

2-3 会社の名称（商号）を決めよう

3. 商号の調査をしよう

　商号の調査方法は、次の4つがあります。どこまで調査をするか、時間や費用との兼ねあいで判断することになりますが、最低限、同じ住所に同じ商号の会社がないかだけは調べておきましょう。できれば、同業種や同じ地域で商号が同じというのも混乱をきたすので避けましょう。

❶ インターネットや電話帳で検索する

　インターネットや電話帳で検索するのが、一番簡単な検索方法です。
　インターネットを利用して、予定している商号で検索をかければ、該当する会社がないか全国規模でチェックができます。電話帳なら、予定している本店所在地近辺で同じ商号の会社がないかを調べることができます。
　ただし、これらの検索だけだと、正確とは言い切れません。
　商号をどうするか決めかねていて、「あれはどうかな、これはどうかな」という調査段階ならかまいませんが、これだけですませず、具体的に商号を決める段階になったら、❷以降の方法で調べるようにします。

❷ 本店所在地を管轄する法務局に行って、商号調査をする

　本店所在地を管轄する法務局（インターネットの法務局のホームページで調べることができます）に行けば、「商号調査簿」を調べることができます。法務局に行くと、商号調査を行うことができるコンピュータが置いてあり、「商号」そのもののほかにキーワードで検索することもできます。

> **キーワードの検索例** 株式会社パールコンサルティングの場合：「パール」
> 「コンサルティング」「pearl」「Consulting」
> ※「コンサルティング」のように使用される率が高い言葉は、検索すると膨大な数がヒットする場合があります。時間の許すかぎり調べるにこしたことはありませんが、難しい場合は「パール」「pearl」のような特徴的な単語で絞り込むと効果的です。

　コンピュータを置いていない法務局の場合は、「閲覧申請書」に必要事項を記入し、窓口に提出して閲覧します（閲覧申請書を出さなくても見ることができる法務局もあります）。商号調査簿は、あいうえお順、アルファベット順になっていますが、新しく登記をされたものは別ページにとじてあるので、見落とさないように注意します。

　調査する際は、同じ商号だけでなく、商号の前後に「新」「日本」「大」「東京」といった単語をつけてみて、該当するものがないかも調べましょう。これらの単語は商号の前後につくことが多いため、たとえば「パールコンサルティング」と「日本パールコンサルティング」では、一般の人が見た場合に違いがわからず、同一の会社と混同する恐れがあります。

> **例**　「株式会社パールコンサルティング」という商号の会社を設立する場合、「パール」のほかに「新パールコンサルティング」「日本パールコンサルティング」「大パールコンサルティング」「東京パールコンサルティング」といったように、同じような商号がないかも調べます。

　コンピュータを置いている法務局でも、商号調査簿を閲覧できる法務局もあります。二重にチェックをするほうが確実になるので、時間があれば調査簿も調べてみましょう。

　法務局に出向いての調査は、会社法以前より行われている方法で、閲覧できる情報の正確さでは最も優れていますが、その法務局が管轄する区域内についての調査しかできないのと、窓口に行かなければいけないので時間がかかるのが欠点です。事業目的の相談など、法務局に行く機会があればそのついでに商号の調査もしてしまいましょう。

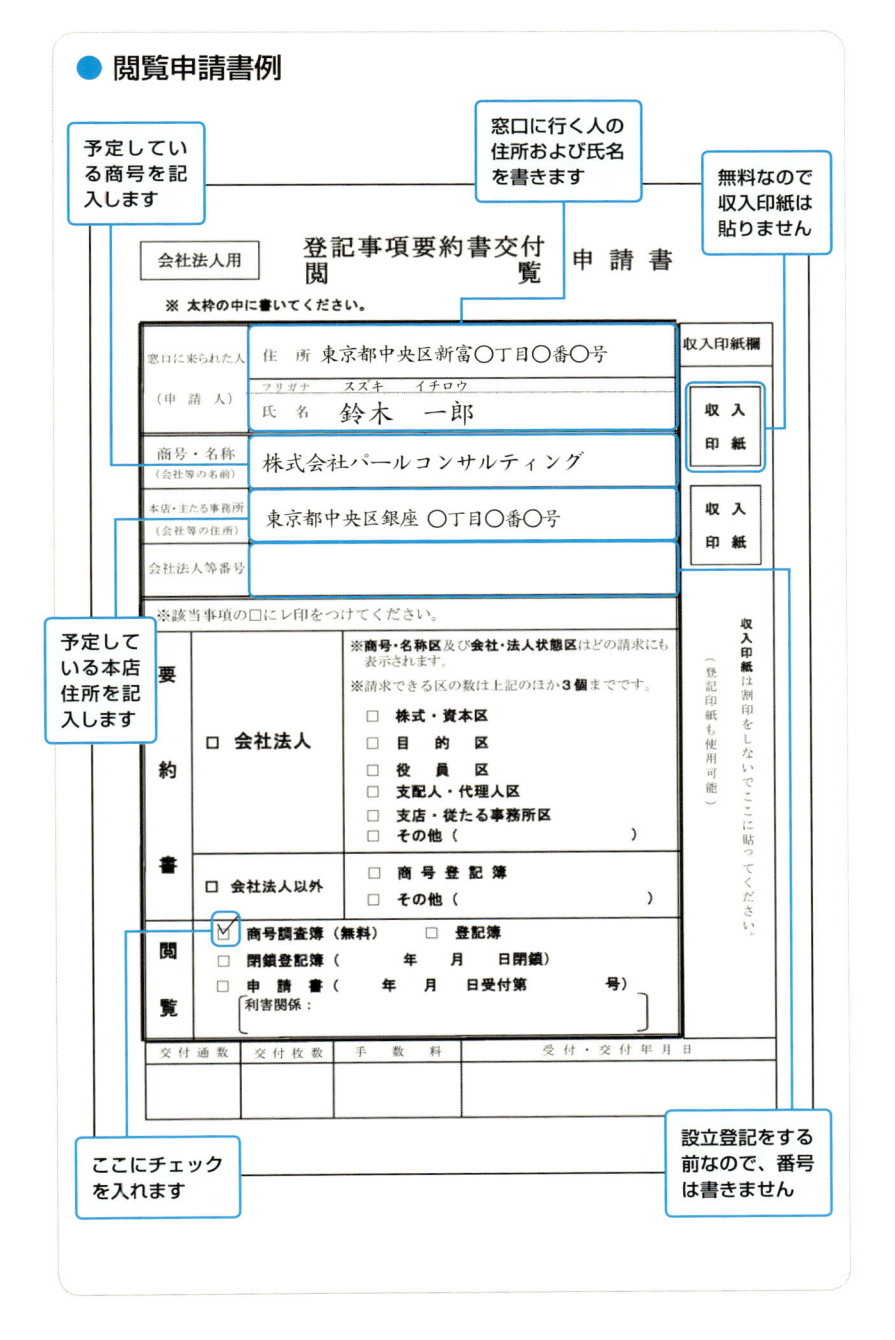

● 閲覧申請書例

予定している商号を記入します

窓口に行く人の住所および氏名を書きます

無料なので収入印紙は貼りません

【会社法人用】　登記事項要約書交付
　　　　　　　　閲　　　覧　　申　請　書

※ 太枠の中に書いてください。

窓口に来られた人（申請人）	住　所　東京都中央区新富○丁目○番○号 フリガナ　スズキ　イチロウ 氏　名　鈴木　一郎	収入印紙欄 収入 印紙
商号・名称（会社等の名前）	株式会社パールコンサルティング	
本店・主たる事務所（会社等の住所）	東京都中央区銀座　○丁目○番○号	収入 印紙
会社法人等番号		

※該当事項の□にレ印をつけてください。

要約書

□ 会社法人
　※商号・名称区及び会社・法人状態区はどの請求にも表示されます。
　※請求できる区の数は上記のほか**3**個までです。
　□ 株式・資本区
　□ 目　的　区
　□ 役　員　区
　□ 支配人・代理人区
　□ 支店・従たる事務所区
　□ その他（　　　　　）

□ 会社法人以外
　□ 商　号　登　記　簿
　□ その他（　　　　　）

閲覧
　☑ 商号調査簿（無料）　□ 登記簿
　□ 閉鎖登記簿（　　年　月　日閉鎖）
　□ 申請書（　年　月　日受付第　　号）
　［利害関係：　　　　　　　　　　　］

（収入印紙は割印をしないでここに貼ってください。）
（登記印紙も使用可能）

交付通数	交付枚数	手数料	受付・交付年月日

予定している本店住所を記入します

ここにチェックを入れます

設立登記をする前なので、番号は書きません

37

❸ インターネットで「登記情報提供サービス」を利用して、キーワード検索を行う

　登記情報提供サービス（http://www1.touki.or.jp/gateway.html）は、登記簿に記録されている登記情報を、インターネットを利用して検索できる有料サービスです（キーワード検索だけであれば費用はかかりません）。商号のキーワード検索を行うことができ、本店所在地が隣接している地域についても調べることができます。ただし商号だけでなく、具体的な登記情報まで見るときは有料になります。閲覧できる情報は❷と同様に正確であるうえ、法務局の窓口へ行くのと比べて手軽に幅広く調べることができます。

　本店を東京都中央区に置く場合、近隣の千代田区などほかの区に同様の商号がないかも調べることで、広い範囲で類似・同一の商号の会社がないか調べることができます。ただし、システムの仕様上、区（市区町村）ごとに検索をかけていかなければならないので、全国規模で検索をしようとするとかなりの時間がかかります。

❹ 念のため、これからつくる会社と同じ住所・同じ商号の会社の「登記事項証明書」を、法務局の窓口で取ってみる（取り方は 197 頁参照）

　取得できなければ、同じ住所で同じ商号の会社が存在しないということになります。同一住所・同一商号という「登記ができない」事態を回避することができます。

まとめ

- 商号には一定のルールがある
- 登記をする際に使用できない文字がある
- 同じ住所で同じ商号の会社は登記できない

2-3 会社の名称（商号）を決めよう

4. 登記はできるけど、商号（しょうごう）が使用できない場合もある

　どのような商号を用いるかは原則として自由ですが、もし、ある会社の商号とまったく同じ商号をいくらでも用いることができるとすれば、どれが本当にその会社なのかわからず、社会が混乱してしまいます。

　また、マネをされた会社は信用を傷つけられて損害を被ることになりますし、マネをした側はほかの会社の信用を利用して不当な利益を得る結果になってしまいます。そこで、**他人と同じ、あるいは似た商号を用いることは、商法・会社法以外の法律によっても規制されています。**

不正競争防止法によって使用できない場合

　「不正競争防止法」では、他人の著名な商号と同一もしくは類似の商号を利用することを「**著名表示冒用行為**（ちょめいひょうじぼうようこうい）」として禁止しています。また、著名とまでいえなくても、少なくともある地方において需要者の間に広く認識されている商号と同一もしくは類似の商号を使用するなどして、他人の商品や営業と混同させることも「**混同惹起行為**（こんどうじゃっきこうい）」として禁止されます。こうした行為に対しては、その商号の使用の差し止めや損害賠償が認められることになります。

　逆にいえば、**自分の商号を決めるときには、他人から「マネ」をしたとして損害賠償や差し止めの請求を受けることがないように、他人の商号と「同一」でないだけでなく「類似」した商号を避ける必要があります。**ここでは、マネをしたほうに「悪気」があったか否かを問わず、差し止めや損害賠償請求が認められる可能性があることに注意が必要です。

　類似しているかをどうやって判断するかですが、裁判例などからは、見た目・呼び方・イメージなどを総合的に見て類似しているかどうかを

判断するのが一般的です。しかし、判断基準としてはかなり曖昧ですから、「類似しているかどうか」の判断に迷う場合には、事前に、弁理士や弁護士などの専門家に相談をしましょう。

他社の商標は商号として使用できない？

　「商標」は、「商号」と名前は似ていますが**まったくの別物**です。商標は「自社の商品・サービスを他社商品などと区別するために、その商品などに使用するマーク」のことを指し、文字だけでなく、図形、記号、立体的なものもあります。そして「商標権」とは、会社がその商標を独占的に使用できる権利のことです。この商標権を得るためには、特許庁に出願し、商標登録を受けることが必要です。

　商号との関係では、会社が自己の商号ないし商号の一部を商標として製品やサービスに使うことは一般的によくあります。したがって、**すでに商標登録がなされている他社の商品、サービスなどと同一、類似の商号を用いて営業を行うと（たとえば自社の製品に表示するなど）、結果として他社の商標権を侵害したことになり、損害賠償や差し止めの請求を受ける可能性がある**ことになります。これを避けるためには、登録商標の確認をしなければなりません。

　すでに登録されている商標については、特許庁のホームページにある「特許電子図書館（IPDL）」（http://www.ipdl.inpit.go.jp/homepg.ipdl)で検索して調査することができます。この特許電子図書館は無料で利用でき、登録も不要ですから、一般の方でも比較的利用しやすい調査方法です。「初心者向け簡易検索」といった項目も設けられ、使用方法についても詳しい説明が書かれています。

● 決定事項チェックシートに商号を書く

商号	株式会社パールコンサルティング

商号のルールや調査をきっちりやって問題がないとわかったところで、やっと、あなたの会社の名称（商号）を決めることができます！

2-3 会社の名称（商号）を決めよう

5. 商号を守るための商標登録

　前項では、「他人のマネをしてしまわないように」という視点からお話ししました。しかし、逆にいうと、自分の商号などを商標登録しておけば、ほかの人はその登録商標と同一または類似する商標を使うことができなくなります。つまり、**商標登録することによって、他社に自社の製品などの名称をマネされて損害を被ったり、自社の信頼が損なわれたりすることを防ぐことができます。そして、自社ブランドを守るため、商号自体を、商標登録することも一般的に行われています。**

　商標を登録するには、特許庁に商標登録を出願して審査を受けることが必要です。商標の登録方法などについては、下記のサイトを参照してください。商標などの知的財産権の専門家である弁理士などの専門家に相談することも検討しましょう。

❶ **特許庁のサイトの「商標について」**
　（http://www.jpo.go.jp/index/shohyo.html）
❷ **独立行政法人工業所有権情報・研修館のサイト**
　「かんたん商標出願講座」
　（http://www.inpit.go.jp/blob/soudan/movie/m00001/shutsugan/index.htm）
❸ **日本弁理士会のサイト「無料相談のご案内」**
　（http://www.jpaa.or.jp/consultation/commission/free_advisement/）

2-4 お金を出す人と運営をする人を決めよう

1. 会社にはこれだけの人が必要

お金を出す人が「発起人(ほっきにん)」

　株式会社には、「お金を出す人」と「会社の運営をする人」が必要です。
　会社をつくるにあたって、お金を出す人を、会社法では「発起人」といいます。発起人は、お金を出して1株以上の株を引き受けます。そして、会社の名称や本店住所など、会社の概要を話しあって決め、定款の作成をします。つまり、会社をつくっていくのが発起人です。**発起人は会社設立後に「株主」となり、持っている株数に応じて配当を受けることができます。さらに株主総会で議決権を行使して重要な事項を決定するなど、会社をコントロールしていく役割を担います。**

　※ 議決権：議題に対して賛否を示し、意思決定に関与する権利のこと

会社の運営をする人が「役員」

　会社の運営をする人のことを総称して「役員」といいます。役員には、「取締役(とりしまりやく)」「代表取締役(だいひょうとりしまりやく)」「監査役(かんさやく)」といった種類があり、会社の経営や監査を担っていきます。会社設立前においてやるべき仕事はかぎられていますが、会社設立後には役員が実際に会社を動かしていくことになるため、責任は重大です。

● お金を出す人と会社の運営をする人

会社

お金を出す人：発起人（株主）

会社の運営をする人：役員（取締役、代表取締役、監査役など）

※ 発起人と役員は同じ人でも別の人でもかまいません。

2-4 お金を出す人と運営をする人を決めよう

2. 発起人を決めよう

会社の設立方法は2つある

会社を設立する方法には、「発起設立」と「募集設立」という2つの方法がありますが、**中小企業の多くは発起設立を選択します。**

≪発起設立

発起設立とは、**家族や友人、知人など、身近な人のみがお金を出し、お金を出した人全員が発起人となる設立方法**です。募集設立と比較して、発起設立のほうが手続きも簡単なうえに費用も安いため、現在の主流は発起設立です。本書では発起設立の方法で解説していきます。

発起人は1名以上でOK！

発起人の数に制限はないので、1人でも大丈夫です。

会社の資本金を仮に100万円とした場合、あなた1人で100万円出せば、発起人はあなた1人になります。**家族や友人、知人にお金を出してもらった場合は、お金を出した人が全員発起人となります。**

お金を出しあったほうが金銭的な負担は減りますが、会社は発起人全員でつくっていくことになるので、発起人の数が多ければ多いほど手続きに時間がかかります。また、発起人は会社設立後に株主となり、定款の変更など会社の重要事項を決めることができる立場にいるので、人数が多ければ多いほど意見が割れてまとまらないこともあります。近年は、発起人を1人・役員も1人とする、いわゆる1人会社が増えていますが、会社設立の準備や設立後の運営をスムーズに進めることができるのが一番の理由です。何人かでお金を出しあうにしても、設立準備の効率を考えると、発起人の数は2、3名までにしておきましょう。

発起人になれる人、なれない人

　発起人の資格については制限がないので、個人だけでなく会社も発起人になることができます。未成年者も法定代理人の同意があれば、発起人になることができます。その際、法定代理人の同意書、印鑑証明書、戸籍謄本などの書類が別途必要となります。

※ **法定代理人**：本人に代わって、法律行為を行う人のこと。法定代理人は、法律により代理権が当然に与えられています。未成年者の場合は、親権者（親権を行う者）が法定代理人となります。

● 1人で出資した場合

鈴木一郎さんが、1人で100万円出資

〈資本金100万円〉
⇒ 鈴木一郎が発起人となり、会社設立後は100％株主になります
⇒ 会社の内容をすべて1人で決めていきます

● 複数名で出資した場合

鈴木一郎
（40万円出資）

鈴木一子
（30万円出資）

木村拓哉
（30万円出資）

鈴木一郎さんが40万円、鈴木一子さんが30万円、木村拓哉さんが30万円出資

〈資本金100万円〉
⇒ 鈴木一郎、鈴木一子、木村拓哉の3名が発起人となり、会社設立後は株主になります
⇒ 3名で話しあって会社の内容を決めていきます
⇒ 会社設立後の株主総会での議決権や配当に関しては、それぞれの出資持分に応じることになります

発起人の仕事

　発起人は会社をつくる人ですから、会社を設立するまでは、やらなければならないことがたくさんあります。発起人の主な仕事は、会社設立を目的とする次の4つとなります。

❶ 会社の概要を決めていく（本章で説明）
❷ 定款の作成をする（第3章参照）
❸ 資本金の振り込みなど出資を行う（152頁参照）
❹ そのほか会社設立に必要な開業準備、営業行為（設立時の経理・税務上の処理をどうするか、賃貸借契約などの契約関係の処理など：67頁参照）

まとめ

- 会社をつくるのは、お金を出す発起人
- 発起人（会社設立前）⇒ 株主（会社設立後）
- 発起人は1人でもよく、2～3人までにしておくのがお勧め

● 決定事項チェックシートに出資者（発起人）を書く

出資者（発起人） 出資金 持ち株数	（住所）東京都中央区新富○丁目○番○号	（氏名）鈴木一郎・	円	株
	（住所）東京都中央区新富○丁目○番○号	（氏名）鈴木一子・	円	株
	（住所）東京都中野区中野○丁目○番○号	（氏名）木村拓哉・	円	株

ここでは発起人を決めたので、出資者だけが決まります！

2-4 お金を出す人と運営をする人を決めよう

3. 役員を決めよう

取締役は必ず1名以上置く

　株式会社の必要機関として、取締役が1名以上必要となります。ただし、取締役会（49頁参照）を設置する場合は、3名以上必要となります。
　取締役は会社の経営を行い、会社を実際に動かしていく役割を担います。会社の業績が上がるのも下がるのも取締役の経営手腕によります。
　会社設立時は、発起人が取締役などの役員を選任します。つまり、お金を出した人に、経営を任せる役員を選ぶ権利があります。**誰が発起人になるか決まったら、速やかに役員を決めましょう。**中小企業は「発起人＝役員」のことが多く、この場合には自分でお金を出して経営も行っていくことになります。
　会社設立後は、株主総会で、株主が取締役などの役員を選任します。
　※ **機関**：意思を決定する者または組織のこと。
　※ **選任**：選んでその任務につかせること。

取締役になれる人、なれない人

　取締役には発起人と違って制限があり、次の要件に該当する人は取締役になることができません。

● 取締役になれない人

- 法人（株式会社含む）
- 「成年被後見人」または「被保佐人」。認知症や精神障害などにより、財産管理において一定の制限を受けている人
- 会社法などの法律に違反したり、金融商品取引法などの法律に定められた特定の罪を犯して、刑の執行を終えるか、もしくはその執行を受けることがなくなった日から2年を経過していない人

- 上記以外の法令の規定に違反し、禁固以上の刑に処せられ、その執行を終えていない人、またはその執行を受けることがなくなるまでの人（執行猶予中の人は除く）

未成年者については注意が必要

　未成年者は発起人のときと同様、法定代理人（前述44頁）の同意があれば取締役になることができます。ただし、物事を判断していく意思能力（自分の行為の結果を認識・判断できる能力）は必要です。

外国人も取締役になることができる

　外国人も取締役になることができるので、取締役全員が外国人でも問題ありません。ただし**代表取締役のうち、少なくとも1名は日本国内に住所がある人でなければなりません**。なお、日本国内に住所がある外国人であれば、市区町村で実印の登録をすることができるので、印鑑証明書を取ることができます。外国に居住している外国人の場合は、印鑑証明書を取得できないので、書類にはサインをして、印鑑証明書の代わりにその国の官庁や役所で、サインについての証明書を出してもらったり、公証人に「宣誓供述書（せんせいきょうじゅつしょ）」を作成してもらったりしなければなりません。

自己破産した人でも取締役になることができる

　小さな会社の場合、自己破産をしたら取締役になれないとなると、すぐに代わりの人を見つけることが難しく、その会社の経営が立ち行かなくなる恐れがあるので、自己破産をした人でも取締役になることができます。
　ただし、**取締役になっている間に自己破産をした場合は、民法の規定により会社と取締役の「委任契約（いにんけいやく）」が終了してしまうので、取締役の地位を失うことになります**。そのため、その会社が引き続き同じ取締役に職務を行ってほしい場合には、再度取締役に選任する必要があります。

設立時の取締役の仕事

　設立時の取締役の仕事は、会社設立前のため、実際に経営をするわけではないのでかぎられています。主な仕事としては次の2つです。

<<❶ 出資などに関する調査

　設立時の取締役は、選任されたあと遅滞なく次の4つの調査をしなければなりません。

> ❶ 現物出資財産について定款に記載または記録された金額が妥当かどうか（検査役の調査を要するもの、❷については除きます）
> ❷ 弁護士や税理士などによる現物出資財産に関する証明が妥当かどうか
> ❸ 出資がきちんと終わったかどうか
> ❹ 上記の事項のほか、株式会社の設立の手続きが法令または定款に違反していないかどうか

<<❷ 設立時の代表取締役の選任

　定款で設立時の代表取締役を定めていないときは、設立時の代表取締役を取締役の中から選びます。
　本書では、定款で定めるようにしています。

取締役の選び方

　取締役は、会社経営の責任者として会社の業務を決定し、実際に行っていきます。今後、会社が伸びるのも潰れるのも取締役次第なので、慎重に人選をしましょう。
　取締役は発起人の中からでなく、外部の人を選ぶことも可能です。経営に関して豊富な知識と経験を持つプロを取締役に招き入れることは、会社にとって大いにメリットになりますが、その取締役が発起人（株主）の意向どおりに経営を進めてくれるとはかぎりません。
　株主と取締役が同じ人であれば、株主と役員との間に意見の食い違いは生じません。個人が出資する1人会社では、株主兼代表取締役として

好きなように経営をすることができます。

これに対し、株主と取締役が異なる人の場合は、株主はお金を出すだけで経営には直接タッチせず、経営は株主が選んだ取締役を信用して任せることになります。株主の意見が経営に反映されるとはかぎらないので、株主のうちの数名を取締役に選んでおきましょう。

代表取締役が会社を代表する

代表取締役とは、会社を代表する権限を持った取締役のことです。

取締役会を設置していない会社では、基本的には取締役全員に代表権があります。取締役が複数名いる場合において、特定の取締役のみに代表権を持たせたい場合は、株主総会で選ぶか、定款の定めによって取締役の互選（互いに選挙して選ぶこと）で、代表取締役を決めることができます。取締役が1名なら、自動的にその人が代表取締役になります。なお、代表取締役を2名以上置くこともできますが、お互いの意見があわず運営に支障をきたすことがあるので、1名にするのが望ましいでしょう。

一方、取締役会を設置している会社では、取締役会で取締役の中から代表取締役になる人を選ばなければなりません。

設立のときは、定款内で代表取締役を決めておくことができるので、本書ではそのようにしています。

● 決定事項チェックシートに取締役を書く

取締役	①．（住所）東京都中央区新富○丁目○番○号　　（氏名）鈴木一郎
	2．（住所）東京都中央区新富○丁目○番○号　　（氏名）鈴木一子
	3．（住所）東京都中野区中野○丁目○番○号　　（氏名）木村拓哉
	※ 代表取締役になる人に○をつけましょう。

取締役会を設置するかどうかは任意

取締役会とは、取締役3名以上からなる会社の業務執行の意思決定機関です。取締役会を設置すると、会社の業務については、取締役会とい

う会議で意思決定（業務執行の決定）し、それを代表取締役または特に業務執行の委任を受けた取締役（業務執行取締役）が実行していくということになります。通常は、3名以上の取締役が取締役会を構成し、そのうち1名が代表取締役に選定されて業務を執行するというスタイルになります。

● **取締役会を設置している会社と設置していない会社の比較**

	取締役会を設置していない会社	取締役会を設置している会社
取締役の人数	1名以上	3名以上
業務執行の決定	取締役の過半数	取締役会で決議（会議）
業務の執行をする人	各取締役 ※ 定款で代表取締役が業務執行する旨を定めることは可能	代表取締役・業務執行取締役（代表取締役以外の取締役で取締役会の決議により選定された人）
株主総会の権限	法定事項のほか、会社の運営など一切の事項について、株主総会で決議することができる	株主総会は、法定事項のほか、定款で定めた事項についてのみ決議できる
代表取締役	取締役全員に代表権がある ※ 取締役の互選や株主総会などで特定の者を代表取締役に選ぶこともできる	取締役会で、必ず1名以上選ばなければならない ※ 代表取締役は複数いてもよいし、代表でない平の取締役に特定の業務執行を委任することもできる
監査役設置の有無	設置は自由	必ず設置 ※ 会計参与という別の制度もあるが、使用例はあまりない

● **取締役会を置くメリット**

❶ 機動性がある
　⇒ 会社法で定められている事項については、株主総会で決議することなく取締役会だけで決めて、迅速に対応することができます。会社の規模に比べて株主の数が多い場合（家族や親族に株を持ってもらっているケース）には、特にメリットになります。
❷ 対外的信用度がある
　⇒ 相応の規模の会社として、一般的に対外的な信用度は増します。
❸ 牽制機能がある
　⇒ 特定の取締役が独断で経営をしてしまうことを防止できます。

● 取締役会を置くデメリット

❶ 役員を引き受けてくれる一定の人員を確保しなければならない
　⇒ 少なくとも、取締役3名＋監査役1名の計4名が必要です。
　⇒ 役員が定員数の3名を割る場合、1名でも欠けたら補充しなければなりません。
❷ 役員報酬の支払いなど、コストがかかる
❸ 株主の権限が取締役会を置いていない会社に比べると弱い
❹ 取締役会を実質的に機能させるのは難しい
　⇒ 人数あわせのために名ばかりの取締役を集めていると、有効な会議が開かれない。
❺ 株主総会の招集に関する手続きなど、簡略化できないものがある
❻ 取締役会議事録の作成、保管義務がある
❼ 取締役会を定期的に開催しなければならない

取締役会を設置しなければ監査役は不要

　監査役は、取締役の業務を監督し、会計の監査をするのが主な役割です。**監査役を置くかどうかは会社の自由ですが、取締役会を設置する場合は監査役も置かなければなりません**（会計参与を置く場合を除く）。身内だけで会社経営をする場合は、取締役会を設置しないことが多いですし、監査役の監督機能が発揮されることが期待できないので、あえて監査役を置く必要はありません。

● 決定事項チェックシートに監査役・取締役会を書く

監査役	設置（住所　　　　　氏名　　　　　）or 非設置
取締役会	設置　or　非設置

中小企業の多くは、監査役も取締役会も非設置にしています。

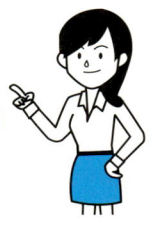

● 役員の構成例

≪取締役1名のみ …… 取締役（代表取締役）

- 1番シンプルな構成です。

≪取締役を複数名置くが、取締役会は設置しない
…… 取締役（2名以上） ＋ 任意で監査役

取締役（代表取締役）　取締役　｜　監査役（任意）

- 家族を取締役に加えて小規模にはじめたい場合やビジネスパートナーと2人で起ち上げる場合に向いています。
- 取締役が3名以上いるとしても、必ずしも取締役会を置かなければならないわけではありません。
- 取締役会を置かない会社でも、監査役を置くことができます。

※ 取締役全員を代表取締役としてもかまいませんが、それだと各自代表権を持って取引や契約を行うことができてしまうことになります。自分の知らないところで、もう1人の代表取締役が取引をはじめていたということも起こり得ます。混乱を防ぐために、代表取締役は1人にしておきましょう。

≪取締役会を設置し、監査役を設置する
…… 取締役会（取締役3名以上） ＋ 監査役

取締役会

取締役（代表取締役）　取締役　取締役

監督　←　監査役

- 株主の数が多く、株主総会の開催が煩雑な場合、取引における対外的信用度を重視する場合にはこの形がお勧めです。
- 取締役会設置会社には取締役を監督する監査役を置く義務があります。監査役は株主に代わって、取締役に不正な行為がないかをチェックします。
- 取締役同士でお互いに監視したり監督することもできますが、取締役になっていない株主は経営に携わっていないので、取締役を監視したり監督することができません。よって、取締役会を設置して監査役を置くほうが、株主の側からすれば安心感があり、適正な経営が行われることが期待できます。

※ 監査役は、❶取締役の職務を監督し、❷会計の監査をする役員です。譲渡制限会社においては、監査役の職務を❷会計の監査のみに限定することが可能です。
※ 全株式に、譲渡制限に関する規定を置いている会社（譲渡制限会社：91頁参照）は、監査役の代わりに「**会計参与**」を置くこともできます。
会計参与は、取締役と共同して計算書類などを作成する役員です。会計参与になることができるのは、公認会計士、監査法人、税理士、税理士法人にかぎられています。会社法によって新しく設けられた制度ですが、今のところあまり利用されていません。

column

会長、社長、専務と代表取締役は何が違うか

　名刺に「取締役社長」「専務取締役」「取締役会長」といった記載があるのを見かけます。こういった取締役を「役付取締役」といったりしますが、会長や社長、専務、常務といった肩書は正式な会社法上の用語ではないので、登記をすることはできません。また、こうした肩書つきの役職を置くかどうかは会社の自由です。**肩書・役職を定める場合、社内の周知を目的として定款にその旨を記載している場合もありますが、単なる社内の内部規定でもかまいません。**

　一般的に「社長」は会社を実質的に指揮するリーダー、「専務」は社長をサポートする参謀役、「常務」は会社の日常的な業務を担当する社長の補佐役、といったイメージで使われます。「会長」は会社の実質的なトップという場合もありますが、先代の社長が引退後、相談役のような名誉職として残っている場合もあります。

　肩書の中に、「代表取締役」という記載があれば代表権があることがわかりますが、会長や専務といった記載だけでは代表権があるかどうかは判断できませんし、取締役（役員）であるかどうかもわかりません。これらを確認するためには、登記のチェックが必要です。

　また同様に、「部長」や「課長」などの肩書も会社法上の用語ではないので登記することはできません。会社法でいう役員（取締役、監査役など）に該当しないので、何十人もの従業員がいる会社でもなければ、通常は、部長・課長などの肩書についてまでは定款に記載せず、会社内部の規定で決めれば十分です。

　これらの肩書については、自社のものについては、「契約を結ぶ権限がない社員が勝手に契約を結んできて、相手に履行を迫られる」というトラブルを防ぐこと、相手方のものについては、「契約を結ぶ権限がない人と契約を締結してしまい、相手の会社が契約の履行を拒否してきた」というトラブルを防ぐことができます。**大事な契約の際には、名刺だけでなく、相手の会社の登記内容をチェックして、本当に会社を代表する権限がある人かどうか確認することも重要**です。

2-4 お金を出す人と運営をする人を決めよう

4. 役員の任期を決めよう

　役員は、一度選ばれればずっとその職務に就いているというわけではなく、それぞれに任期（職務に就いている期間）があります。

　任期が終わると同じ人が引き続き取締役などになる場合も、「重任」の登記をしなければいけません。任期の途中で取締役などを辞めることもできますが、その場合は「辞任」の登記が必要です。

※ **重任**：引き続きその職務につくこと。

取締役の任期は、原則2年

　正確には、取締役に選任されてから2年以内に終了する最後の事業年度に関して、決算承認の決議がなされた定時株主総会が終わるときまでとなります。

監査役の任期は、原則4年

　取締役の任期と同様、正確には、監査役に選任されてから4年以内に終了する最後の事業年度に関して、決算承認の決議がなされた定時株主総会が終わるときまでとなります。

譲渡制限会社は、任期を10年にできる

　取締役および監査役の任期は、原則は上記のようになりますが、**譲渡制限会社（91頁参照）の場合は、いずれも任期を10年まで延ばすことができます**。取締役が自分1人の場合、任期を迎えるごとに登記をする手間と費用のことを考えて、最長10年にしておくとよいでしょう。

2-4 お金を出す人と運営をする人を決めよう
5. 複数のメンバーで設立する場合の注意点と任期

友人同士で会社を設立することのリスク

　仲のよい友人同士や仲間うちで会社を設立するということは、よくある話です。**複数人での起業は、相互の強みを生かしながら、負担を分担して会社を運営していくことができるというメリットがあります。**しかし、共同経営には幾つかの難しい点があります。**経営を続けていく中で、互いの方針や理念が異なっていく可能性があること、場合によっては「袂を分かつ」リスクもある**ということを、はじめから念頭に置いておかなければなりません。

≪出資比率による注意点

　よく問題になるのが、友人2人で会社を設立し、互いに半分ずつ資本金を出しあった（持ち株比率50パーセントずつ）けれど、しばらくして経営についての意見があわなくなった場合です。株式会社では、資本金を出す割合、つまり持ち株比率が多いほど権限が強くなります。

　たとえば、**持ち株比率が3分の2以上であれば、会社内のほぼすべての事項を決定することができます。**しかし、持ち株が50パーセントずつだと何も決めることができなくなってしまいます。なぜなら、役員の選任、解任、報酬の決定などを行うためには、過半数の同意が必要だからです。**50パーセントずつだと双方とも過半数を押さえていないため、どちらかが折れないかぎり何も決定できず、経営がこう着してしまう**リスクがあります。最低限、どちらかが51％所有している状態にしましょう。

≪任期の問題点

　前項でお話したとおり、役員を変更する場合の、法務局への登記申請費用と手間を考えると、役員の任期は長いほうがよいということになるのですが、**共同経営の場合には、互いの意見があわなくなることもある**

ので、任期は短くしておくことをお勧めします。

任期の途中でも、株主総会の決議で（取締役であるなら出席株主の株式数の過半数をもって）、意見のあわない取締役を解任することができます。しかし、正当な理由なく解任すると、任期の残りの期間の役員報酬などについて損害賠償を請求される可能性が出てきます。残念ながら、意見に相違があることが「正当な理由」となることはあまりありません。

もろもろ踏まえて考えると、**2年程度がお勧めです**（なお法律上も、原則2年とされています）。

役員になるということは責任を背負うこと

友人が起業するにあたり、役員になることを頼まれること、あるいは名前だけ貸してくれと頼まれることがあるかもしれません。しかし、軽い気持ちで役員に就任することはとても危険です。

役員に就任すると、役員としての法的責任が生じます。

取締役としての主な責任は、会社の利益に忠実な立場に立って職務を行うこと（忠実義務）、善良な管理者としての注意義務（つまり、取締役という地位にある者として適切な注意）を払って職務を行うことです。

また、役員としての責任は、単に会社に対する責任にとどまりません。さらに、株主に対する責任、従業員に対する責任、取引先など第三者に対する関係でも責任を問われ、会社の行った行為について、役員に就任したあなたにも損害賠償責任が認められ、お金を支払わなければならなくなることもあります。**役員に就任するときは、起業する仲間との信頼関係、これまでの付きあいの程度や、自分がどのくらい役員としてその会社の業務にかかわれるのかを、慎重に判断する**必要があります。

まとめ

- 複数人で会社をつくるときは、少なくとも1人が持株比率の過半数を押さえるようにする（例51％）
- 複数人の会社なら取締役の任期は2年程度にしておく
- 友人の会社の役員になる前に、その関係性、方向性を再度考える

2-5 資本金の決め方・資金の調達のしかた

1. 資本金はいくらにすればよいか

　会社法の施行により、資本金が1円でもよくなりました。だとすると、資本金は1円でよいということになりますが、果たしてそうでしょうか？

　会社を設立することの目的のひとつに、社会的信用を得ることがあります。 会社法施行前は、株式会社を設立するのに最低1,000万円の資本金が必要でした（例外あり）。そのため、個人事業と比べて信用力がアップしました。**しかし、1円で会社をつくれるようになったことで、「株式会社」というだけでは信用を得られない時代になった**ともいえます。

　そうなると、資本金をいくらにしたらよいのか悩んでしまうと思うので、そのあたりを見ていきます。

❶ 税金面から考えてみる

≪消費税

　資本金によって、消費税の課税開始時期が変わってきます。

　資本金1,000万円未満（1,000万円ではダメです！）で会社を設立すると、設立後2年間は消費税を納めなくてもいいことになります。

　たとえば、お客様から預った消費税（売上金額にかかる消費税）100万円、支払った消費税70万円（仕入れや経費にかかった消費税）の場合、資本金が1,000万円以上だと、100万円から70万円を引いた30万円を国に納めなくてはなりません。

　しかし、資本金1,000万円未満の会社であれば、設立第1期と第2期（平成25年1月1日以後に開始する事業年度については、第1期における事業年度開始の日から6カ月間の課税売上高もしくは給与額が1,000万円以下にかぎる）の消費税が免除されます。

　ただし、資本金の額に関わらず1年目に多額の設備投資を行うなど、

預かった消費税より支払った消費税のほうが多い場合は、その多く支払った分だけ還付してもらえる手続きがあります。

≪法人住民税の均等割

会社が赤字であっても、毎年納めなくてはならない税金として「**法人住民税の均等割**」があります。

この税金は資本金によって変わってきます。

たとえば、**従業員が50人の場合、資本金が1,000万円以下であれば7万円ですが、1,000万円超になると18万円に**上がります。

❷ 運転資金面から考えてみる

資本金は会社設立後、事業を運営していくのに大事な元手となります。

会社の設立時には資本金を一度銀行に預けますが、この預けた資本金を「使ってはいけないのでは？」と考える人もいます。でも、そんなことはありません。**資本金はいったん預けたあと、それを自由に開業資金や運転資金に回すことができます。**

通常、会社を設立してすぐに取引先から入金が潤沢にあるということはほとんどありません。ここでもし資本金が1円だったとしたら、取引先から入金がないかぎり、開業したその日からペンを1本買うこともできないことになります。資本金が300万円でも500万円でもあれば、その資本金を必要経費に充てることができます。

業種にもよりますが、初期費用＋設立時から3～6カ月程度の経費（運転資金 ＝ 必要経費）を資本金と設定することが1つの目安になります。

そうすれば、取引先からすぐに入金がなくても、安心して事業を運営することができます。

❸ 借り入れ・融資面から考えてみる

会社設立の際、開業資金の全額を借り入れることは、まず厳しいと考えてください。借り入れを申し込んだ場合、融資担当者はまず資本金を見ます。**資本金が1円だったら、融資担当者からすると、上記の❷で説明したように、事業が安定して運営できるのか懸念材料の1つとなってしまいます。**逆に必要経費（❷参照）を熟考したうえで資本金を決めて

いれば、融資担当者もそれだけ安心して融資を検討することができます。

❹ 許認可面から考えてみる

　業種によっては、**許認可を受ける条件として資本金が決められている場合がある**ので、事前に確認しておきましょう（94頁参照）。

❺ 決算書の観点から考えてみる

　会社は事業年度ごとに決算書を作成します。その際、**資本金があまりにも少ないと、赤字を少しでも出してしまったら、債務超過（経営破綻状態）になります。**

　たとえば、資本金が50万円で1期目の利益がマイナス100万円だった場合、50万円の債務超過になります。債務超過になった場合、前頁❸の融資の話にもつながりますが、いざ借り入れをしようと思っても、融資したお金が戻ってこない可能性が高い会社に誰もお金を貸そうとは思いませんから、非常に厳しくなります。

　この場合、資本金を300万円ぐらいにしておけば、当面の運転資金を見込んでも債務超過の状態を避けやすくなります。

❻ 信用面から考えてみる

　資本金は会社の規模や信用力を見る大事な指標です。**会社を設立して登記をすると、資本金は「登記事項証明書（登記簿謄本）」に記載され、誰でも見ることが可能となります。**もちろん資本金だけで信用が決まるわけではありませんが、日本ではまだまだ資本金によって会社の印象が決まる慣習が残っています。

　ただ事業を行ううえで、**取引先やそのほかの関係者が資本金をあまり問題にしないような場合は、少ない金額で設立してもよい**でしょう。

　このあたりはライバル企業や同業他社の資本金を参考にしたりしながら、**前頁❷の運転資金を考慮したうえで、多めに資本金を用意したほうがよいなら運転資金の6カ月分、少ない資本金で大丈夫そうなら3カ月といった判断もできます。**

● 資本金の決め方

初期費用 ＋（1カ月に必要な運転資金 ×3〜6カ月分）

初期費用
- 事務所、店舗の初期費用
- 会社設立費用
- 設立前にかかる経費

1カ月に必要な運転資金
- 事務所、店舗の家賃
- 設備、備品の購入費用
- 商品の仕入れ
- 消耗品費
- 人件費
- 広告宣伝費
- 通信費
- 交通費　　など

まとめ

- 資本金は1,000万円未満にする
- 初期費用と3〜6カ月分の運転資金を1つの目安にする
- 許認可の必要な事業によっては最低資本金が決められていることがあるので確認する

● 決定事項チェックシートに資本金を書く

| 資本金 | 金　100万円 |

実際には、
次項の「金銭以外で出資する方法」を
検討してから、
最終的な資本金を決定します。

2-5 資本金の決め方・資金の調達のしかた

2. 金銭以外で出資する方法

現物を出資することもできる

　発起人は資本金として現金を出資しますが（具体的には銀行に振込または入金します）、現金以外で出資することも可能です。たとえば、**自己所有の不動産、有価証券、機械類、パソコンや車などを出資することができます**。金銭以外の財産を出資に充てることを「**現物出資**」といいます。現金で出資をしたほうがシンプルでわかりやすく、手間もかかりませんが、現物出資には手持ちの資産を利用できるというメリットがあります。

　たとえば、現金を50万円しか用意できなくても、自分が持っている50万円相当のパソコンや機械類を現物出資として会社に提供することで、残り50万円を埋めて、資本金を100万円にすることができます。

現物出資をする物の評価額は慎重に決めよう

　現物出資をする際に問題なのは、出資する物の価額をどう評価するかということです。**出資する現物の価額を実際よりも過大に評価してしまうと、端的に言って「多額の資産があるように見えるのに、実は中身がすっからかん」という状態になります**。こうした場合は、**発起人と設立時取締役は、不足している価額を連帯して支払う責任を負うこと**になります。根拠なく評価額を決めるのは避け、特に中古の機械類やパソコン、車などは価額を換算するのが難しいので、税理士などの専門家に相談しながら、何をいくらと評価して出資するのか決めていきましょう。

　現物出資の客観的な評価を行うために、裁判所で選任された検査役（弁護士が選ばれることが多い）の調査が必要とされています。しかし、裁判所の検査役の選任手続きを経て、検査役に調査してもらうにはそれな

● 資本金 100 万円 ⇒ 現金 ＋ 現物でも OK！

| 現金　50万円 | パソコン
10万円 | 車　40万円 |

資本金：100万円

りの費用と日数がかかってしまうため、負担が大きくなります。出資する金額が少額の場合や客観性のある証明書がある場合（下記参照）など、一定の要件に該当するようであれば検査役の調査は不要とされているため、検査役の選任手続きを経ることなく現物出資を行うことができます。**現物出資は、検査役の調査が不要な範囲にとどめておくことが無難**です。

● **検査役の調査が不要な現物出資**

- 現物出資財産額が 500 万円以下の場合
- 市場価格のある有価証券であり、定款に定めた価額が市場価格を超えない場合
- 定款に記載された価額が相当である旨を弁護士や税理士などの専門家から証明を受けた場合（不動産は不動産鑑定士の鑑定評価も必要）

※ 専門家への報酬が別途掛かります。信頼関係がないと証明書を出してくれないこともあるので、発行可能かどうかも含めて相談しましょう。

名義変更の手続きが必要な現物出資

　機械類などの動産の現物出資は、会社に現物の引き渡しをすれば出資をしたことになりますが、不動産、自動車、有価証券などは名義変更の手続きが必要となります。**名義変更の手続きは、発起人全員の同意があれば、会社設立の登記が終わったあとに行ってもかまいません。**

　会社の「**登記事項証明書**」（登記されている事項の証明書）が必要な名義変更手続きもあるので、そのような場合は会社設立登記が終わってからでないとできないことになります。

2-6 会社の本店の所在場所を決めよう

1. 会社の本店は法律上の住所

本店はどこに置いてもよい

　会社の住所がある場所を会社法では「本店」といいます。会社の本店は登記事項であり、1つの会社につき1つの本店を定めなければなりません。

　本店は日本国内であればよく、本店の所在場所と実際に事業活動をしている場所が一致している必要はありません。

　たとえば、本店として代表取締役の個人の自宅住所を登記しておいて、別の場所で実際に事業を行うこともできます。

　ただし、金融機関で会社の口座を開設する場合、本店の最寄りの支店でしか開設できないことがあります。また、管轄の税務署や法務局といった役所は、本店の所在地を基準として決まるので、本店を遠方の場所にすると、手続きに手間や時間がかかってしまいます。そう考えると、**ビジネスの拠点となっている場所を本店として決める**のがよいでしょう。

本店を決める際のポイント
〜 業態にあった立地にする 〜

　本店の決め方として、大きく分けると次の3つがあります。

> ❶ 個人の自宅を本店とする方法
> ❷ 新たに借りた事務所を本店とする方法
> ❸ 個人事業としての事務所がすでにある場合は、そこを本店とする方法

　実際にどこで事業をするか決まっていない場合は、とりあえず個人の自宅を本店として登記をするのが手軽です。ただし、個人の自宅が賃貸

物件の場合、注意点として、**賃貸借契約で事務所としての使用を禁止していることがあるので、契約内容を確認しなくてはいけません。**

　会社設立の登記をしたあとに本店を変えることもできますが、その場合は新たに本店移転の登記費用がかかります。法務局の管轄が同じ管轄内への移転であれば3万円、異なる法務局の管轄への移転であれば6万円の登録免許税がかかります。

レンタルオフィスやバーチャル事務所で起業

　一般的には、いわゆる貸事務所などを借りて本店を置くのが普通ですが、近年、通常の建物賃貸借とは異なる、レンタルオフィスやバーチャル事務所の利用が増えています。こういったサービスを利用して、本店として登記することも可能ですが、貸主の同意は取ってください。

定款作成時は最小行政区画まで決めればOK

　定款では、本店の所在地として、最小行政区画（例：東京都中央区）まで記載すればかまいません。最小行政区画までの記載であれば、同じ中央区の中で本店を移転しても、定款の変更手続きは不要です。最小行政区画が変更になる移転であれば（例：東京都中央区から東京都品川区へ移転）、定款の変更が必要になります。

　○丁目○番○号まで特定して定款に記載することもできますが、その場合は、同じ町内で本店を移転した場合でも定款の変更手続きが必要となります。移転する際の手間を考えて、本書では、定款へは最小行政区画までの記載でとどめています。

● 定款の記載例

> 「当会社は、本店を東京都中央区に置く。」
> 　⇒ 同じ中央区内での移転なら定款の変更が不要
> 　⇒ 品川区など、ほかの最小行政区画へ移転した場合は定款の変更が必要
> 「当会社は、本店を東京都中央区銀座○丁目○番○号に置く。」
> 　⇒ 銀座○丁目△番△号に移転した場合でも定款の変更が必要

登記をするまでに住所を決める

　本店住所は登記をしなければならない事項です。登記をする際には、最小行政区画では足りず、詳しい住所が必要です。

　具体的には、○丁目○番○号までは必須です。ただし、ここで止めておいてもかまいませんし、さらに、「○○ビル××号」とビル名、部屋番号まで入れてもかまいません。ビル名や部屋番号が入っていたほうが明確でよいのですが、部屋番号まで入れると、同じビル内で部屋を移ったときでも移転登記が必要となるので少々面倒です。

● 登記の記載例

「東京都中央区銀座○丁目○番○号」（ビル名以下を省略）
「東京都中央区銀座○丁目○番○-○○○（部屋番号）号」
　　　　　　　　　　　　　　　　　　　　（ビル名を省略）
「東京都中央区銀座○丁目○番○号パールビル○○○号室」
　　　　　　　　　　　　　　　　　　（部屋番号まですべて記載）
「東京都中央区銀座○丁目○番○号パールビル」（部屋番号を省略）
　⇒ 101号室から202号室に移転しても登記は不要。

※ 住所は「○番地○」といった記載もあり、地域によって異なるので、市区町村役場に確認しましょう。

まとめ

- 本店は会社の法律上の住所
- 本店の住所は登記が必要なので移転すると登記費用がかかる
- 本店の具体的な住所は登記をするときまでに決めればよい
- 本店はビジネスの拠点となっている場所に置くのがよい

● 決定事項チェックシートに本店住所を書く

本店住所	東京都中央区銀座○丁目○番○号

　レンタルオフィスなどを本店とする場合、事業の実態について疑義を持たれることがあります。あらかじめ、銀行に口座を開設してもらえるかどうか確認しておきましょう。

2-6 会社の本店の所在場所を決めよう
2. 事務所の賃貸借契約の注意事項

物件の用途について

　賃貸借契約では、物件の用途が「住居のみ」「事務所使用可」などと定められているのが通常です。いわゆるテナントビルに入居するような場合は特に問題ありませんが、**自宅の賃貸マンションを事務所に使用する場合や、マンションの一室を借りて事務所にする場合には、賃貸借契約上、その物件を事業目的で使用することができるかどうか確認しなければなりません。** 住居のみと定められた物件を事務所として使うと、用法遵守義務（借主が、契約またはその目的物の性質によって定まった用法にしたがい、その物の使用および収益をしなければならないという義務）に違反しているとして、家主から賃貸借契約を解除される場合もあるので注意しましょう。

新規で契約する場合を中心に、契約する際に気をつけたいそのほかの点

❶ 契約の締結時期と賃料の発生時期
　一般的には、**賃貸借契約の締結の時点から賃料が発生します。** しかし、賃貸借契約の締結時期と、実際にその場所で開業する時期とは異なることが多いので、賃料など賃貸借契約の条件を交渉するとき、**賃料発生時期を賃貸場所での開業の時点としてもらえるように交渉してみる**ことをお勧めします。

❷ 賃料の改定について
　賃料について、一定期間減額しない、あるいは自動的に増額していくなどの条項が入っていることがあります。しかし、自動的に増額してい

くような内容の賃貸借契約は、借り手にとってかなり不利なものになります。こういう場合には、少なくとも**自動的にではなく、その都度協議により増額するかどうか決定するといった内容に変更してもらう**よう交渉することをお勧めします。

❸ 解約予告期間

事業がうまくいけば、今借りている場所を退出して、より広い物件へと移転することも考えられます。こうした場合に問題になるのが「解約予告期間」です。これは、**賃貸借契約を解約するのに、いつまでに大家さんにその旨を通告する必要があるかという期間**です。事業用の賃貸借の場合、通常3カ月や半年など、この期間が長めに記載されています。この期間中は、たとえ退出をすませていても、大家さんにこれまでどおりの家賃を支払わなければなりません。そのため、ビジネスの時機に応じてすばやく動くことができなくなります。契約条件を決めるにあたっては、**この期間をできるだけ短くしてもらうように交渉することを**お勧めします。

❹ 原状回復費

また、退出時によく問題になるのが、原状回復費です。**事業用の賃貸借では、個人の住居用の場合と比べ、原状回復義務の負担が大きい**のが一般的です。なかには、賃貸借を開始した時期の状態まで、完全に原状回復して返還しなければならないとしている場合もあります。

住居用の賃貸借では、過度に重い原状回復義務は訴訟の場で否定されるケースもありますが、それと比べると、事業用の賃貸借では、一般的に重い原状回復義務の負担が認められる場合が多くなります。予防策として、**原状回復についての条項が借り手にどのような負担を課しているのかを具体的に確認しておき、重すぎるようであれば軽減してもらう**よう交渉する必要があります。

また、敷金や保証金もどのような条件でいくら返還されるのか（されないのか）が、大家さんによってかなり違います。**事業用の賃貸借では敷金や保証金も高額になるので、必ず、契約前に慎重に確認をします。**

なお、マンションの1室を事務所用として借りたり、住居兼事務所として借りている場合には、上記の期間よりも契約書上「**解約予告期間**」が短めに設定されていることが多く、原状回復義務の負担も、通常の住

宅の賃貸借契約と同程度の場合もあります。

ただし、この場合、67頁の「物件の用途について」で説明した点から注意が必要です。当初から住居兼事務所として借りている場合は契約書にしたがいますが、住居として賃貸したものを事務所として使用しはじめる場合には、大家さんに説明をし、協議しておくことが必要です。そうしないと、「**用法遵守義務**」違反ということで契約を解除される可能性があります。なお、261頁も参照してください。

そして、**事務所用として使用する旨の協議をした際には、解約予告金、原状回復義務の負担についても、テナントビルに近いものにされる可能性があるので、この点についてもしっかり交渉する**必要があります。

また、契約書の内容を変更するのですから、後日紛争にならないよう、しっかりと変更内容を確認しておきましょう。

> 新しく契約をするときには、賃料の発生時期などだけではなく、退去する場合も考えて内容を確認しましょう。
> すでに賃借してる自宅を事務所に使いたいのであれば、用法遵守義務違反に注意しましょう。
> 法人成りをする場合には、無断転貸の禁止（261頁）にも注意してください。

2-7 印鑑の手配

1. 会社を設立するときに必要な印鑑は2種類

まずは個人の実印と会社の実印を用意する

　発起人や取締役または代表取締役の役員は、個人の実印を書類に押すことになるので、実印の用意が必要です。そして「印鑑証明書」を取得する(73頁参照) 必要があります。

　一方、会社についても個人と同様に実印を用意します。**設立の登記を申請するときに、法務局に会社の実印を届け出て登録を行います。**会社の「印鑑証明書」については、設立の登記が終わったあとでないと取得できないので、登記を申請する際に用意する必要はありません。

● 会社の登記段階で必要な印鑑の種類

手続き名	提出先	必要な人	印鑑
定款の認証	公証役場	発起人	個人の実印
就任承諾書	法務局	取締役会を設置していない会社は取締役全員 取締役会を設置している会社は代表取締役	個人の実印
会社実印の印鑑届出	法務局	印鑑を届け出る設立時の代表取締役	会社の実印 個人の実印
資本金の払込証明書など	法務局	設立時の代表取締役	会社の実印
発起人決定書など	法務局	発起人	個人の印(認印可)

まとめ

- 会社設立に際し、発起人、取締役、代表取締役は個人の実印と印鑑証明書を用意する
- 会社設立に際し、会社の実印をつくる(印鑑証明書は登記後)

2-7 印鑑の手配

2. 印鑑をつくろう

個人の実印

印鑑には、認印、銀行印などいくつかの種類がありますが、決まった形があるわけではなく、用途によって使い分けます。

≪実印

個人が市区町村に届け出て登録した印鑑を、特に「**実印**」と呼んでいます。実印は1人が1つしか登録することができないもので、届け出てある印鑑の証明書が市区町村から発行されます。これがいわゆる「**印鑑証明書**」です。

印鑑の登録をしていない人は、まず、市区町村の役所で印鑑の登録をしましょう。

≪市区町村によって、大きさや決まりごとがある場合も

大きさは決まっている場合が多いので、事前に市区町村の役所に問いあわせましょう。

たとえば、東京都中央区の場合は、8mm以上25mm以下の大きさが必要とされ、ゴム印など変形しやすいものや外枠が著しく欠けたものは登録できません。

● **個人の認印・銀行印・実印例**

認印　　銀行印　　実印

登録をする印鑑は、「鈴木一郎」のように姓と名の両方でなくても、名字だけ（「鈴木」）、名前だけ（「一郎」）で彫られた印鑑でも大丈夫です。

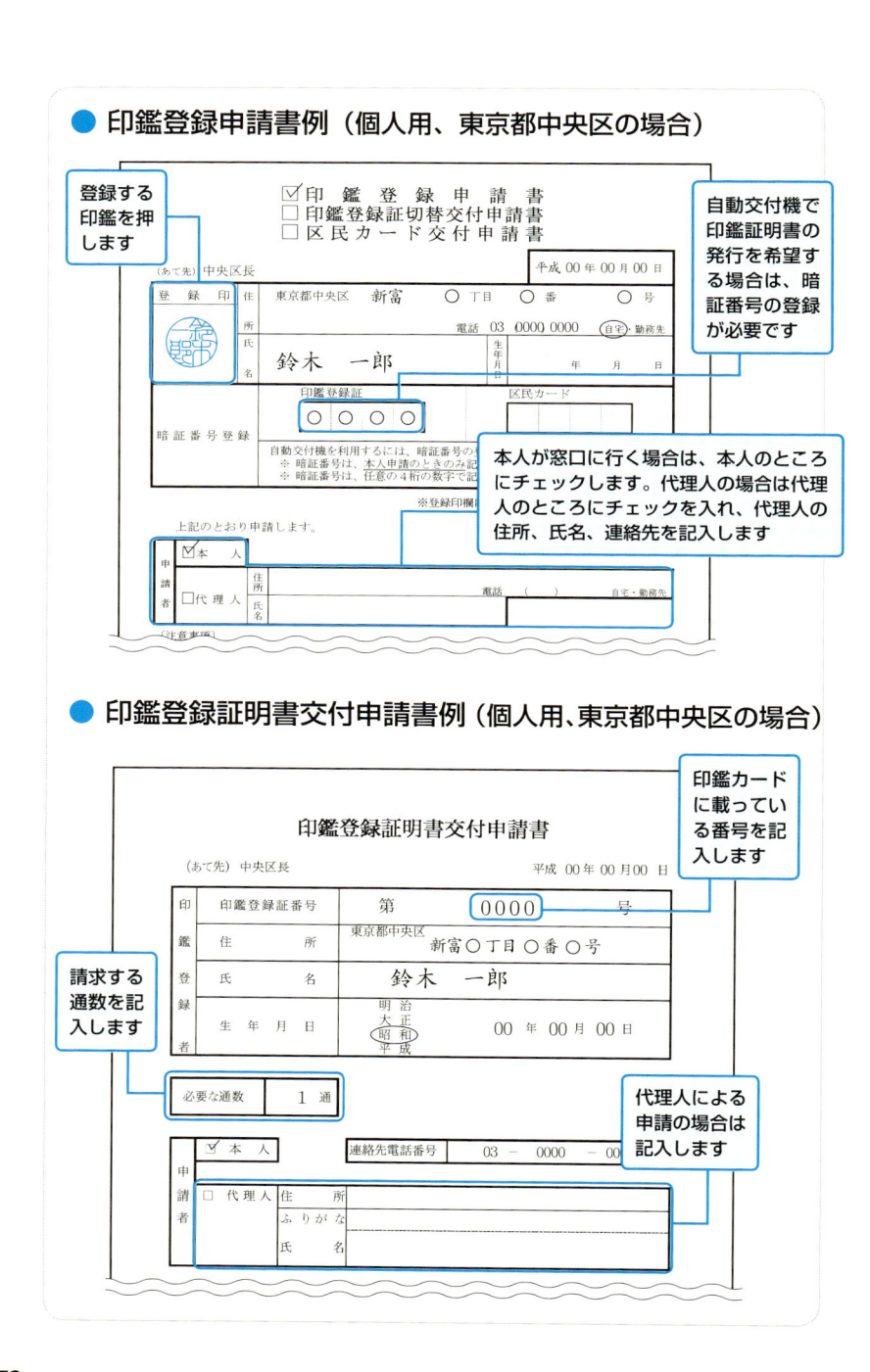

● **印鑑登録申請書例（個人用、東京都中央区の場合）**

- 登録する印鑑を押します
- 自動交付機で印鑑証明書の発行を希望する場合は、暗証番号の登録が必要です
- 本人が窓口に行く場合は、本人のところにチェックします。代理人の場合は代理人のところにチェックを入れ、代理人の住所、氏名、連絡先を記入します

● **印鑑登録証明書交付申請書例（個人用、東京都中央区の場合）**

- 印鑑カードに載っている番号を記入します
- 請求する通数を記入します
- 代理人による申請の場合は記入します

100円ショップで売られているような三文判でも実印の登録はできますが、スタンプ式の「シャチハタ」では登録できません。**不正使用の問題があるので、保管は厳重にして、偽造されにくいように三文判を実印とするのは避けましょう**。これを機会に永く使うことができる印鑑をつくることをお勧めします。

印鑑証明書（個人）の取得のしかた

「印鑑登録申請書」に必要事項を記入して、印鑑を登録すると、「印鑑カード」が発行されます。**印鑑証明書を取るには、「印鑑登録証明書交付申請書」に必要事項を記入して、印鑑カードを添えて申請します**。印鑑カードがあれば、本人ではなくても印鑑証明書が取得できてしまうので、防犯上、印鑑カードと実印は別々に保管するようにします。

印鑑証明書は、定款の認証や登記の申請などの手続きをする日からさかのぼって3カ月以内に取得したものが必要です。公証役場で定款の認証を行うときと法務局で登記をするときに提出するので、**発起人と取締役を兼ねる人は、2通取得しておきましょう**。

● 個人の印鑑証明書を取得するまでの流れ

❶ 市区町村の役所で印鑑の実印登録
❷ 印鑑カードの発行を申請
❸ 印鑑カードを添えて、印鑑証明書を取得

会社の実印

個人の実印と同様、会社も印鑑の届け出をして実印登録をします。会社の実印のことを「代表者印」ということもあります。**実印の登録先は、個人の場合と異なり、市区町村の役所ではなく会社の本店所在地を管轄する法務局です**。会社設立の登記を申請するときに、一緒に法務局に登録します。事前に登録をする必要はありませんが、登記のときに提出する書類に会社の実印を押さなければならないので、それまでに印鑑をつ

くっておきましょう。

会社の実印は一般的には丸型の印鑑で、二重丸のような形になっています。内側の円の中に「代表取締役印」や「代表取締役之印」の文字が彫ってあり、外側の円と内側の円の間に会社名が彫ってあるのが普通です。

会社の実印は、個人の実印と同様に本人（代表者）確認と本人の意思確認の意味を持ちます。登記の申請や契約書、株主総会議事録など、重要書類に押す大事な印鑑となります。

会社にも銀行印はありますが、1つの印鑑を実印と銀行印とを兼ねて使用することは避け、保管は厳重にしてください。

会社の場合は、個人よりも大きな契約を行うことが多いので、実印を不正使用された場合の危険は大きなものです。業務形態にもよりますが、代表取締役以外の人が容易に使用できないよう、厳重な保管体制をつくっておくことをお勧めします。

≪会社の実印には、大きさや決まりごとがある

会社の実印の大きさには制限があり、辺の長さが1cmを超え、3cmの正方形に収まるものでなければいけません。

また、印鑑は照合に適するものでなければいけないので、**外枠が欠けていたり印影が不鮮明なものは、会社の実印には不向き**です。これらの要件を満たすものであれば、丸型でなくても四角や三角の形の印鑑でも可能ですが、一般的には丸形の印鑑が用いられます。

● 会社の実印例

また会社名が入っていることは要件ではないので、代表取締役の個人の印鑑を会社の実印として登録することもできます。しかし、混乱を避けるためにも、**会社と個人の印鑑は別で作成し、会社名が入ったものを会社実印とすることをお勧めします。**

≪会社の印鑑の作成方法

　会社の印鑑の作成には、通常3日〜1週間前後かかるので、会社の商号が決まったら早めに手配をしましょう。

会社の印鑑証明書の取得のしかた

　個人の実印登録と同様に、会社も印鑑の実印登録をすれば、「印鑑カード」が法務局から発行されます。個人のときと同様に、会社も印鑑カードがないと印鑑証明書が取得できないので、なくさないように大切に保管します。

　印鑑カードは、会社設立の登記が終わってからでなければ発行されないので、印鑑証明書も会社設立の登記が終わってからでないと取得できません（交付申請書などの記載例は202頁参照）。

● 会社の印鑑証明書を取得するまでの流れ

❶ 会社設立登記の申請時に法務局に実印登録
❷ 会社設立登記が終わったあとに、印鑑カードの交付を法務局に申請
❸ 印鑑カードを提出のうえ、法務局で印鑑証明書を取得

そのほかの会社の印鑑

　会社の印鑑は実印のほか、次のような印鑑を作成しておきます。
　ちなみに、**「会社実印」、「銀行印」、「角印」は3点セットで「法人設立セット」**としてセット販売されていたりします。登記のときは実印しか使いませんが、後々のことを考えてセットで買っておくと便利です。

≪銀行印

　会社名義の銀行口座をつくる際や手形・小切手取引をするときに必要となる印鑑です。
　一般的には、会社の実印と同じように丸型の印鑑で、内側の円に「銀行之印」という文字が彫ってあります。大きさに規定はありませんが、会社の実印と同じ大きさかひと回り小さいものがお勧めです。

≪角印

会社の認印のようなもので、見積書・請求書・領収書に押したり、日常業務に使用します。大きさに規定はありませんが、一辺が2〜3cmのものが多く使用されています。

≪ゴム印(住所印)

会社の住所、商号、代表取締役名、電話番号、FAX番号などが記載されている印鑑です。ゴム印があれば、書類に会社の住所などを手書きしなくてもよいので、持っていると便利です。

住所、商号、代表取締役名など、それぞれ分かれていて自由に組みあわせて使えるものがよいでしょう。**「中央区銀座○-○-○」「(株) パールコンサルティング」などと住所や社名を省略せずに、下記の例のように登記されているとおりに作成すると、契約書などの重要書類にも使用できます。**

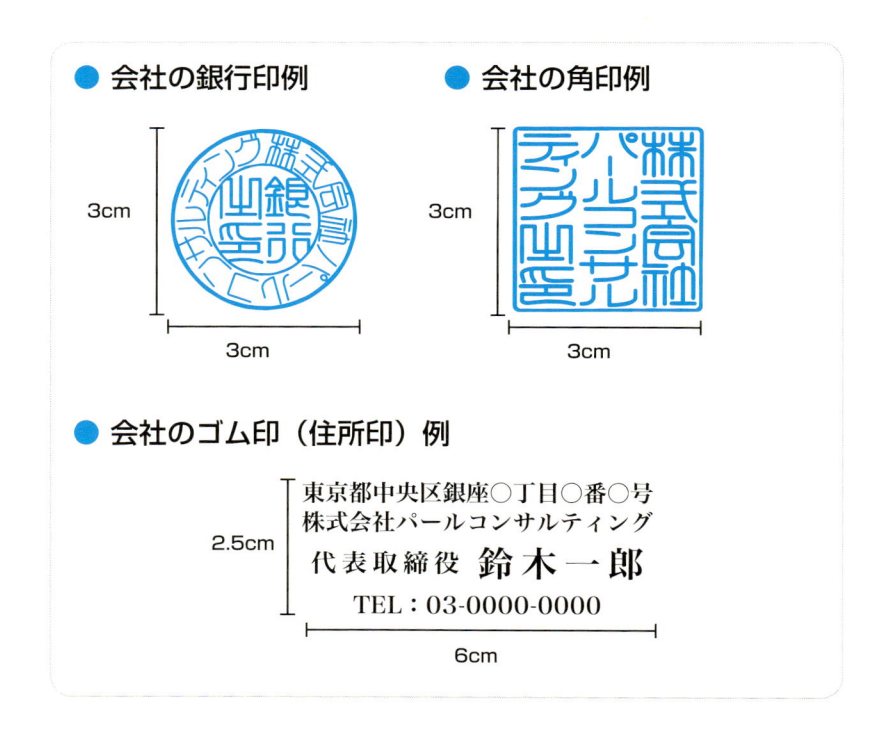

● 会社の銀行印例　　● 会社の角印例

3cm × 3cm　　　　　3cm × 3cm

● 会社のゴム印(住所印)例

2.5cm × 6cm

東京都中央区銀座○丁目○番○号
株式会社パールコンサルティング
代表取締役 鈴木一郎
TEL:03-0000-0000

2-8 事業目的を決めよう

1. 「会社の目的」とは？

「目的」を決めるための3つのポイント

　会社の目的とは「その会社で何をするのか？」を簡潔にまとめたものだと理解すればよいでしょう。
　たとえば、新しく会社を起ち上げてレストランの経営をやろうとするのであれば、最もシンプルな会社の「目的」は「飲食業」になります。
　会社は、「目的」として記載している事業の範囲内でだけ活動することができ、「目的」に書かれていないことは「法律上できない」とされています。
　もっとも、やりたいことなら何でも会社の目的にできるわけではなく、会社の目的には「適法性」「営利性」「明確性」がなければならないとされています。

❶ 適法性とは？

　会社は、公序良俗に反することを目的として事業を行うことはできません。 したがって、「詐欺、脅迫」「麻薬の販売」といった犯罪行為を目的として定めることはできません。これが「適法性」の要件です。

❷ 営利性とは？

　会社は利益を上げ、利益を株主に分配するために事業を行うわけですから、「ボランティア活動」や「寄付」など、非営利の活動だけを目的にすることはできません。これは、会社の本質に反してしまうからです。これが「営利性」の要件です。
　もちろん営利活動が会社の本質であるといっても、付随的に会社が非

営利の活動を行うことが禁止されているわけではなく、近年ではそのような活動もCSR（企業の社会的責任）として推奨されるものになっています。

❸ 明確性とは？

　会社の目的は、誰が見てもわかるように、周知の言葉でなければなりません。これが「明確性」の要件です。

　たとえば、いわゆる業界用語や新しい言葉は誰でも知っているものではないので、登記ができない可能性があります。「広辞苑」「イミダス」「現代用語の基礎知識」などに掲載されているかどうかなどを参考に、広く知られている言葉を用いる必要があります。特にアルファベットのみの略語やカタカナ表現の外来語を使いたい場合には、注意が必要です。こうした言葉も、日本語の表現に書き換えたり、カッコ書きで説明を加えたりすれば登記が可能となる場合があります。

　会社の事業のメインとなるキーワードであるとか、こだわりがあってどうしても使いたい場合は、法務局と相談しながら上記のような方法を検討してみてください。

　　例
　　× 「CIのコンサルタント」
　　〇 「コーポレート・アイデンティティ（企業のカラーやシンボルなど、統一されたイメージを発信すること）のコンサルタント」
　※ CIはコーポレートアイデンティティの略です。
　　上記は一例であり、必ずしもすべての法務局で認められるわけではありません。

まとめ

- 会社が行う事業を「目的」という
- 目的を決める際は、「適法性」「営利性」「明確性」の３つのポイントに気をつける

2-8 事業目的を決めよう

2.「目的」を決めるときに気をつけること

将来行う可能性がある事業や業務はあらかじめ入れておく

　設立登記のときには、設立後すぐに行う業務だけでなく、今後行うかもしれない業務や興味がある業務なども目的に入れておきましょう。目的を追加・変更するためには変更の登記が必要となり、その際に登録免許税3万円と登記をする手間がかかってしまいます。

　「目的」に書いてあるからといって、その業務を必ず行わなくてはいけないわけではありません。後々の手間や費用を考えると、設立のときにある程度幅広く記載しておくことをお勧めします。

ひらがな、カタカナ、漢字で記載する

　使用できる文字は日本語の文字にかぎられ、原則としてローマ字は使用できません。例外的に「CD」や「Tシャツ」といった一般的に使用されている用語については、ローマ字を使うことができます。

登記上の目的と業法上の規制を区別する

　目的の記載がある程度抽象的であっても登記はできますが、そのような表現を使って登記した会社に対しては、各種の業法上の許認可（詳細は94頁）が下りない可能性があるので注意が必要です。

　また、ほかの業種との兼業が禁止されている業種もあり、その場合に目的として両方の事業が記載されていると、「この会社は兼業をする気だな」ということになりかねません。どのような記載が必要か、どのような記載は避けるべきか、監督官庁へ事前に確認しておきましょう。

　※ 許認可の申請自体は、登記が完了してから行います。

> **例**
> ×「派遣業」 ○「一般労働者派遣事業、特定労働者派遣事業」
> ※「派遣業」では抽象的すぎるので、より具体的な記載にしました。実際に上記のような例はありましたが、記載の表現については監督官庁に確認しましょう。

借入の観点から考える

　融資希望の場合、下表にある業種をすぐに行わないのであれば、それを「目的」から外しておくことをお勧めします。「目的」に記載されていても、その事業を実際に行わなければ融資審査には影響しないようですが、無用の誤解を避けるためです。また日本政策金融公庫は非対象業種を明示していないものの、これに準じた対応を行っているようです。

東京信用保証協会	農林、漁業、遊興・娯楽業のうち風俗関連営業、金融業など

数はあまり多くならないようにする

　実は、法律上「目的」の数に制限はないので、いくつ記載してもかまいません。しかし、あまりにもたくさんの目的を書いていると、第三者から見て「この会社はいったい何をメインの業務にしている会社なんだろう？」「本当にこんなにたくさんの業務を行っているのだろうか？」と不信感を持たれることになりかねません。新規の取引先が「**与信審査**」を行うときには、「**登記事項証明書**」を取って、こうしたポイントも確認されます。何でも屋にならないように気をつけましょう。
　多いところだと目的の数が20個を超えている会社もありますが、**中小企業ならおおむね3〜10個くらいの記載にしておくのが無難**です。

最後に「前各号に附帯または関連する一切の業務」と記載する

　新しい業務を行う場合でも、これまでの目的に記載した業務と関連したものであれば、「**前各号に附帯または関連する一切の業務**」に含まれるので、改めて目的の変更登記をする必要がありません。便利な表現な

ので、必ず入れるようにしましょう。

本業とは関係のない業務も「目的」に入れることができる

　不動産業を本業とする会社の「目的」に、「飲食店の経営」や「インターネットを利用した通信販売業」といったものが入っていても差し支えありません。**本業以外のことも「目的」に入れてかまいませんが、一貫性のない「目的」ばかりをたくさん記載していると、前述したように取引先から不審に思われる危険性があります。**

同業他社の「登記事項証明書」を見てみよう

　79頁からの注意点に気をつけながら、まずは会社の目的を「決定事項チェックシート」に広く浅く書き出してみましょう。書き方で迷ったら、同じ業種ですでに登記されている会社を参考にするとよいでしょう。

　「**事業目的**」は、ホームページに掲載している会社もあります。ホームページに掲載されていなければ、法務局の窓口でその会社の「**登記事項証明書**」を取ってみましょう。会社の商号と本店がわかれば、誰でも1通700円で登記事項証明書を取ることができます。インターネットの登記情報提供サービス（38頁参照）で登録情報を確認することもでき、その場合は少し安く見ることができます。

　登記事項証明書は、登記がどういうものかイメージをつかむのにも最適です。勉強のため、**登記をする前に、同業他社の登記事項証明書を取ってみるとよいでしょう。**

目的例や書籍を参考にする

　本書では、業種ごとの目的例を掲載しています（83頁参照）。
　もっと詳しい情報を知りたい場合は、主に司法書士などの専門家向けですが、目的例が多数掲載された「事例集」のような書籍も販売されているので参考にするとよいでしょう。

81

事前に法務局へ相談に行く

　せっかく登記の申請をしたのに「目的」が認められず、登記を取り下げなければならなくなっては大変です。

　法務局には無料の相談窓口があり、登記ができるかどうかを事前に相談することができるのでぜひ利用しましょう。法務局の窓口は、大きく分けて、まず「不動産登記」と「法人登記（会社登記）」に分かれており、さらに「**登記申請をする窓口**」と「**相談窓口**」に分かれています。

　相談窓口では、通常、番号カードを引いて、「相談票」に相談したいことを記入して順番を待てば相談を受けられますが、法務局によってしくみが異なるので、相談窓口の場所や相談のしかたがわからなければ、事前に管轄の法務局に問いあわせましょう。相談窓口は、特に会社の決算時期前後の3～6月にかけては混雑していることがあるので注意してください。

　相談に行くのは、目的の記載のしかたを含めてひととおり定款を作成し終わったあと、定款認証をする前が最もよいでしょう。この段階で、定款の記載を全部見てもらい、問題点がないか、気をつけるところがないか、相談を受けておけば安心です。

　法務局へ行ったついでに登記申請のときに必要となる「印鑑届出書」「印鑑カード交付申請書」「OCR用紙」の所定の用紙をもらっておきます。

● **決定事項チェックシートに目的を書く**

目的	1. 経営コンサルタント業 2. 企業の合併・提携・営業権の譲渡に関する指導および斡旋 3. 人事および経理に関する帳簿の記帳、給与計算業務 4. インターネットを利用した各種情報提供サービス 5. セミナー・研修会の企画、運営 6. 印刷・出版物の企画、制作 7. ホームページの企画、制制、運営 8. 不動産の賃貸、管理、保有および運用 9. 飲食店の経営 10. 前各号に附帯または関連する一切の業務

目的は将来を見据えて、3～10個程度入れておきましょう！

まとめ

- 将来行う可能性がある事業も入れておく
- 許認可を必要とする事業かどうか確認する
- 迷ったら同業種の会社の「目的」を参考にする
- 「目的」の判断に迷ったら、登記をする前に法務局へ相談に行くとよい

● 業種別会社目的例

業種	目的
飲食業	飲食店業
	パン、ケーキの製造販売ならびに喫茶店経営
	食料品の販売
	自動販売機による物品の販売
	飲食店の企画、設計、施工および運営
	ケータリングサービス
	外食産業に関するレストラン、バー、カフェなどの経営
食品製造・販売	仕出し料理および弁当の製造販売
	酒類、清涼飲料水の製造、販売
	コーヒー、茶、調味料、麺類の製造、加工および販売
	ミネラルウォーターおよび浄水機器の製造、卸、販売
不動産業	インターネットを利用した不動産情報の提供サービス
	不動産投資および駐車場経営
	事務所、駐車場の管理および警備
	土地、建物の賃貸、売買、仲介、斡旋および管理業務
	不動産の管理業務、不動産の賃貸・売買・仲介業務
	不動産取引業
建設業	オフィス、店舗のレイアウト、デザインの企画、設計、制作、施工およびコンサルティング
	インテリアコーディネイト業
	看板の企画、デザイン、製作、販売および設置工事施工
	建築、土木工事の設計、施工および監理
	住宅の増改築、建て替え、リフォームおよびクリーニング業
	塗装工事業および塗装材料の販売

（次頁に続く）

業種	目的
IT・情報通信業	インターネット、電子出版、映像、出版、印刷物などの各種メディアの企画、制作
	インターネット・ホームページの企画、立案、制作およびメンテナンス業務
	インターネットでのマーケティングリサーチおよび各種情報提供サービス
	インターネットによる動画配信および配信のアウトソーシング
	各種マーケティングに関する情報の収集・企画に関する業務
	コンピューター機器および用品の販売、リースならびにソフト開発、教育、コンサルティング業
	コンピューターシステムによるデータ入出力業務
	コンピューターのソフトウエアの企画、開発、設計、製作およびメンテナンス
	電気通信事業者が提供する電気通信回線の利用加入者の募集および取次業務
広告・出版業	映像ソフト・音声ソフトの企画・制作
	広告代理業、出版業、印刷業ならびに新聞業
	雑誌・情報誌の企画、編集、制作、出版
	印刷物のデザイン、編集、企画・立案
	キャラクター商品の企画、デザイン、製作販売
	グラフィックデザイン業
アパレル・ファッション	アパレル・ファッションブランド製品の企画・開発
	衣料用繊維用品の製造、卸、輸出入販売
	貴金属、アクセサリー類の製造、販売、貿易業
	生地の卸、製造、販売
製造業	家具、建具、什器、装飾品の設計、製作、販売
	紙加工、紙製品製造販売
卸売・小売業	インターネット、カタログなどによる通信販売業
	インテリア家具、インテリア用品およびインテリア小物の販売
	家庭用浄水装置のレンタルならびに販売
	家庭用電化製品の仕入、販売および通信販売
	携帯電話、通信機器ならびにその付属品の販売、リースおよび輸出入
	古物商、美術商
	事務用機器、事務用品、日用雑貨品の卸売および小売業
	ペット、ペット用品の販売
	金券ショップの経営
	各種自動車の販売および仲介業
農業業	有機農法による野菜・果実などの生産および販売
	緑化事業および造園の請負業
	園芸用品、種苗、花、植木、肥料および飼料の販売

業種	目的
医療・福祉	医薬品、医薬部外品、化粧品、ビタミンなど栄養素を補給した栄養補助食品・清涼飲料の販売
	医療機器、医療検査機器、医療用具のリース、レンタルおよび販売
	リハビリ用品、衛生用品の販売
	介護・福祉事業
	あんま、リラクゼーションマッサージ業務
	介護保険法に基づく通所介護業務
	マッサージ店、カイロプラクティックによる治療院の経営
	医療、介護に関するカウンセリング
	薬剤の販売および薬局の経営
運送・運搬業	介護タクシー事業
	貸倉庫業
	貨物自動車運送事業
教育	英会話教室、学習塾の経営
	カルチャー教室の経営ならびに顧客の仲介
	人材の育成、能力開発のための教育、研修事業
	タレント、モデルの養成スクールの経営および講師の派遣
金融・保険業	火災保険代理店業
	自動車保険代理店業務
	生命保険の募集業務および損害保険代理業務
	投資業および海外投資コンサルタント業務
美容・健康関連	美容に関する各種機械器具(洗顔器など)および用品(手づくり石鹸など)の製造販売
	エステティックサロンの経営および美容用品の販売
	美容院の経営
	健康食品の製造、販売および輸出入
派遣・紹介	一般および特定労働者の派遣事業
	有料職業紹介事業
	各種イベントのタレント、司会者派遣およびマネージメント
サービス業	一般および産業廃棄物処理に関する事務代行業
	イベント、コンサートの開催および企画請負業務
	会計、経理に関する事務の請負業務
	診療報酬請求事務ならびに調剤薬局の一般事務の受託
	会社のロゴなどのデザイン制作
コンサルタント	経営コンサルタント業
	医療および健康に関するコンサルタント業
	企業の海外進出に関するコンサルティング業務

2-9 決算期と公告のしかたを決めよう

1. 決算期の決め方

決算期と事業年度

　会社の売上・経費を計算して、利益または損失を算出するために、一定の期間を設ける必要があります。この期間の区切りを「決算期」といい、決算期から次の決算期までを会社法では「事業年度」と呼びます。

　事業年度は1年以内であればよいので、1年に2回決算を行ってもよいのですが、中小企業にかぎらずほとんどの企業は1年に1回としています。

会社の繁忙期の観点から考える

　決算期をいつにするかについては、特に決まりはありません。そのため、まずは「会社の1番忙しい時期を避ける」というのが1つのお勧めです。なぜなら、決算期から2カ月以内に税務申告があるので、繁忙期（忙しい時期）に決算を迎えてしまうと、書類の整理や棚卸などの決算準備と重なってしまって大変になるからです。特に、初年度は慣れていなくてわからないことも多いでしょうから、ゆっくりと決算ができる閑散期にすることをお勧めします。

消費税の観点から考える

　資本金が1,000万円以上の会社は、設立第1期から消費税を納める必要があります。

　しかし、1,000万円未満の会社であれば、設立第1期は消費税を納める必要がありません。では、そのような会社は、設立第1期を何カ月にすれば有利になるのでしょうか。消費税がかからないのであれば、できるだけその事業年度を長く取ったほうがよいと思いがちですが、一概に

そうともいえません。

第2期の消費税を納めるか否かは、設立当初6カ月間の売上と給与のいずれかが1,000万円以下であるか否かによります。つまり、いずれかが1,000万円以下であれば、第2期も消費税はかかりません。ただし、いずれも1,000万円を超えたとしても、第1期が7カ月以下であれば、第2期は消費税がかかりません。したがって、1,000万円以下と予想されれば、第1期はできるだけ長く取ったほうが有利になりますし、1,000万円を超えると予想されるのであれば、第1期を7カ月以下としたほうが有利になります（下記フローチャート参照）。

≪設立日と7カ月以下となる決算月の関係

- 5月1日設立　　→　決算11月30日
- 7月15日設立　　→　決算1月31日（末日を決算とする場合）※
- 11月23日設立　→　決算5月31日（末日を決算とする場合）※

※ 決算を月末とする場合には、7カ月目の「前月」としてください（もう1カ月余計に取れる例外的な日もいくつかありますが、少し複雑になるためここでは省略します）。

● 決算期の選び方（消費税の観点から）

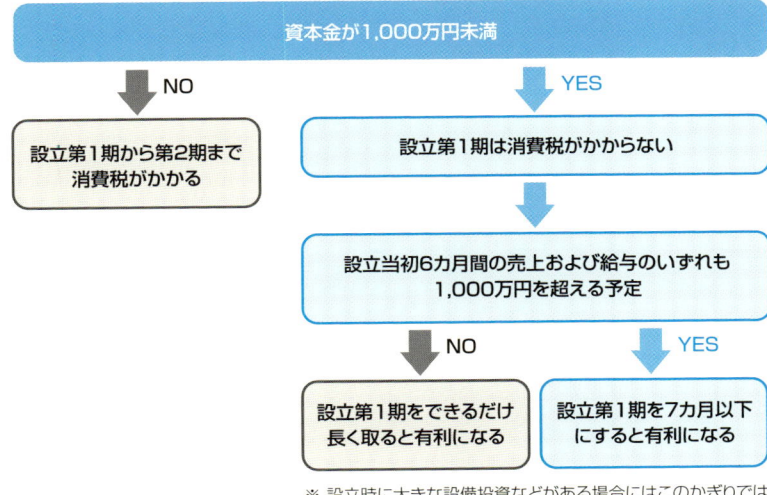

```
                資本金が1,000万円未満
         NO ↓                    ↓ YES
┌──────────────┐      ┌──────────────────┐
│ 設立第1期から第2期まで │      │ 設立第1期は消費税がかからない │
│   消費税がかかる    │      └──────────────────┘
└──────────────┘                 ↓
                        ┌────────────────────┐
                        │ 設立当初6カ月間の売上および │
                        │ 給与のいずれも         │
                        │ 1,000万円を超える予定    │
                        └────────────────────┘
                           NO ↓        ↓ YES
                  ┌────────────┐ ┌────────────┐
                  │ 設立第1期をできるだけ │ │ 設立第1期を7カ月以下 │
                  │ 長く取ると有利になる │ │ にすると有利になる │
                  └────────────┘ └────────────┘
```

※ 設立時に大きな設備投資などがある場合にはこのかぎりではありません。

ちなみに、7カ月以下であるからといって、設立第1期をあまりに短くするのは考えものです。
　たとえば、8月1日設立で決算期を8月31日とした場合、わずか1カ月で決算を迎えてしまいます。設立したばかりであわただしく、売上があまりないにもかかわらず決算を行わなければいけません。

資金繰りの観点から考える

　会社の資金繰りを考え、**税金を納める時期（決算期末より2カ月後）に、会社の資金が潤沢になっていることも重要**です。
　たとえば、5月を決算期末とした場合、7月末日には税金を払わなければならないので、納税に対応できる資金計画を立てておきましょう。

まとめ

- 決算期は会社の閑散期にする
- 初年度の事業年度は通常1年未満となるので注意が必要
- 消費税の免税のメリットを活かすために、初年度の長短に配慮する
- 税金は決算後2カ月以内に納めるため、年間の資金繰りも考える

● 決定事項チェックシートに事業年度を書く

| 事業年度 | 12月 1日から 11月 末日 |

決算期は会社の繁忙期を避けるなど、状況に応じてよく考えましょう。

2-9 決算期と公告のしかたを決めよう

2. 公告の方法

公告の方法を3つから選ぼう

　「公告」という単語は聞き慣れないと思いますが、これは文字どおり「公に告知する」という意味の法律用語で、特定の事項を広く一般に知らしめることを指します。会社には株主や債権者など多くの利害関係者がいるので、こうした人々が、会社に関する重要な事項を知らないまま会社と取引をしたりして不利益を受けないように、義務づけられています。

　株式会社においては、事業年度ごとの決算のほか、会社が合併する場合、資本金を減少する場合などに、会社の株主や債権者に重大な影響をおよぼす事項を公告しなければいけません。

❶ 官報に公告する方法
❷ 時事に関する事項を掲載する日刊新聞紙に掲載する方法
❸ 電子公告

「官報」に掲載する公告方法（官報公告）

　「官報」とは、いってみれば「国の機関誌」です。独立行政法人国立印刷局が編集・発行しています。費用が安いので、利害関係者の数が少ない中小企業の多くが、官報に掲載する公告方法を取っています。

「新聞紙」に掲載する公告方法（日刊新聞紙）

　新聞公告は、日刊の新聞紙であれば、全国紙でなくても地方紙でもかまいません。しかし、公告掲載料金が官報より高くなるため、中小企業ではあまり利用されません。

電子公告

インターネット上で公告をする方法です。一見簡単そうに思えますが、公告の期間中インターネット上に掲載されていたことを証明するために、調査委託をしなければならない場合もあるので注意が必要です（決算公告を除く）。

● 官報公告例

```
第○期決算公告                       平成○○年○○月○○日
                              東京都中央区銀座○丁目○番○号
                              株式会社パールコンサルティング
                                   代表取締役  鈴木 一郎
      貸借対照表の要旨（平成○○年○○月○○日現在）
```

科　目		金　額（百万円）
資産の部	流動資産	1,000
	固定資産	3,000
	合　計	4,000
負債および純資産の部	流動負債	1,900
	固定負債	1,600
	株主資本	500
	資本金	90
	資本剰余金	10
	資本準備金	10
	利益剰余金	400
	利益準備金	200
	その他利益剰余金	200
	（うち当期純損失）	(50)
	合　計	4,000

まとめ

- 公告をする方法は3つある
- 官報を公告方法としている会社が多い

● 決定事項チェックシートに公告方法を書く

公告方法	(官報) or 電子公告 or 新聞

2-10 そのほか決めておくとよいこと

1. 株式（かぶしき）の譲渡制限（じょうとせいげん）に関（かん）する規定（きてい）

株式の譲渡制限を設けないと会社が人手に渡る?!

　会社の株式は自由に譲渡することができます。しかし、**中小企業において、知らない間に会社と関係のない第三者が株式を取得してしまうと、会社の経営に支障が出てきます。**

　そのようなことを防ぐために、会社が許可した人のみに株式の譲渡を認める規定を設けることができます。これを会社法では、「**株式の譲渡制限に関する規定**」といい、中小企業の多くが設定しています。

　すべての株式に譲渡制限の規定をつけている株式会社のことを一般に「譲渡制限会社（非公開会社）」と呼びます。

　1人または家族のみを発起人としているような場合は、勝手に株式の譲渡が行われることがまず考えられないので、株式の譲渡制限に関する規定は関係ないことのように思うかもしれません。しかし、株式を他人に譲渡する可能性がない場合でも、この規定を設定していると、役員の任期を延ばすことができたり、簡略化できる手続きがあったりと、メリットは大きいので設定しておいて損はありません。

　株式の譲渡を承認する機関は、取締役会を設置していない会社の場合、株主総会か代表取締役かのどちらかにします。取締役会を設置している場合は、取締役会で承認します。

● 決定事項チェックシートに株式譲渡制限規定を書く

株式譲渡制限規定	**あり**　譲渡承認機関：株主総会 or 代表取締役
	※ 取締役会設置会社の場合は、取締役会が譲渡承認機関となります。

「株主総会」か「代表取締役」のどちらかを選びます。

2-10 そのほか決めておくとよいこと

2. 設立当初発行する株式の数

1株の価額（単価）は自由に決めることができる

発起人は会社に出資することで、出資割合に応じた株式を得て株主となります。たとえば、1人で100万円を出資した場合、1株が1万円だとしたら100株の株式を与えられることになります。

1株をいくらにするかの単価は、特に決まっているわけではないので、会社で自由に設定することができます。多いのは、1株1万円とするか、昔の名残で1株5万円とするかです。計算が楽なこともあり、近年は1株1万円で設定する会社が多くなりました。

設立当初発行する株数

発起人それぞれの出資額に応じて株式を割り当てたら、その合計数が設立当初発行する株数となります。この設立当初発行する株数を「発行済株式総数」といいます。発起人それぞれの持ち株数は定款に記載しますが、登記の際は合計数である発行済株式総数のみ記載します。

例

100万円 ＝ 1万円 × 100株
資本金 ＝ 1株の価額 × 設立当初発行する株式の数（発行済株式総数）

● 1株1万円としたときの例

出資者	出資金額	持ち株数
鈴木一郎	40万円	40株
鈴木一子	30万円	30株
木村拓哉	30万円	30株
合計	100万円（資本金）	100株（発行済株式総数）

2-10 そのほか決めておくとよいこと

3. 発行できる株式の数

発行できる株式の数に上限はない（非公開会社の場合）

「発行可能株式総数」とは、会社がどれだけの株式を発行できるかという枠のことです。すべての株式に譲渡制限に関する規定を設定している会社（非公開会社）の場合、発行できる株式の数に上限はありません。1,000株でも1万株でもかまいません。通常は、1,001株のような端数ではなく、切りのいい数字にします。一般的には、発行済株式総数の4〜10倍ぐらいが多く見られます。

一方、すべての株式に譲渡制限に関する規定をしていない会社（公開会社）は、すでに発行している株式の4倍までが上限となります。

まとめ
- 発行可能株式総数は、切りのいい数字にするのが一般的
- すべての株式に譲渡制限に関する規定がある会社は、発行可能株式総数の上限がない

● 決定事項チェックシートに発行可能株式総数を書く

出資者 出資金 持ち株数	（住所）東京都中央区新富○丁目○番○号（氏名）鈴木一郎・40万円　40株
	（住所）東京都中央区新富○丁目○番○号（氏名）鈴木一子・30万円　30株
	（住所）東京都中野区中野○丁目○番○号（氏名）木村拓哉・30万円　30株
発行可能株式総数	1,000株
設立時株数	100株（設立当初発行する株数・発行済株式総数）

2-11 そのほか確認しておくとよいこと

1. 許可がないとできないお仕事？

　これまで、会社をつくる方法について見てきました。会社という「体」ができれば、いよいよ運営していくことになりますが、運営をしていくにあたっては、法令や条例上、さまざまな許可や届出などが必要になる場合があります。一般的には「許認可業種」といわれています。仕事の種類によっては、無許可での営業には刑事罰が課せられる場合もあるので注意が必要です。ここでは、特に人気のある仕事に関して、許認可の要否などについて表にしてあります。このほかにも、許可や資格などが必要となる場合が多数あるので注意してください。

　※ 許認可の申請自体は、登記が完了してから行います。

許認可の種類

　営業の許認可の種類には、次のようなものがあります。

❶ 許可：法令により一般的に禁止されているが、行政機関の一定の条件を満たしていれば営業が認められるもの
❷ 登録：行政機関に一定の事項を届け出て、帳簿にその事項が記載されれば、営業が認められるもの
❸ 届出：行政機関に一定の事項を届け出れば、それで営業を認められるもの
　※ 許認可を取得するには、基準を満たしていることを証明するため、さまざまな添付書類が必要です。

　上記の申請の窓口は、保健所や警察署、地方自治体など、各々の内容によって異なります。必要な申請の手数料や、要件などもさまざまなので、不明な場合には、関係官庁に対して問いあわせをして確認をしておきましょう。もし、許可が必要かどうかや、関係官庁もわからない場合には、中小企業支援センターなどの相談窓口（各地方の相談窓口一覧：

http://www.chusho.meti.go.jp/soudan/todou_sien.html）を活用するとよいでしょう。

要件

　許認可を取得するためには、幾つかの条件（要件）を満たす必要があります。どのような要件を満たさなければならないかは、許認可によって異なります。
　たとえば、カフェなどの飲食店営業なら、次の２つの要件を満たす必要があります。

> ❶「食品衛生責任者」の資格を持った人を店に１人置くこと
> ❷ 都道府県ごとに条例で定められた施設基準に合致した施設をつくること

　なお❶の「食品衛生責任者」は、食品衛生協会が主催する「食品衛生責任者養成講習会」を受講すれば、比較的簡単に取得することができます。
　また、マッサージ、指圧などの場合には、あん摩マッサージ指圧師といった国家資格が必要になります。加えて、この場合、開設後10日以内に開設届を管轄の保健所に提出しなければなりません。
　一方、整体やリフレクソロジー（足つぼ療法）など「あん摩」「マッサージ」に該当しないものについては原則資格は不要ですし、保健所に対する届出も不要です。ただし、こうした施術を行う際「マッサージ」をうたうと「あん摩マッサージ指圧師、はり師、きゅう師等に関する法律」（いわゆる「あはき法」）違反になる可能性があるので、看板やホームページを作成する際には注意が必要です。また、医師法の関係から、資格なく医療行為（医業）を行うことは禁じられているので、医療行為と混同される表現も避けなければなりません。宣伝などには注意が必要です。
　このように、要件を満たすためには、何らかの資格を取得しなければならないこともありますし、許認可取得に時間を要することもあります。最終的に許認可を取得するためにどのくらい時間がかかるのか、監督官庁に確認したうえで、開業までの計画を立てることが必要です。また、宣伝などに注意する必要が生じることもあります。

● 許可・届け出が必要な仕事例

	業種	許可・届け出の名称	申請先	備考
1	飲食店営業（カフェ、食堂など）	食品営業許可	保健所	許可を得るためには、「食品衛生責任者」の資格を持った人を店に1人置くことなどが必要
2	深夜にお酒を提供する飲食店（居酒屋）	食品営業許可＋深夜における酒類提供飲食店営業開始届出	保健所＋警察署（公安委員会）	―
3	ネイルサロン、エステサロン	原則、不要	―	行政の許可などは特に不要。なお、厚生労働省から出されている「ネイルサロンにおける衛生管理に関する指針」は一読しておく。エステの場合には、「医療行為」に該当しないように注意する
4	マッサージ、指圧、はり、おきゅう	開設届	保健所	あん摩マッサージ指圧師、はり師、きゅう師の国家資格が必要
5	整体、カイロプラクティック、リフレクソロジー（足つぼ療法）	原則、不要	―	施術を行う際「マッサージ」などをうたうと、法律違反になる可能性があるため、看板やホームページを作成する際には注意が必要
6	ペットショップ	動物取扱業の登録	事務所を管轄する都道府県動物愛護センターや保健所など	登録するには、事業所ごとに1名以上の常勤かつ専属の「動物取扱責任者」を選任することなども必要
7	リサイクルショップ	「古物商」の許可	申請先、窓口は、出店地域の警察署	―
8	派遣業	一般労働者派遣事業は「許可」、特定労働者派遣事業は「届出」	都道府県労働局	港湾運送業務や建設業務など、業種によっては労働者派遣事業を行えないものがあるので、事前に確認が必要
9	建設業（リフォーム業者や工務店、建設会社など）	建設業許認可	都道府県の主管課または土木事務所など	軽微な工事（たとえば、工事1件あたりの請負代金が500万円未満の一般的なリフォーム工事）の場合は、原則として許可が不要
10	理美容業	開設届	保健所	理容師、美容師の免許を有する者がいることなどが必要

2-11 そのほか確認しておくとよいこと

2. 助成金について知っておこう

　助成金とは、人を雇い入れたり創業したときなどに、国が労働者の人件費や創業にかかった経費の一部などを助成してくれる制度です。

　つまり、いったん出て行くお金の一部をあとで助成してくれて、そのお金は返さなくてもいいしくみです。

　主な要件は次の2つになります。

- 雇用保険の適用事業所であること
- 雇用保険に加入する労働者を雇い入れること

　主な注意点は次の4つになります。

- 登記前や人を雇い入れる前に申請が必要など、期限が決まっていること
- 申請すれば必ずもらえるものではないこと
- 一定期間に会社都合の離職者を出していないこと
- 労働保険料の滞納をしていないこと

　詳しくは、厚生労働省のHP（http://www.mhlw.go.jp/seisakunitsuite/joseikin_shoureikin/）で確認しましょう。

　厚生労働省の助成金のほか、経済産業省や中小企業庁の助成金、補助金もあります。

　助成金を受給するために、必要以上の経費を使うのは考えものです。助成金の制度や種類を知っておくことは大事ですが、助成金ありきで物事を進めるのではなく、「現況にあうものがあれば申請してみよう」ぐらいの気持ちでいましょう。

● 助成金がもらえる例
（詳細は都道府県労働局、ハローワークに問いあわせてください）

高年齢者（60歳以上65歳未満）、障害者、母子家庭の母などを雇う場合

特定就職困難者雇用開発助成金	
助成額	30万〜240万円
主な要件	・ハローワークもしくは地方運輸局、有料・無料職業紹介事業者などの紹介により雇い入れること ・新たに継続して雇用する労働者として雇い入れること ・一定期間に会社都合による離職者を出していないこと

65歳以上の人を雇う場合

高年齢者雇用開発特別奨励金	
助成額	30万〜90万円
主な要件	・ハローワークもしくは地方運輸局、有料、無料職業紹介事業者などの紹介により雇い入れること ・1年以上雇用する見込みがあること ・週の所定労働時間が20時間以上あること ・一定期間に会社都合による離職者を出していないこと

若者の人材育成に取り組む場合

「若者チャレンジ奨励金」（平成26年3月31日までの時限措置）	
助成額	・訓練奨励金 　＝ 訓練実施期間に訓練受講者1人ひと月あたり15万円（上限あり） ・正社員雇用奨励金 　＝ 訓練終了後、訓練受講者を正社員として雇用した場合に、1人あたり1年経過時に50万円、2年経過時に50万円（計100万円）
主な要件	・35歳未満の若者であって、過去5年以内に訓練を実施する分野で、正社員としておおむね3年以上継続して雇用されたことがない者などであって、登録キャリア・コンサルタントにより、若者チャレンジ訓練へ参加することが適当と判断され、ジョブ・カードの交付を受けた者 ・35歳未満の若者であって、訓練を実施する事業主と期間の定めのある労働契約を締結する者など

平成25年4月以降、雇用関係助成金が大幅に創設、廃止、統廃合されています。雇用の安定、職場環境の改善、仕事と家庭の両立支援、従業員の能力向上など、さまざまな種類があるので、興味のある人は「雇用関係助成金」で検索するか、厚生労働省のサイト「事業主の方のための雇用関係助成金」(http://www.mhlw.go.jp/general/seido/josei/kyufukin/) を参照してください。

概要を知りたいなら、「平成25年度雇用関係助成金のご案内（簡略版）」(http://www.mhlw.go.jp/general/seido/josei/kyufukin/dl/minaosi_rifu.pdf) を参照してください。

この章の中で、何月何日に●●●をしようと決めたらここに書き込んで、実際にやったらチェックを入れましょう。

月　　日 ＿＿＿＿＿＿＿＿＿＿＿ □
月　　日 ＿＿＿＿＿＿＿＿＿＿＿ □
月　　日 ＿＿＿＿＿＿＿＿＿＿＿ □

第3章

定款を作成しよう

　会社の概要が決まったところで、会社の規則集である定款を作成していきましょう。第2章で決めていったことを、順に定款に書いていきます。

　第3章では、定款を作成するときの注意点や書き方を説明しています。定款例を掲載しているので、例を参考に会社のオリジナルの定款を完成させてください。

　作成した定款は、正しく作成されているか公証役場で認証してもらわなければなりません。誤字脱字がないように注意するのはもちろんのことですが、印鑑の押し忘れにも注意しましょう。

3-1 定款は会社のルール

1. 定款に記載する事項

定款とは？

定款(ていかん)は、**会社のルールを決めた規則集**です。

定款には、「**会社の商号**」や「**本店所在地**」などの基本情報のほか、「**株主総会はいつ開くのか**」「**決算期はいつにするのか**」「**取締役は何名にするのか**」など、さまざまなことを決めて記載することができます。

定款の作成から認証までの流れ

定款を作成するのは発起人です。発起人全員で作成し、公証役場で認証を受けます。**認証とは、「正当な手続きによってなされたことを公の機関が証明する」こと**です。

株式会社の定款は、公証人の認証がなされていないものは効力を有しません。定款は会社のルールを決めた大事なものなので、**後日の紛争を防ぐため、また内容を明確にするために、公証人の認証を経なければ、登記を申請することもできません。**

定款の認証までの大まかな流れは、次のようになります。

● 定款の作成から認証までの流れ

1. 定款の作成に必要な事項を決める
2. 発起人の印鑑証明書および実印を用意する
3. 定款を作成する
4. 公証役場で、事前に定款の確認をしてもらう
5. 公証役場に行って、正式に定款の認証をしてもらう
6. 定款の謄本を取得する

定款に記載する事項と一般的な定款の構成

定款に記載する事項は大きく分けて次の3つの種類があります。

❶ 記載しておかないと無効になる「絶対的記載事項」
❷ 決めたら記載しなければいけない「相対的記載事項」
❸ 記載するかどうかは自由である「任意的記載事項」

絶対的記載事項は必ず決めなければいけませんが、それ以外は発起人次第で、会社独自のオリジナルの定款をつくることができます。

定款は、一般的には6～7つの章に分かれ、記載する内容を分類しています。各章に表題をつけ、第1章は「総則」といい、会社の商号や本店、目的など会社の基本情報を書きます。最終章は「附則」となります。

● 一般的な定款の構成

章	表題	記載する項目	説明
第1章	総則	・商号 ・本店 ・目的 ・公告方法　など	会社の基本情報を記載する。総則を見れば、その会社がどのような会社かわかる
第2章	株式	・発行可能株式総数 ・株式の譲渡制限の規定 ・株主名簿の記載（書換え）の請求　など	株式に関する取り決めを記載する
第3章	株主総会	・開催時期 ・招集の方法 ・決議要件 ・議事録　など	会社の重要な意思決定機関である株主総会の開催、運営や決議について記載する
第4章	取締役および代表取締役 ※取締役会設置会社の場合は、「株主総会以外の機関」	・役員の人数 ・役員の任期 ・役員の報酬　など	役員について記載する。取締役会および監査役を設置している会社の場合、第4章にまとめて記載してもよいが、別に章を設けて記載してもかまわない
第5章	計算	・事業年度 ・剰余金の配当　など	会社の決算などについて記載する
第6章	附則	・設立時の資本金の額 ・初年度の事業年度 ・設立時の役員 ・発起人の氏名・住所・出資・株式について　など	第5章までに記載する事項以外のことは附則に記載する。設立の際に特有の取り決めは附則に記載する

3-1 定款は会社のルール

2. 絶対的記載事項を知ろう

「絶対的記載事項」⇒ 絶対に決めておかなければならないこと

　定款の中に必ず入れておかなければならないことを「絶対的記載事項」といいます（下表の5つ）。これら5つの事項が記載されていない定款は、無効になってしまい、公証人から定款の認証を受けることができません。

　絶対的記載事項は、会社の柱となる重要な事項です。既存の会社の情報をそっくりそのまま真似すればいいというものではありません。それぞれの会社の実情、方向性にあった内容になるように検討します。

● 絶対的記載事項

絶対的記載事項	内　容
❶ 目的（会社の事業目的）	どのような事業を行うのか記載する（77頁参照）
❷ 商号（社名）	会社の名前（29頁参照）
❸ 本店の所在地	定款には、本店住所のうち、最小行政区画である市区町村まで（東京都の場合は特別区、政令指定都市は市まで）を記載すればかまわない。 【例】東京都千代田区飯田橋○丁目○番○号の場合、 「東京都千代田区」まで記載する。同じ区内での引っ越しであれば、定款を変える必要がない。 住所すべてを記載してしまうと、引っ越しをする度に定款を変更する必要がある（64頁参照）
❹ 設立に際して出資される財産の価額またはその最低額	会社の資本金となる出資額を決める。定款では、「○○円以上」と最低額を記載してもかまわないが、出資額を「○○円」と決定しておくほうが、書類作成が楽に進む。本書では、定款を作成する段階で出資額を決めておく方法で進めていく（58頁参照）
❺ 発起人（出資者）の氏名または名称およびその住所	お金を出す出資者のことを、定款では「発起人」と表現する。個人でも法人でも発起人になることが可能。法人の場合は、名称および本店住所を定款に記載する（43頁参照）

※「発行可能株式総数」（93頁参照）は絶対的記載事項ではありませんが、絶対的記載事項に準ずるものとして定款に記載しておくべき事柄となります。会社設立の登記までに決めればいいのですが、一般的には定款を作成する際に決めてしまいます。

3-1 定款は会社のルール

3. 相対的記載事項を知ろう

「相対的記載事項」⇒ 定款に記載しておかないと有効にならないこと

定款の記載事項の中には、「相対的記載事項」という、決めても決めなくてもよいけれど、決めたなら定款に記載しないと有効にならない事項があります。絶対的記載事項のように、記載しないと定款自体が無効になるわけではありませんが、定款に記載しなければ意味がありません。

● 相対的記載事項例

相対的記載事項	内　容
❶ 株式の譲渡制限に関する規定	株式を譲渡する場合に、会社の承認を必要とする旨の規定。会社が知らない間に株式の譲渡があり、会社の経営とは関係ない第三者が株主となるのを防ぐことができる。中小企業の多くがこの規定を設けている（詳細は91頁参照）
❷ 株主総会などの招集通知を出す期間の短縮	株主総会を招集するには、通常は2週間前までに招集通知を出さなければならないが、短縮することもできる（詳細は115頁の定款記載例第3章第15条を参照）
❸ 役員の任期の伸長	会社法では、取締役の任期は2年だが、株式の譲渡制限規定を設けていれば10年まで延ばすことができる（詳細は55頁参照）
❹ 株券発行の定め	株券は発行しないのが原則だが、発行する場合は定款に記載しなければならない
❺ 現物出資	現金以外にも、不動産や有価証券、パソコン、車などを出資して株式を得ることができる
❻ 財産引受	会社の設立を条件として、会社は、発起人から事業用の財産を譲り受ける契約をすることができる

※ ❺～❻については発起人の報酬などに関すること、設立費用に関することとあわせて、「変態設立事項」と呼ばれ、決めた場合には、原則、検査役の選任・調査が必要となります。
❺～❻については500万円以下である場合など、一定の場合は、検査役の選任が不要な場合もあります（63頁参照）。

3-1 定款は会社のルール
4. 任意的記載事項を知ろう

「任意的記載事項」⇒ 定款に記載してもしなくてもいいこと

　相対的記載事項と同じように決めても決めなくてもいいうえに、決めたとしても定款に記載してもしなくてもいい事項を、任意的記載事項といいます。
　任意的記載事項は定款に記載する義務はありませんが、定款内で定めることで明確になるので、記載することをお勧めします。

● 任意的記載事項例

任意的記載事項	内容
❶ 事業年度	会社の決算期を決める（86頁参照）
❷ 取締役等の役員の数	取締役などの役員の数は、取締役会を設置していない会社は取締役が1名以上いればよく、取締役会を設置している会社になると取締役が3名以上と監査役が1名以上必要(46頁参照)。「1名以上」「5名以内」というように下限または上限のみ決めてもよいし、「1名以上3名以内」というように下限と上限の両方を決めてもよい
❸ 株主総会の議長	株主総会における議長を誰がやるか、またはどのように議長を決めるかを記載する
❹ 定時株主総会の招集時期	定時株主総会は、決算を迎えたあとの一定の時期に招集しなければならないので、その時期を記載する。毎事業年度の終了後2カ月以内または3カ月以内とすることが多い。特に希望がなければ「3カ月以内」とする
❺ 基準日	株式会社は一定の日（基準日）を定めて、その日の時点で株主名簿に記載または記録されている株主を、権利（株主総会の議決権）を行使できる株主とする。基準日を決めておかないと、株式の譲渡があった場合、引き渡した側と譲り受けた側とで、どちらが権利行使できる株主であるか混乱してしまうので、決めておく

3-2 実際に定款を書いてみよう

1. 定款の書き方

定款の書き方に決まりはない

　特にこれといったフォーマットはないので、一般的な文書を作成するのと同じ感覚でかまいません。ただし、定款は自社以外にも、金融機関や役所に提出することがあるので、ほかの人が見やすいように作成することを心がけます。一般的に次のような書き方をします。

用紙の大きさは「A4 縦」サイズ

横書きにする

文字の大きさは 10.5 ～ 12 ポイント

　Microsoft Wordなどの場合、10.5～12ポイントが見やすくてお勧めです。フォントは、通常であれば明朝体かゴシック体を使用します。

● 文字の大きさ例

- 10.5pt（ポイント）
  この大きさが10.5ポイントです。この大きさが10.5
- 11pt（ポイント）
  この大きさが11ポイントです。この大きさが11ポ
- 11.5pt（ポイント）
  この大きさが11.5ポイントです。この大きさが
- 12pt（ポイント）
  この大きさが12ポイントです。この大きさが

用紙はA4サイズにします。

パソコンやワープロソフトでの作成が望ましい

　変更や訂正が簡単にできるので、パソコンやワープロソフトでの入力が便利です。手書きでもかまいませんが、その場合は黒インクのペンか黒ボールペンを使用します。**鉛筆書きは不可**です。

表紙をつけるかつけないかは自由

　表紙をつけたほうが見栄えがいいのでお勧めしますが、枚数がかさむため、表紙をつけない定款も見受けられます。

末尾に発起人全員の署名押印または記名押印をする

　署名押印は、手書きで氏名を書き、その横に押印します。
　記名押印は、パソコンなどですでに氏名が印字されている場合に、その横に押印します。押印には実印を使います。
　周りや中の文字が欠けている押印、溝にほこりなどが入り、文字が判別しにくい押印、極端に薄い押印は無効になる可能性があります。試し押しをし、濃くはっきりと押印します。

※ **押印**：印を押すことです。

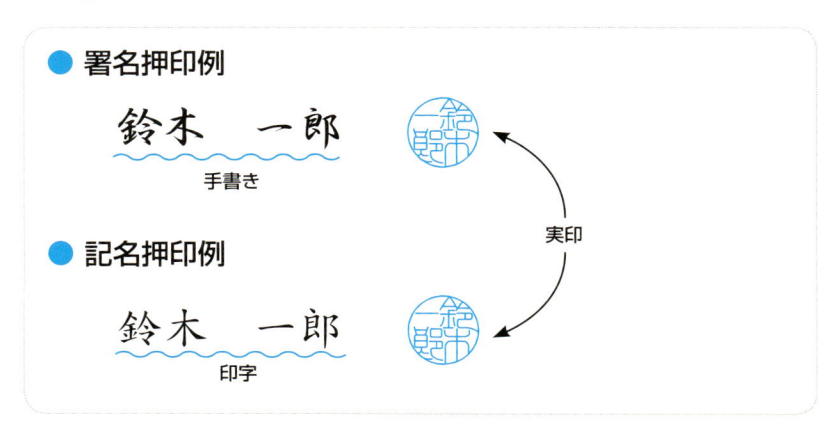

● 署名押印例

鈴木　一郎
手書き

● 記名押印例

鈴木　一郎
印字

実印

● ホチキスで留める場合

❶

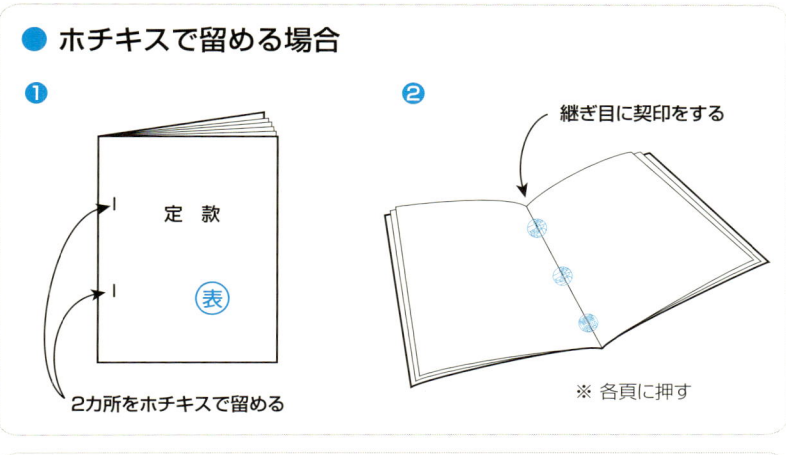

定款（表）

2カ所をホチキスで留める

❷

継ぎ目に契印をする

※ 各頁に押す

● 袋とじにする場合（ミミの部分を自作する例）

❶ ミミとなる部分をつくる

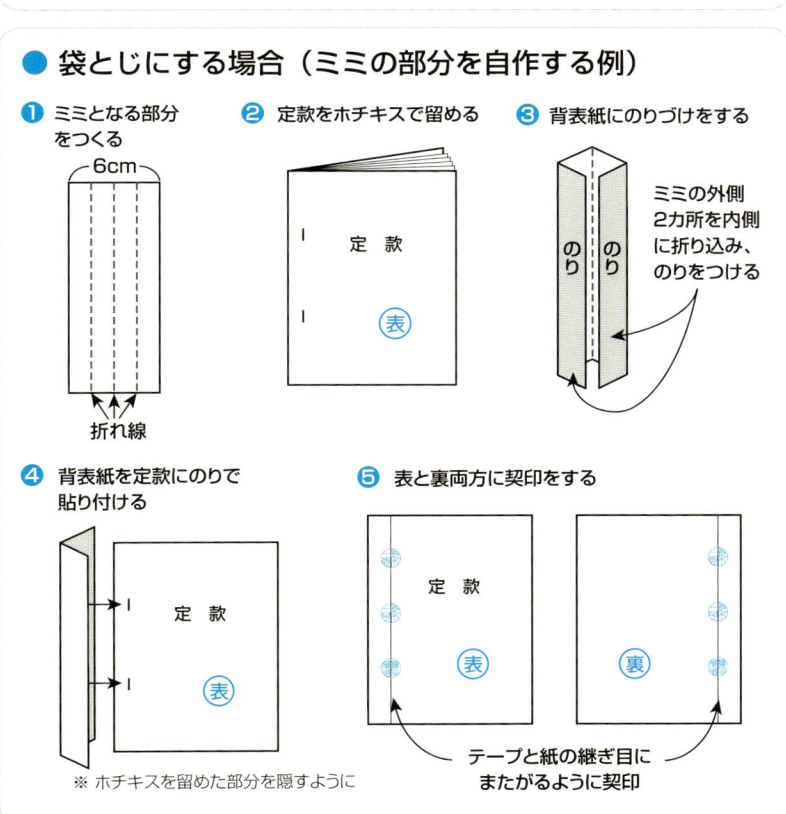

6cm

折れ線

❷ 定款をホチキスで留める

定款（表）

❸ 背表紙にのりづけをする

のり / のり

ミミの外側2カ所を内側に折り込み、のりをつける

❹ 背表紙を定款にのりで貼り付ける

定款（表）

※ ホチキスを留めた部分を隠すように

❺ 表と裏両方に契印をする

定款（表） / （裏）

テープと紙の継ぎ目にまたがるように契印

（次頁に続く）

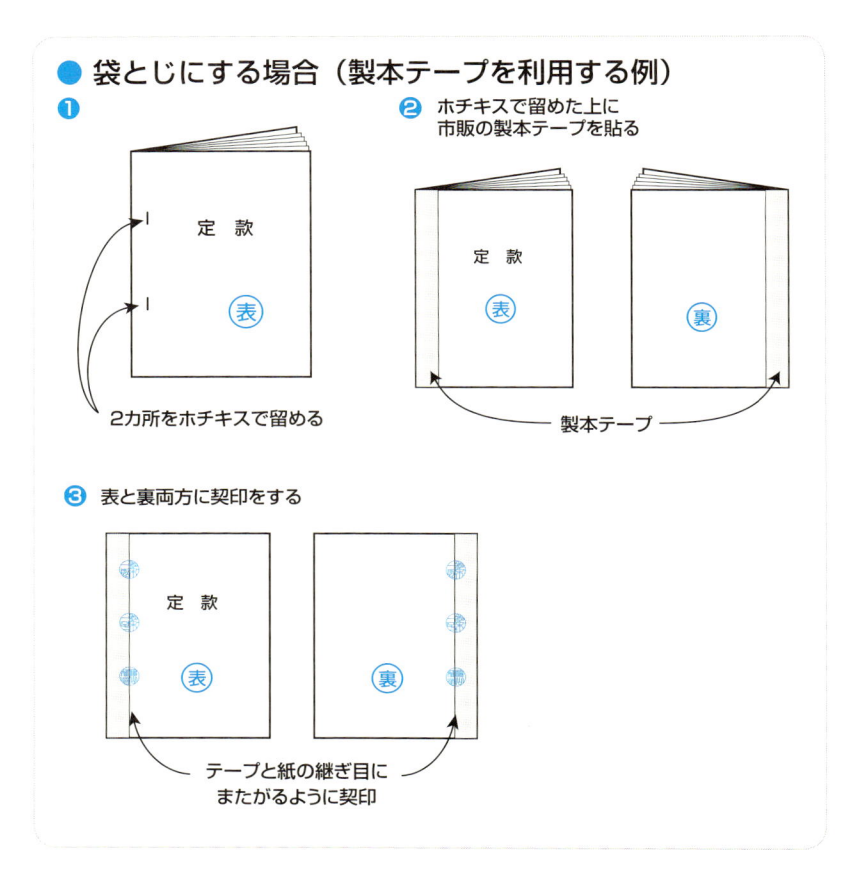

● 袋とじにする場合（製本テープを利用する例）

❶ 2カ所をホチキスで留める

❷ ホチキスで留めた上に市販の製本テープを貼る

製本テープ

❸ 表と裏両方に契印をする

テープと紙の継ぎ目にまたがるように契印

ホチキスで留めるか袋とじにする

　書類のとじ方は、紙の左端をホチキスで2カ所留めます（上図参照）。そのままでもかまいませんが、定款のように複数枚におよぶ書類は、袋とじにしたほうが印鑑を押す個所が少なくてすむばかりか、見た目にも重厚感が増します。袋とじをする場合は、文具店などで製本テープが販売されているので、利用すると楽にとじることができます。

各ページに契印をする

　定款は差し替えができないようにし、改ざんを防止するため、各ペー

ジに契印が必要です。契印とは文書が2枚以上にわたるときに、一体であることを示し、文書の抜き差しができないように印鑑を押すことです。**ホチキスで留めている場合は、各ページの継ぎ目に発起人全員の個人の実印で契印をします**（107頁参照）。**袋とじにしているのであれば、表と裏に契印をします**（107頁、108頁参照）。

訂正がある場合は、二重線で消して訂正印を押す

　誤字・脱字・間違いに気づいた場合、製本前であれば、打ち直して再度出力し製本します。製本後で面倒な場合は、直接書き込んで直すことができますが、その場合は訂正印を押します。

　訂正個所に二重線を引いて、正しい文章は二重線の上側や隣など、余白部分に書き入れます。訂正印として上または下の欄外に、発起人全員の個人の実印を押します。そして、「○字削除　○字加筆」のように、削除した文字数と書き加えた文字数を記入します。**数字や「、」「。」といった句読点も1字として計算します。修正テープや修正ペンを用いて訂正することはできません。**

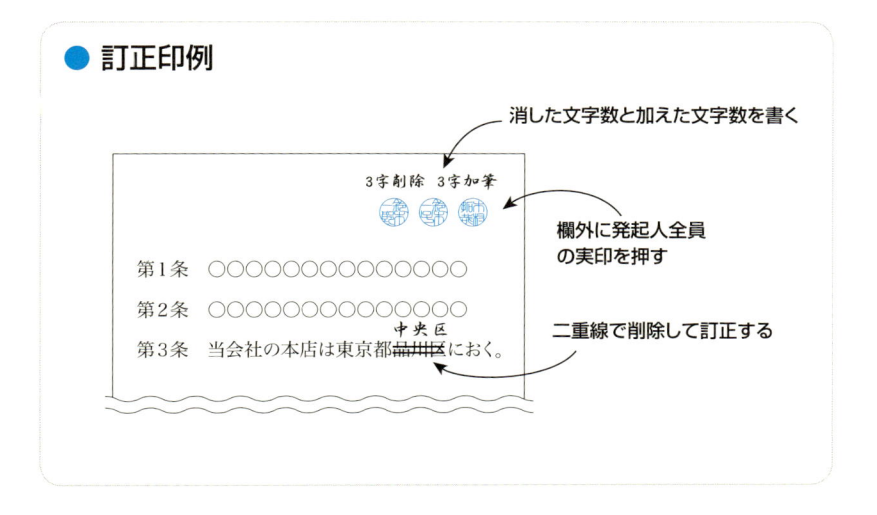

● 訂正印例

　　　　　　　　　　　　　　　　消した文字数と加えた文字数を書く

　　　　　　　　　　　　3字削除　3字加筆
　　　　　　　　　　　　㊞　㊞　㊞
　　　　　　　　　　　　　　　　　　欄外に発起人全員
　　　　　　　　　　　　　　　　　　の実印を押す
　　第1条　○○○○○○○○○○○○
　　第2条　○○○○○○○○○○○○
　　　　　　　　　　　中央区　　　二重線で削除して訂正する
　　第3条　当会社の本店は東京都~~品川区~~におく。

修正に備えて捨印(すていん)を押すことができる

　訂正がない場合でも、公証役場に行ってからミスが見つかった場合、その場で修正できるように、あらかじめ捨印を押しておくこともできます。欄外に発起人全員の実印を押しておき、訂正があったときは、前頁の訂正印と同様に二重線で消し、書き加える形で対処します。

　訂正印の場合には、修正個所それぞれに訂正印を押しておく必要がありますが、捨印を押しておくと、そのページに複数の間違いがある場合でも、まとめて修正を加えることができるので便利です。ただし、**あらかじめ捨印を押しておくことで悪用されることもあるので、注意が必要**です。

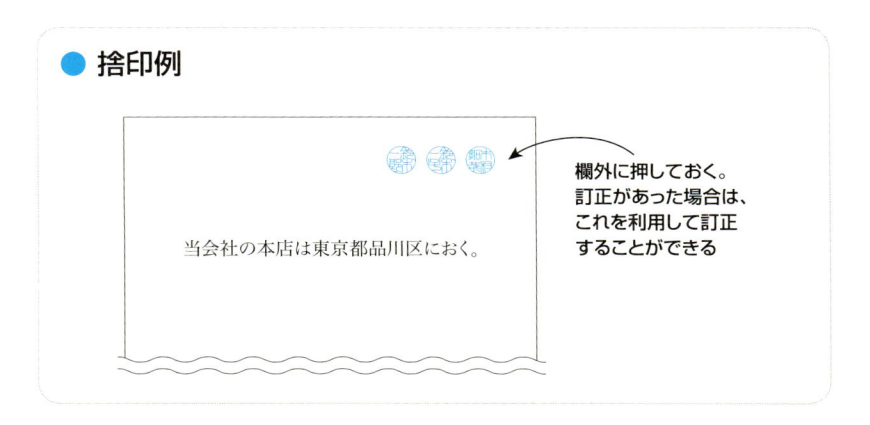

● 捨印例

当会社の本店は東京都品川区におく。

欄外に押しておく。訂正があった場合は、これを利用して訂正することができる

まとめ

- 定款の書き方にこれといった決まりはない
- A4サイズの横書きが望ましい
- 定款の末尾に発起人の署名押印または記名押印をする
- 印鑑は個人の実印を使う
- 定款はホチキスで留めるか袋とじにし、契印をする
- 製本後に誤字・脱字がある場合は、直接書き込んで訂正印を押す
- 不備があったときのために捨印を押しておくことができる

3-2 実際に定款を書いてみよう

2. 発起人1人、取締役1人、取締役会を設置しない会社の定款

※ 会社の決算期は11月、役員の任期は10年、資本金は100万円、株式は1株1万円、発行可能株式総数は1,000株、公告方法は官報として作成しています。

● 定款例

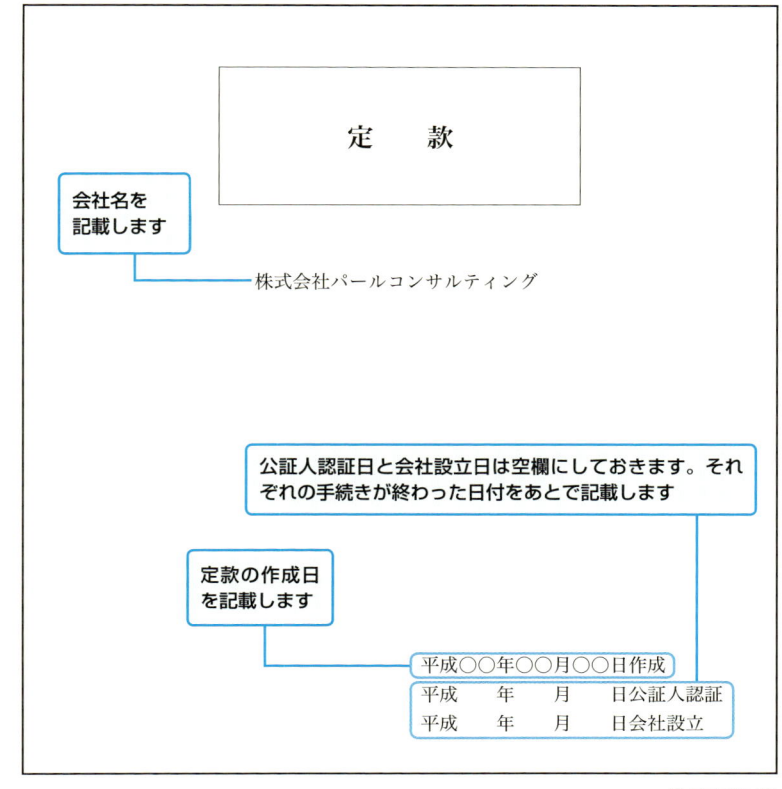

定　款

会社名を記載します
――― 株式会社パールコンサルティング

公証人認証日と会社設立日は空欄にしておきます。それぞれの手続きが終わった日付をあとで記載します

定款の作成日を記載します

平成○○年○○月○○日作成
平成　　年　　月　　日公証人認証
平成　　年　　月　　日会社設立

（次頁に続く）

株式会社パールコンサルティング定款

第1章　総　則

(商号)
第1条　当会社は、株式会社パールコンサルディングと称する。

> 会社の商号を記載します（商号の決め方は 29 頁参照）

(目的)
第2条　当会社は、次の事業を営むことを目的とする。
1. ウェブサイト作成業務
2. インターネットによる情報提供サービスおよび通信販売、広告業務
3. 前各号に附帯関連する一切の業務

> 目的を記載します。最後に「前各号に附帯関連する一切の業務」と必ず記載します（77 頁参照）

(本店の所在地)
第3条　当会社は、本店を東京都中央区に置く。

> 本店の所在地を記載します。最小行政区画までの記載にします（64 頁参照）

(公告方法)
第4条　当会社の公告方法は、官報に掲載する方法により行う。

> 3 種類ある公告方法のうちいずれかを選んで記載します（89 頁参照）。電子公告による場合は、121 頁の書き方を参考にしてください

第2章　株　式

（発行可能株式総数）
第5条　当会社の発行可能株式総数は、1,000株とする。

> 発行できる株式の枠を記載します。500株、1,000株などの切りのいい数字にしましょう（93頁参照）

（株券の不発行）
第6条　当会社の株式については、株券を発行しない。

> 会社法では、株券は発行しないのが原則。株券を発行しない会社は、定款にその旨を記載する必要はありませんが、記載しておくとわかりやすくなります
> ※ **株券**：株主としての地位を表彰する有価証券のこと。簡単にいうと、株主であることを証明する紙のお札みたいなもの

（株式の譲渡制限）
第7条　当会社の発行する株式の譲渡による取得については、代表取締役の承認を受けなければならない。

> 本書で推奨している株式の譲渡制限の規定を入れる場合に記載します。承認をする機関は、代表取締役か株主総会にします。代表者に権限を持たせるのであれば代表取締役とし、株主に権限を持たせるのであれば株主総会とします（91頁参照）

（相続人等に対する株式の売渡請求）
第8条　当会社は、相続その他の一般承継により、当会社の株式を取得した者に対し、当該株式を当会社に売り渡すことを請求することができる。

> 株式は相続財産となるので、株主に相続が発生すると、会社の経営に関係のない者が株式を取得する場合があります。その場合に、会社で株式を買い取ることができる旨の規定です。株主が自分1人でない場合には、必ず記載するようにします

> 株式の譲渡などによって株主が変更したときに、株主名簿への記載または記録の請求方法を記載しておきます

（株主名簿記載事項の記載等の請求）
第9条　当会社の株式取得者が、株主名簿記載事項を株主名簿に記載または記録することを請求するには、当会社所定の書式による請求書に、株式取得者とその取得した株式の株主として、株主名簿に記載もしくは記録された者またはその相続人その他の一般承継人が署名または記名押印し、共同して請求しなければならない。法務省令の定める事由による場合は、株式

（次頁に続く）

取得者が単独で請求することができ、その場合には、その事由を証する書面を提出しなければならない。

(質権の登録および信託財産の表示)
第10条　当会社の株式につき、質権の登録または信託財産の表示を請求するには、当会社所定の書式による請求書に当事者が署名または記名押印し、提出しなければならない。その登録または表示の抹消についても同様とする。

> 質権の登録とは、お金を借りる際などに、株主が株式を担保として第三者に提供したことを株主名簿に登録することです。また、信託財産の表示とは、株主が株式の管理を信託銀行などにお願いしたことを株主名簿に表示することです。株主が質入れや信託をした場合に備えて、会社の手続きを決めておきます

(手数料)
第11条　前2条に定める請求をする場合には、当会社所定の手数料を支払わなければならない。

> 手数料は無料とし、郵送料だけ請求している会社も少なくありません。一般的な基準はないため、各会社でいくらにするかを決めます

(基準日)
第12条　当会社は、毎事業年度末日の最終の株主名簿に記載または記録された議決権を有する株主をもって、その事業年度に関する定時株主総会において権利を行使することができる株主とする。
2　前項のほか、株主または登録株式質権者として権利を行使することができる者を確定するため、必要があるときは、取締役はあらかじめ公告して臨時に基準日を定めることができる。

> いつの時点をもって、定時株主総会で権利を行使することができる株主として扱うかを決めておきます。基準日を決めていない場合、次々に株式の譲渡がなされると、株主総会の運営に混乱を招くことになります

(株主の住所等の届け出)
第13条　当会社の株主および登録株式質権者またはそれらの法定代理人もしくは代表者は、当会社所定の書式により、住所、氏名または名称および印鑑を当会社に届け出なければならない。
2　前項の届出事項を変更したときも同様とする。

第3章　株主総会

(招集)
第14条　定時株主総会は、毎事業年度の終了後3カ月以内にこれを招集し、臨時株主総会は必要あるときに随時これを招集する。

> 会社は毎年事業年度が終わると、株主総会で決算の承認をするため、定時株主総会を開催しなければなりません。定時株主総会以外で開催する株主総会は「臨時株主総会」と呼ばれ、定款を変更するとき、役員を変更するときなど、必要があるときに随時開催することができます

(招集通知)
第15条　株主総会の招集通知は、当該株主総会で議決権を行使することができる株主に対し、会社法第298条第1項第3号または第4号に掲げる事項を定めた場合を除き、会日の5日前までに発する。
2　前項の招集通知は、会社法第298条第1項第3号または第4号に掲げる事項を定めた場合を除き、書面ですることを要しない。
3　第1項の規定にかかわらず、株主総会は、その総会において議決権を行使することができる株主の全員の同意があるときは、会社法第298条第1項第3号または第4号に掲げる事項を定めた場合を除き、招集の手続を経ることなく開催することができる。

> 株主総会を開催するために、招集通知を株主に出します。出す期限は、原則、株主総会の日の2週間前までとなりますが、発行する株式のすべてを譲渡制限株式としていて（定款第7条）、取締役会を設置しない会社であれば、1週間以内であってもかまいません。
> 株主総会に出席しない株主が書面によって議決権を行使することができるとする旨（会社法第298条第1項第3号）、または電磁的方法によって議決権を行使することができるとする旨（会社法第298条第1項第4号）を定めていなければ、招集通知を書面で行わなくてもよく、株主全員の同意があれば招集手続きを省略することもできます

(招集権者および議長)
第16条　株主総会は、法令に別段の定めがある場合を除き、取締役の決定により取締役社長がこれを招集し、議長となる。
2　取締役社長に事故があるときは、取締役の決定であらかじめ定めた順序により、他の取締役が株主総会を招集し、議長となる。
3　取締役全員に事故があるときは、総会において出席株主のうちから議長を選出する。

(次頁に続く)

(決議の方法)
第17条　株主総会の決議は、法令または定款に別段の定めがある場合を除き、出席した議決権を行使することができる株主の議決権の過半数をもって行う。
2　会社法第309条第2項に定める決議は、議決権を行使することができる株主の議決権の過半数を有する株主が出席し、出席した当該株主の議決権の3分の2以上に当たる多数をもって行う。

> 定款変更など重要な決議のこと（「特別決議」という）

(株主総会の決議等の省略)
第18条　取締役または株主が株主総会の目的である事項について提案をした場合において、当該提案につき株主（当該事項について議決権を行使することができるものに限る）の全員が書面または電磁的記録により同意の意思表示をしたときは、当該提案を可決する旨の株主総会の決議があったものとみなす。
2　取締役が株主の全員に対して株主総会に報告すべき事項を通知した場合において、当該事項を株主総会に報告することを要しないことにつき、株主の全員が書面または電磁的記録により同意の意思表示をしたときは、当該事項の株主総会への報告があったものとみなす。

(議決権の代理行使)
第19条　株主が代理人をもって議決権を行使しようとするときは、その代理人は1名とし、当会社の議決権を有する株主であることを要する。
2　前項の場合には、株主または代理人は代理権を証する書面を株主総会ごとに提出しなければならない。

(議事録)
第20条　株主総会の議事については、法務省令で定めるところによりその経過の要領およびその結果等を記載または記録した議事録を作成し、議長および出席した取締役がこれに署名もしくは記名押印または電子署名をし、株主総会の日から10年間本店に備え置く。

> 株式会社は株主総会の議事録を作成し、保管する義務があります

第4章　取締役および代表取締役

(取締役の員数)
第 21 条　当会社は、取締役1名以上を置く。

> 取締役を何名置くかを定めます。「○名以上」「○名以上○名以下」「○名以下」といった記載をしますが、たとえば「2名以上5名以下」と定めたときは、必ず2名以上は取締役を置かなければならないので、2名しかいなくて誰かが辞める場合は、後任の人を探さなければなりません。小規模の会社の場合は、「1名以上」としておくのが無難です

(取締役の選任)
第 22 条　取締役の選任決議は、株主総会において、議決権を行使することができる株主の議決権の3分の1以上を有する株主が出席し、出席した当該株主の議決権の過半数をもって行う。
2　取締役の選任決議は、累積投票によらないものとする。

(取締役の解任)
第 23 条　取締役の解任決議は、議決権を行使することができる株主の議決権の過半数を有する株主が出席し、出席した当該株主の議決権の3分の2以上の多数をもって行う。

(取締役の任期)
第 24 条　取締役の任期は、選任後10年以内に終了する事業年度のうち、最終のものに関する定時株主総会の終結のときまでとする。
2　補欠または増員により選任された取締役の任期は、その選任時に在任する取締役の任期の満了すべきときまでとする。

> 取締役の任期は原則2年ですが、10年まで伸ばすことができます(55頁参照)

(代表取締役および社長)
第 25 条　当会社に取締役を2名以上置く場合には、取締役の互選により代表取締役1名を定め、代表取締役をもって社長とする。
2　当会社に置く取締役が1名の場合には、その取締役を社長とする。
3　社長は、当会社を代表し、当会社の業務を執行する。

> 代表取締役の選出方法を記載します。選出方法は取締役の互選(互いに選挙して選ぶこと)、または株主総会で選びます

(報酬等)
第 26 条　取締役が報酬、賞与その他の職務執行の対価として、当会社から受ける財産上の利益は、株主総会の決議によって定める。

(次頁に続く)

第5章　計　算

(事業年度)
第27条　当会社の事業年度は、毎年12月1日から翌年11月30日までの年1
　　　期とする。

> 決算期を決めて記載します（86頁参照）

> 決算月が31日まである月の場合は「○月31日まで」とします。2月の場合だけ「2月末日まで」とします

(剰余金の配当等)
第28条　剰余金の配当は、毎事業年度末日現在の最終の株主名簿に記載また
　　　は記録された株主および登録株式質権者に対して行う。
　　2　剰余金の配当が、その支払開始の日から満3年を経過しても受領されな
　　　いときは、当会社は、その支払義務を免れるものとする。

第6章　附　則

(設立に際して出資される財産の価額および成立後の資本金の額)
第29条　当会社の設立に際して、出資される財産の価額は金100万円とす
　　　る。
　　2　当会社の成立後の資本金の額は金100万円とする。

(最初の事業年度)
第30条　当会社の最初の事業年度は、当会社成立の日から平成○○年11月
　　　30日までとする。

(設立時取締役および設立時代表取締役)
第31条　当会社の設立時取締役および設立時代表取締役は、次のとおりとす
　　　る。

　　　住所　東京都中央区新富○丁目○番○号
　　　設立時取締役および設立時代表取締役　鈴木一郎

> 役員になる者の個人の住所および氏名を記載します

> お金を出す発起人個人の住所および氏名、株数、出資額を記載します

(発起人の氏名、住所等)
第32条　発起人の氏名、住所、発起人が割り当てを受ける設立時発行株式の数、および設立時発行株式と引き換えに払い込む金銭の額は次のとおりである。

　　住所　東京都中央区新富○丁目○番○号
　　鈴木一郎　　　　　　100株　金100万円

> 現物出資がある場合は、下記のように記載し、第33条に現物出資の項目を加え、以下1条繰り下げます。下記は50万円を金銭で出資し、50万円を現物出資した場合の例です

(発起人の氏名、住所等)
第32条　発起人の氏名、住所、発起人が割り当てを受ける設立時発行株式の数、および設立時発行株式と引き換えに払い込む金銭の額は次のとおりである。
　　住所　東京都中央区新富○丁目○番○号
　　鈴木一郎　50株　金50万円
　　ただし、鈴木一郎は金銭出資とともに現物出資を行う。

(現物出資)
第33条　現物出資をする者の氏名または名称、当該財産およびその価額ならびにその者に対して割り当てる設立時発行株式の数は次のとおりである。
　①　現物出資者の氏名または名称　鈴木一郎
　②　現物出資の財産およびその価額
　　　○○製　乗用車　車種名○○　車台番号○○　1台　金50万円
　③　割り当てる設立時発行株式の数　50株

(定款に定めのない事項)
第34条　本定款に定めのない事項は〜（以下略）

(定款に定めのない事項)
第33条　本定款に定めのない事項は、すべて会社法そのほかの法令の定めるところによる。

　　以上、株式会社パールコンサルティング設立のため、発起人鈴木一郎は、本定款を作成し、発起人が次に記名押印する。

> 電子定款の認証をするのであれば、「以上、株式会社パールコンサルティング設立のため、発起人鈴木一郎は、電磁的記録である本定款を作成し、電子署名する。」と記載します

　　平成○○年○○月○○日

> 定款を作成した日を書きます
> ※公証役場に行く日とあまりあけないようにします

　　東京都中央区新富○丁目○番○号
　　発起人　鈴木一郎　　[印]

> 名前の横に発起人の実印を押します

3-2 実際に定款を書いてみよう

3. 発起人1人以上、取締役3人以上、監査役1人以上、取締役会を設置する会社の定款

※ 会社の決算期は11月、役員の任期は2年、資本金は100万円、株式は1株1万円、発行可能株式総数は1,000株、公告方法は電子公告として作成しています。

● 定款例

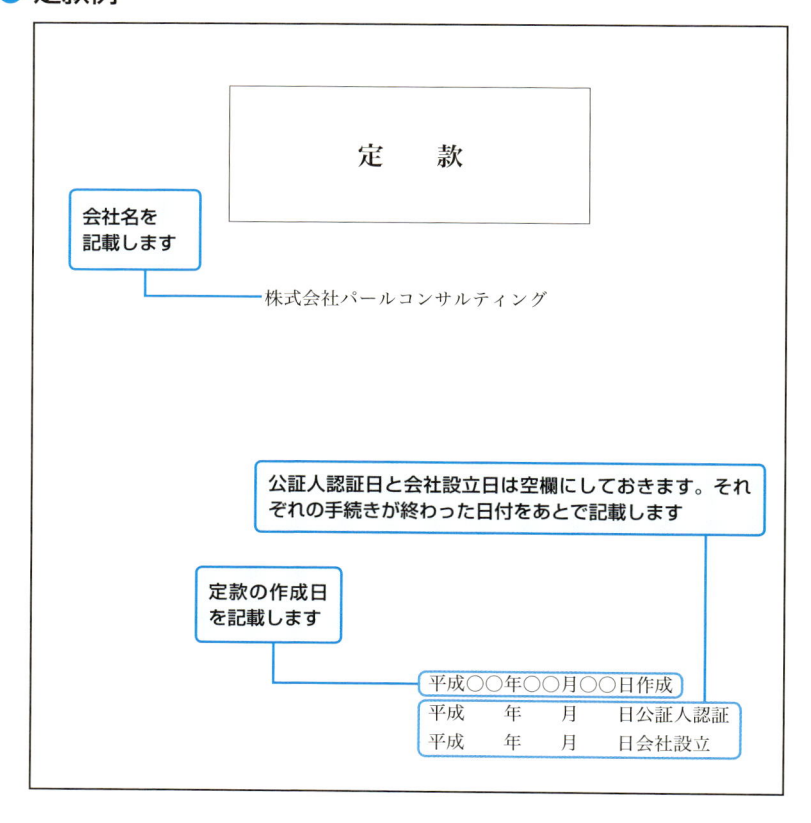

定　　款

会社名を記載します
→ 株式会社パールコンサルティング

公証人認証日と会社設立日は空欄にしておきます。それぞれの手続きが終わった日付をあとで記載します

定款の作成日を記載します

平成〇〇年〇〇月〇〇日作成
平成　　年　　月　　日公証人認証
平成　　年　　月　　日会社設立

株式会社パールコンサルティング定款

第1章　総則

（商号）
第1条　当会社は、株式会社パールコンサルディングと称する。

> 会社の商号を記載します（商号の決め方は29頁参照）

（目的）
第2条　当会社は、次の事業を営むことを目的とする。
1. ウェブサイト作成業務
2. インターネットによる情報提供サービスおよび通信販売、広告業務
3. 前各号に附帯関連する一切の業務

> 目的を記載します。最後に「前各号に附帯関連する一切の業務」と必ず記載します（77頁参照）

（本店の所在地）
第3条　当会社は、本店を東京都中央区に置く。

> 本店の所在地を記載します。最小行政区画までの記載にします（64頁参照）

（公告方法）
第4条　当会社の公告方法は、電子公告による方法とする。ただし、事故そのほかのやむを得ない事由によって電子公告ができない場合の公告方法は、官報に掲載する方法とする。

> 3種類ある公告方法のうち、いずれかを選んで記載します（89頁参照）。
> 電子公告の場合は、障害が生じたときの予備的な公告方法も定めておくと便利です。
> URLは定款に記載しなくてもかまいませんが、登記をするまでには決めておきます。
> 官報とする場合の記載のしかたは、112頁を参照してください

第2章　株式

（発行可能株式総数）
第5条　当会社の発行可能株式総数は、1,000株とする。

> 発行できる株式の枠を記載します。500株、1,000株などの切りのいい数字にしましょう（93頁参照）

（次頁に続く）

> 会社法では、株券は発行しないのが原則です。株券を発行しない会社は、定款にその旨を記載する必要はありませんが、記載しておくとわかりやすくなります
> ※**株券**：株主としての地位を表彰する有価証券のこと。簡単にいうと、株主であることを証明する紙のお札みたいなもの

(株券の不発行)
第6条　当会社の株式については、株券を発行しない。

(株式の譲渡制限)
第7条　当会社の発行する株式の譲渡による取得については、取締役会の承認を受けなければならない。

> 本書で推奨している株式の譲渡制限の規定を入れる場合は記載します（91頁参照）

(相続人等に対する株式の売渡請求)
第8条　当会社は、相続その他の一般承継により当会社の株式を取得した者に対し、当該株式を当会社に売り渡すことを請求することができる。

> 株式は相続財産となるので、株主に相続が発生すると、会社の経営に関係のない者が株式を取得する場合があります。その場合に、会社で株式を買い取ることができる旨の規定です。株主が自分1人でない場合には、必ず記載するようにします

(株主名簿記載事項の記載等の請求)
第9条　当会社の株式取得者が株主名簿記載事項を株主名簿に記載または記録することを請求するには、当会社所定の書式による請求書に株式取得者とその取得した株式の株主として株主名簿に記載もしくは記録された者またはその相続人その他の一般承継人が署名または記名押印し、共同して請求しなければならない。法務省令の定める事由による場合は、株式取得者が単独で請求することができ、その場合には、その事由を証する書面を提出しなければならない。

> 株式の譲渡などによって株主が変更したとき、株主名簿への記載または記録の請求方法を記載しておきます

(質権の登録および信託財産の表示)
第10条　当会社の株式について、質権の登録または信託財産の表示を請求するには、当会社所定の書式による請求書に当事者が署名または記名押印し、提出しなければならない。その登録または表示の抹消についても同様とする。

> 質権の登録とは、お金を借りる際などに、株主が株式を担保として第三者に提供したことを株主名簿に登録することです。また、信託財産の表示とは、株主が株式の管理を信託銀行などにお願いしたことを株主名簿に表示することです。株主が質入れや信託をした場合に備えて、会社の手続きを決めておきます

(手数料)
第11条　前2条に定める請求をする場合には、当会社所定の手数料を支払わなければならない。

> 手数料は無料とし、郵送料だけ請求している会社も少なくありません。一般的な基準はないため、各会社でいくらにするかを決めます

> いつの時点をもって、定時株主総会で権利を行使することができる株主として扱うかを決めておきます。基準日を決めておかなければ、次々に株式の譲渡がなされると株主総会の運営に混乱を招くことになります

(基準日)
第12条　当会社は、毎事業年度末日の最終の株主名簿に記載又は記録された議決権を有する株主をもって、その事業年度に関する定時株主総会において権利を行使することができる株主とする。
2　前項のほか、株主または登録株式質権者として権利を行使することができる者を確定するため、必要があるときは、取締役会の決議によりあらかじめ公告して臨時に基準日を定めることができる。

(株主の住所等の届け出)
第13条　当会社の株主および登録株式質権者またはそれらの法定代理人もしくは代表者は、当会社所定の書式により、住所、氏名または名称および印鑑を当会社に届け出なければならない。
2　前項の届出事項を変更したときも同様とする。

第3章　株主総会

> 会社は毎年事業年度が終わると、株主総会で決算の承認をするため、定時株主総会を開催しなければなりません。定時株主総会以外で開催する株主総会は「臨時株主総会」と呼ばれ、定款を変更するとき、役員を変更するときなど、必要があるときに随時開催することができます

(招集)
第14条　定時株主総会は、毎事業年度の終了後3カ月以内にこれを招集し、臨時株主総会は必要あるときに随時これを招集する。

> 株主総会を開催するために、招集通知を株主に出します。出す期限は、原則、株主総会の日の2週間前までとなりますが、発行する株式のすべてを譲渡制限株式としている会社(定款第7条)であれば、1週間前までと決めることができます。株主総会に出席しない株主が書面によって議決権を行使することができる旨(会社法第298条第1項第3号)、または電磁的方法によって議決権を行使することができる旨(会社法第298条第1項第3号)を定めていないときは、株主全員の同意があれば招集手続きを省略できます

(招集通知)
第15条　株主総会の招集通知は、当該株主総会で議決権を行使することができる株主に対し、会社法第298条第1項第3号または第4号に掲げる事項を定めた場合を除き、会日の1週間前までに発する。
2　第1項の規定にかかわらず、株主総会は、その総会において議決権を行使することができる株主の全員の同意があるときは、会社法第298条第1項第3号または第4号に掲げる事項を定めた場合を除き、招集の手続を経ることなく開催することができる。

(次頁に続く)

(招集権者および議長)
第16条　株主総会は、法令に別段の定めがある場合を除き、取締役会の決議により取締役社長がこれを招集し、議長となる。
2　取締役社長に事故があったときは、取締役会の決議であらかじめ定めた順序により、他の取締役が株主総会を招集し、議長となる。
3　取締役全員に事故があったときは、総会において出席株主のうちから議長を選出する。

(決議の方法)
第17条　株主総会の決議は、法令または定款に別段の定めがある場合を除き、出席した議決権を行使することができる株主の議決権の過半数をもって行う。
2　会社法第309条第2項に定める決議は、議決権を行使することができる株主の議決権の過半数を有する株主が出席し、出席した当該株主の議決権の3分の2以上に当たる多数をもって行う。

> 定款変更など、重要な決議のことをいいます(「特別決議」という)

(株主総会の決議等の省略)
第18条　取締役または株主が株主総会の目的である事項について提案をした場合において、当該提案につき株主(当該事項について議決権を行使することができるものにかぎる)の全員が書面または電磁的記録により同意の意思表示をしたときは、当該提案を可決する旨の株主総会の決議があったものとみなす。
2　取締役が株主の全員に対して株主総会に報告すべき事項を通知した場合において、当該事項を株主総会に報告することを要しないことについて、株主の全員が書面または電磁的記録により同意の意思表示をしたときは、当該事項の株主総会への報告があったものとみなす。

(議決権の代理行使)
第19条　株主が代理人をもって議決権を行使しようとするときは、その代理人は1名とし、当会社の議決権を有する株主であることを要する。
2　前項の場合には、株主または代理人は代理権を証する書面を株主総会ごとに提出しなければならない。

(議事録)
第20条　株主総会の議事については、法務省令で定めるところにより、その経過の要領およびその結果などを記載または記録した議事録を作成し、議長および出席した取締役がこれに署名もしくは記名押印または電子署名をし、株主総会の日から10年間本店に備え置く。

> 株式会社は株主総会の議事録を作成し、保管する義務があります

第4章　株主総会以外の機関

(取締役会の設置)
第21条　当会社は、取締役会を置く。

(取締役の選任)
第22条　当会社は、取締役3名以上を置く。

> 取締役を何名置くかを定めます。「○名以上」「○名以上○名以下」「○名以下」といった記載をします。取締役会を設置する場合は、取締役が3名以上必要となります。第7条の譲渡制限に関する規定を置いている会社は、取締役を株主の中から選ぶ旨を規定することもでき、その場合は「取締役は株主でならなければならない。ただし、必要があるときは、株主以外の者から選任することを妨げない」との記載を2項に加えます

(監査役の設置および監査役の員数)
第23条　当会社は、監査役を置き、その員数は2名以内とする。

(取締役および監査役の選任)
第24条　取締役および監査役の選任決議は、株主総会において、議決権を行使することができる株主の議決権の3分の1以上を有する株主が出席し、出席した当該株主の議決権の過半数をもって行う。
2　取締役の選任決議は、累積投票によらないものとする。

(取締役の解任方法)
第25条　取締役の解任決議は、議決権を行使することができる株主の議決権の過半数を有する株主が出席し、出席した当該株主の議決権の3分の2以上の多数をもって行う。

(取締役および監査役の任期)
第26条　取締役の任期は、選任後2年以内に終了する事業年度のうち、最終のものに関する定時株主総会の終結のときまでとし、監査役の任期は、選任後4年以内に終了する事業年度のうち、最終のものに関する定時株主総会の終結のときまでとする。
2　補欠または増員により選任された取締役の任期は、その選任時に在任する取締役の任期の満了すべきときまでとする。
3　補欠として選任された監査役の任期は、退任した監査役の任期の満了すときまでとする。

> 取締役の任期は、原則2年、監査役は4年ですが、10年まで延ばすことができます(55頁参照)

(次頁に続く)

(代表取締役および社長)
第 27 条　当会社は、代表取締役を1名置き、取締役会の決議により取締役の中からこれを選定する。
　2　代表取締役は社長とし、当会社を代表し、当会社の業務を執行する。

> 代表取締役は、通常1名ですが、2名以上置くこともできます

(取締役会の招集および議長)
第 28 条　取締役会は、法令に別段の定めがある場合を除き、代表取締役社長がこれを招集する。
　2　取締役会の招集通知は、会日の1週間前までに各取締役および各監査役に対して発する。ただし、緊急の場合にはこれを短縮することができる。

(取締役会の決議方法)
第 29 条　取締役会の決議は、議決に加わることができる取締役の過半数が出席し、その過半数をもってこれを決する。
　2　取締役が提案した決議事項について取締役（当該事項につき議決に加わることができる者にかぎる。）の全員が書面または電磁的記録により同意したときは、当該事項を可決する旨の取締役会の決議があったものとみなす。ただし、監査役が異議を述べたときはこのかぎりでない。

(取締役会議事録)
第 30 条　取締役会議事録については、法務省令の定めるところにより議事録を作成し、出席した取締役および監査役がこれに署名もしくは記名押印または電子署名しなければならない。

(報酬等)
第 31 条　取締役および監査役が報酬、賞与その他の職務執行の対価として当会社から受ける財産上の利益は、取締役の分と監査役の分とを区別して、株主総会の決議によって定める。

第5章　計　算

(事業年度)
第 32 条　当会社の事業年度は、毎年12月1日から翌年11月30日までの年1期とする。

> 決算期を決めて記載します（86頁参照）

> 決算月が31日まである月の場合は「○月31日まで」とします。2月の場合だけ「2月末日まで」とします

(剰余金の配当等)
第33条　剰余金の配当は、毎事業年度末日現在の最終の株主名簿に記載または記録された株主および登録株式質権者に対して行う。
2　剰余金の配当が、その支払開始の日から満3年を経過しても受領されないときは、当会社はその支払義務を免れるものとする。

第6章　附　則

(設立に際して出資される財産の価額および成立後の資本金の額)
第34条　当会社の設立に際して出資される財産の価額は金100万円とする。
2　当会社の成立後の資本金の額は金100万円とする。

(最初の事業年度)
第35条　当会社の最初の事業年度は、当会社成立の日から平成○○年11月30日までとする。

(設立時取締役、設立時代表取締役および設立時監査役)
第36条　当会社の設立時取締役、設立時代表取締役および設立時監査役は、次のとおりとする。

> 住所　東京都中央区新富○丁目○番○号
> 設立時取締役および設立時代表取締役　鈴木一郎
> 住所　東京都中央区新富○丁目○番○号
> 設立時取締役　鈴木一子
> 住所　東京都中野区中野○丁目○番○号
> 設立時取締役　木村拓哉
> 住所　東京都千代田区神田神保町○丁目○番○号
> 設立時監査役　黒木瞳

役員になる人の個人の住所および氏名を記載します

(発起人の氏名、住所等)
第37条　発起人の氏名、住所、発起人が割り当てを受ける設立時発行株式の数、および設立時発行株式と引き換えに払い込む金銭の額は次のとおりである。

> 住所　東京都中央区新富○丁目○番○号
> 鈴木一郎　　　　　40株　金40万円
> 住所　東京都中央区新富○丁目○番○号
> 鈴木一子　　　　　30株　金30万円
> 住所　東京都中野区中野○丁目○番○号
> 木村拓哉　　　　　30株　金30万円

お金を出す発起人個人の住所および氏名、株数、出資額を記載します

(次頁に続く)

> 現物出資がある場合は、下記のように記載し、第38条に現物出資の項目を加え、以下1条繰り下げます。下記は、鈴木一郎がすべて現物出資をし、ほかの者は金銭出資をした場合の例です

(発起人の氏名、住所等)
第37条　発起人の氏名、住所、発起人が割り当てを受ける設立時発行株式の数、および設立時発行株式と引き換えに払い込む金銭の額は次のとおりである。

　　住所　東京都中央区新富○丁目○番○号
　　鈴木一郎
　　ただし、鈴木一郎は現物出資のみ行う。
　　住所　東京都中央区新富○丁目○番○号
　　鈴木一子　　　　　30株　金30万円
　　住所　東京都中野区中野○丁目○番○号
　　木村拓哉　　　　　30株　金30万円

(現物出資)
第38条　現物出資をする者の氏名または名称、当該財産およびその価額ならびにその者に対して割り当てる設立時発行株式の数は次のとおりである。
　① 現物出資者の氏名または名称　鈴木一郎
　② 現物出資の財産およびその価額
　　○○製　乗用車　車種名○○　車台番号○○　1台　金40万円
　③ 割り当てる設立時発行株式の数　40株

(定款に定めのない事項)
第39条　本定款に定めのない事項は～(以下略)

(定款に定めのない事項)
第38条　本定款に定めのない事項は、すべて会社法そのほかの法令の定めるところによる。

　　以上、株式会社パールコンサルティング設立のため、発起人鈴木一郎、同鈴木一子、同木村拓哉は、本定款を作成し、発起人が次に記名押印する。

平成○○年○○月○○日

> **定款を作成した日を書きます**
> ※ 公証役場に行く日とあまりあけないようにします

東京都中央区新富○丁目○番○号
発起人　鈴木一郎　㊞

東京都中央区新富○丁目○番○号
発起人　鈴木一子　㊞

東京都中野区中野○丁目○番○号
発起人　木村拓哉　㊞

> **名前の横に発起人の実印を押します**

3-3 公証役場の認証を受けよう

1. 認証手続きの流れ

発起人全員で公証役場へ行くのが原則

　定款の作成が終わったら、いよいよ定款の認証を受けるわけですが、そこまでに、次の３つのステップを踏みましょう。

> ❶ 定款の認証を受ける公証役場を決める
> ❷ 事前に法務局および公証役場で定款の内容をチェックしてもらう
> ❸ 定款の認証を受けるために、公証役場へ発起人全員で行く

　定款の認証を受けに公証役場へ行くとき、都合が悪い発起人がいるなら、その人が委任状を書いて、代理人（ほかの発起人でもかまいません）に依頼します。

どこの公証役場に行けばよいか

　公証役場は全国にありますが、どこの公証役場で定款の認証をしてもらってもいいわけではありません。**会社の本店の所在地を管轄する法務局（または地方法務局）に所属する公証人に認証してもらいます。**
　たとえば、会社の本店が「東京都中央区銀座〇丁目〇番〇号」にある場合は、管轄する法務局は東京法務局になります。ですから、東京法務局に所属する公証人に定款の認証をしてもらいます。つまり、東京都内に本店を置く会社が、神奈川県内にある公証役場で定款の認証を受けることはできません。逆に、東京にはいくつか公証役場がありますが、東京法務局管轄内の公証役場であればどの公証役場でもよく、区が異なってもかまいません。会社の最寄りである銀座の公証役場でもかまいませんし、渋谷区や府中市の公証役場でも大丈夫です。
　会社の本店の所在地を管轄する法務局（または地方法務局）は、法務

局のサイト（http://houmukyoku.moj.go.jp/homu/static/）で確認してください。管轄する法務局がわかれば、次にその法務局に所属する公証役場を日本公証人連合会のサイト（http://www.koshonin.gr.jp/index2.html）で確認してください。また、定款のサンプルも何種類か掲載されているので、参考にしてみてください。

事前にチェックをしてもらおう

　公証役場へ定款の認証に行く前に、必ず作成した定款の内容をチェックしてもらいましょう。公証役場の電話番号およびFAX番号が、各公証役場のサイトに掲載されているので、電話して「会社を設立するので、定款の認証に先立って内容をチェックしてほしい」と伝え、できればFAXかメールで全文を送り、見てもらうようにします。定款のほかに、印鑑証明書や委任状（発起人のうち行くことができない人がいる場合）も一緒に送り、正確な記載がされているか確認してもらいましょう。公証役場によっては、内容に問題はなくても表現や言葉を訂正してくれたり、細かい点までチェックをしてくれることもあります。

　とはいっても、**公証役場は登記が可能かどうかまで保証する場ではないので、念のために会社の本店の所在地を管轄する法務局でも事前にチェックしてもらうとよいでしょう**。特に会社の「目的」は、表現や内容によっては登記ができないことがあるので注意しましょう。

事前チェックが終わったら公証役場へ

　定款の内容に問題がなければ、必要なものを揃えて公証役場へ認証を受けに行きましょう。**定款の認証をする際に公証人が本人確認をするので、公証役場に発起人または代理人が出向かなければなりません。**この部分は**郵送でのやり取りはできない**ので注意してください。

　公証役場に行く際に予約はしなくても大丈夫ですが、公証人が出張などで不在だったり、都市部の公証役場は時間帯や時期によって混んでいたり、公証人が1人しかいない公証役場だと長時間待たされることもあるので、**事前に電話をしてから行くようにしましょう。**昼休みを設けている公証役場もあるので、お昼前後は避けたほうが無難です。

3-3 公証役場の認証を受けよう

2. 公証役場に定款の認証に行くときに必要なもの

定款：3通

　定款は、公証人が認証をしたあと、**3通のうち1通は公証人が公証役場保存用として原本を保管し、1通は会社保存用原本、1通は登記用の謄本として発起人に返却されます。**

　3通とも発起人全員の署名押印をし、契印も忘れないようにしましょう。押印は必ず個人の実印で行ってください（印鑑の押印の方法、契印については107頁参照）。

発起人全員の印鑑証明書：各1通（登記用もあわせて、各2通）

　印鑑証明書は、発行後3カ月以内のものでなければなりません。

　発起人と役員を兼ねている人は、登記用とは別で用意したほうがいいので、**印鑑証明書は各自2通用意しておきます。**なお、公証役場によっては、印鑑証明書のほか、運転免許証などの本人確認資料の提示を求めるところもあります。

収入印紙：4万円

　公証人保存用の定款に、収入印紙を貼って消印をします。その際、定款に間違いがあるといけないので、公証役場に行って確認をしてもらってから印紙を貼りましょう。収入印紙は公証役場で売っていない場合が多いので、郵便局などで、公証役場に行く前に購入しておきます。

※ 消印：印紙を剥がして再使用できないようにするために、印紙の上に押印をすることです。通常は、文書と印紙にまたがるように押します。

認証費用：約5万2,000円

　公証人に支払う費用は、**定款の認証費用5万円と謄本代が約2,000円**です。公証役場の窓口で、当日、現金で支払います。定款の謄本代は、定款の枚数によって変わり、1枚250円なので、5枚だと1,250円になります。

発起人の実印

　定款に不備があることも考えて、念のため公証役場へ行く発起人は、全員自分の実印を持っていくとよいでしょう。

代理人に行ってもらう場合：委任状、代理人の印鑑（認印可）、代理人の運転免許証など本人確認できるもの

　どうしても公証役場に行くことができない発起人がいる場合は、代理人に頼むこともできますが、会社設立に向けて大事な手続きですから、できるだけ発起人全員で行きましょう。

---

column

公証役場とはどういうところ？

　公証役場とは、公証人が執務をしている役場のことをいいます。
　公証人とは、ある事実の存在や契約などの法律行為を証明または認証をする人をいいます。
　主な業務としては、遺言書、離婚による財産分与、金銭消費貸借（お金の貸し借り）契約などに関する公正証書を作成したり、会社設立に伴う定款の認証を行っています。
※ **公正証書**：公証人が法律にしたがって作成する権利義務関係に関わる事実についての証書。

● **委任状例**

```
                          委 任 状                    ㊞
  ┌─────────────────────────────────────┐
  │ (住所) 東京都中央区新富○丁目○番○号  │
  │ (氏名) 鈴木　一子                    │
  └─────────────────────────────────────┘

  上記の者を代理人と定め、次の権限を委任します。

  1　株式会社パールコンサルティングの定款につき、発起人の記名押印を自認し、
  公証人の認証を受ける嘱託手続一切の件。
  2　定款謄本の交付請求および受領に関する一切の件。

  ┌──────────────────┐
  │ 平成○○年○○月○○日 │
  └──────────────────┘
    株式会社パールコンサルティング

  ┌─────────────────────────────────────┐
  │ (住所) 東京都中央区新富○丁目○番○号  │
  │ (氏名) 鈴木　一郎　㊞                │
  └─────────────────────────────────────┘
```

注釈:

- 訂正があったときに備えて、捨印を押します。必ず実印で押します
- 代理人として公証役場に行く人の住所・氏名を記入します。通常は、発起人のうち1人を代表者として、委任する場合が多い
- 定款作成の日から、公証役場に行くまでの日付で記載します
- 公証役場に行かない発起人の住所および氏名を正確に記入します。押印は必ず個人の実印で押します

● 定款の認証の際に、公証役場に持っていくもの

❶ 定款3通

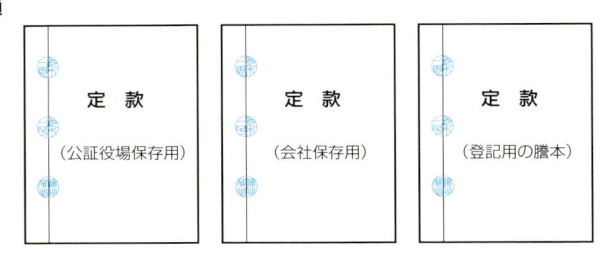

定款（公証役場保存用）　定款（会社保存用）　定款（登記用の謄本）

❷ 発起人全員の印鑑証明書

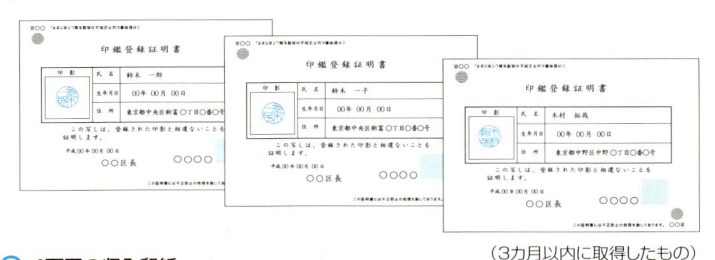

（3カ月以内に取得したもの）

❸ 4万円の収入印紙

❹ 現金　約5万2,000円

❺ 発起人全員の個人実印

❻ 代理人への委任状および代理人の印鑑（認印可）

※ 公証役場へ行くことができない発起人がいる場合
※ 代理人の運転免許証など本人確認できるものも持っていきましょう。

❼ 運転免許証などの本人確認資料

※ 本人確認資料の提示を求める公証役場もあります。

column
原本（げんぽん）と謄本（とうほん）と抄本（しょうほん）の違い

原本は、作成された書類そのものを指します。

謄本は、原本の内容全部を写した書類で、原本の内容を証明するために作成されます。戸籍謄本を想像するとわかりやすいと思います。

抄本は、原本の内容の一部を写した書類です。

> いろいろな用語が出てきますが、いい機会なので、しっかり意味を理解しましょう。覚えてしまえばカンタンです！

まとめ

最後にもう一度チェックしよう！

- 定款に発起人全員の署名押印がしてあるか
- 定款は袋とじにしてあるか
- 定款の袋とじ部分に契印がしてあるか
- 押している印鑑は実印か
- 印鑑証明書に記載されている住所・氏名を正確に書いているか
- 印鑑証明書は発行後3カ月以内のものか
- 公証役場・法務局で事前に定款をチェックしてもらったか
- 代理人に行ってもらう場合は、委任状と代理人の印鑑を用意したか
- 収入印紙を4万円購入してあるか
- 認証費用約5万2,000円を現金で用意してあるか

3-3 公証役場の認証を受けよう
3. 電子定款の認証をざっくり知ろう

電子定款の認証のしくみ

電子定款の認証の特徴は、紙に氏名を書いてハンコを押す署名押印の代わりに電子文書に電子署名をする点（141頁参照）と、法務省の登記・供託オンライン申請システムの申請用総合ソフトを使用して、PDF化した定款を送信する点にあります。

申請はインターネットでのみ受けつけていますが、**すべての手続きをインターネットで完結させることはできず、申請をしたあとで、公証役場へ会社保存用と登記用の定款を取りに行かなければなりません**。

電子定款だと4万円安くなる

電子定款の認証をすると、紙で定款認証するのに比べて収入印紙代4万円が不要となります。費用が安くなるのですが、揃えなければならない機器やソフトウエアがあるので、場合によっては紙の定款以上に費用や手間がかかることがあります。

税金の電子申告などの手続きの経験がある場合には、機器も揃っていて比較的進めやすいかと思いますが、**知識や経験がまったくない人だと、専門家に依頼するか紙の定款で進めたほうが、かえって早く安くすむかもしれません**。

電子定款の認証までの注意点

定款を作成して公証役場で事前にチェックしてもらう点は、紙の定款の認証と同じ作業になります（130頁参照）。紙の場合と違って、訂正印や捨印で間違いを訂正することはできないので、**公証役場での事前チェックは必ず行ってもらいましょう**。

電子定款へ電子署名をして送信するのは、発起人全員でなくても代表者1人が行うことができます。発起人のうち1人が行う場合に、ほかの発起人から委任状をもらう点は紙の定款のときと同じです。ただし委任状の文言が異なるので、注意してください（下図参照）。

● 電子定款の認証手続きを代理人に依頼するときの委任状例

委任状

（住所）東京都中央区新富○丁目○番○号
（氏名）鈴木　一子

> 訂正があったときに備えて、捨印を押します。個人の実印を押します

> 電子署名をし、電子認証の申請をした発起人の住所および氏名を正確に記入します

私は、上記の者を代理人と定め、次の権限を委任します。

1. 株式会社パールコンサルティングの設立に際し、別紙のとおり電磁的記録である原始定款を作成し、申請の手続に関する一切の件。
2. 電磁的記録の保存、同一の情報の提供の請求及び受領に関する一切の件。
3. 復代理人選任に関する一切の件。

平成○○年○○月○○日
株式会社パールコンサルティング

発起人

住所：東京都中央区新富○丁目○番○号
氏名：鈴木　一郎

> 定款作成の日から、電子定款の認証の申請をするまでの日付で記入します

> 電子署名・電子認証の申請をしていない発起人の住所および氏名を正確に記入します。個人の実印を押します

※ 委任状と定款案ををホチキスで閉じ、発起人の実印を各ページに契印するか、袋とじにして契印をします

● 電子定款認証の流れ

```
┌─────────────────────────────────────┐
│         利用環境の確認                │
└─────────────────────────────────────┘
                  ▼
┌─────────────────────────────────────┐
│      機器や電子証明書の取得           │
└─────────────────────────────────────┘
                  ▼
┌─────────────────────────────────────┐
│  定款の作成（紙の定款の認証と同じ作業） │
└─────────────────────────────────────┘
                  ▼
┌─────────────────────────────────────────────────┐
│ 公証役場・法務局に事前に定款を見てもらう（紙の定款の認証と同じ作業）│
└─────────────────────────────────────────────────┘
                  ▼
┌─────────────────────────────────────────────┐
│ Microsoft Wordなどで作成した定款をソフトでPDF化する │
└─────────────────────────────────────────────┘
                  ▼
┌─────────────────────────────────────┐
│  PDF化した定款にソフトを使って電子署名をする │
└─────────────────────────────────────┘
                  ▼
┌─────────────────────────────────────┐
│  申請用総合ソフトのダウンロード・事前準備 │
└─────────────────────────────────────┘
                  ▼
┌─────────────────────────────────────┐
│  申請用総合ソフトを使用して、定款を送信する │
└─────────────────────────────────────┘
                  ▼
┌─────────────────────────────────────┐
│    公証役場に定款を受け取りに行く      │
└─────────────────────────────────────┘
```

利用環境の確認

　オンライン上で申請をするので、パソコンが必要となります。使用しているパソコンが推奨環境に該当しているか、法務省のHPにある「オンライン申請のページ」(http://www.touki-kyoutaku-net.moj.go.jp) で確認しましょう。

　法務省の登記・供託オンライン申請システムのサイト（http://www.touki-kyoutaku-net.moj.go.jp/download.html）に、必要なソフトウエアやツールのダウンロードのしかた、そのほかの留意事項が掲載されているので、参考にしてください。

ICカードリーダライタ（必要な機器①）

　ICカードリーダライタは、ICカードに記録された電子情報を読み込むための機器です。家電量販店やオンラインショップで販売していますが、それぞれの認証機関（次頁参照）によって利用できるICカードリーダライタが異なるので、各認証機関のインターネットサイトでご確認ください。2,000円から6,000円くらいで購入できます。

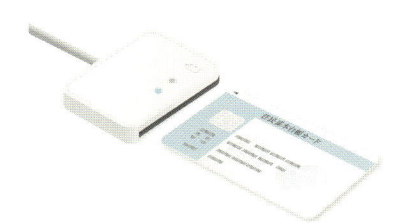

電子証明書の取得のしかた

　紙の定款の署名押印にあたるのが、電子定款でいう「**電子署名**」です。電子定款はインターネットで送信するので、紙の定款のように印鑑を押すことができません。そこで、**「電子署名」をし、その電子署名を本人が行ったことの確認として「電子証明書」を送信します。**

　電子証明書は次のいずれかの認証機関へ申し込みをし、本人確認が取れしだい発行されます。**個人の場合だと、❸の地方公共団体による公的個人認証サービスが手軽でお勧め**です。「地方公共団体による公的個人認証サービスに係る認証局」と聞くと、難しく感じてしまうかもしれませんが、要は市役所や区役所など、居住地の役所の窓口のことです。

● **認証機関**

❶ 「商業登記に基づく電子認証制度」を運営する電子認証登記所
❷ 「TDB 電子認証サービス TypeA」に係る認証局(株式会社帝国データバンク)
❸ 地方公共団体による「公的個人認証サービス」に係る認証局
❹ 「セコムパスポート for G-ID」(セコムトラストシステムズ株式会社)
❺ 「電子認証サービス(e-Probatio PS2)」に係る認証局(株式会社 NTT ネオメイト)

≪一番手軽な方法 ⇒ 地方公共団体による公的個人認証サービス（市役所・区役所などで手続き）

市役所や区役所など、居住地の役所の窓口で電子証明書を取得する場合の手続きについて簡単に説明します。

詳細は、居住地の市区町村の役所の窓口または**公的個人認証サービスポータルサイト**（http://www.jpki.go.jp/）を参照してください。

まず、「**住民基本台帳カード（IC カード）**」が必要となるので、居住地の市区町村の役所の窓口で住基カードを取得してください（手数料：500 円程度）。即日発行される市区町村と、後日郵便で届く市区町村があります。住基カードを取得する際、運転免許証などの公的な本人確認書類が必要となるので、忘れずに持参します。

その後、居住地の市区町村の役所の窓口で、電子証明書発行の手続きを行います(手数料：500 円程度)。その際、「**電子証明書新規発行申込書**」（窓口にあります）「住基カード」「運転免許証などの顔写真付きの公的な本人確認書類」（住基カードが顔写真付きなら不要）を用意します。

公的個人認証サービスを利用して電子証明書を利用するには、「**利用者クライアントソフト**」が必要になります。ソフトは公的個人認証サービスポータルサイトからダウンロードできます。

PDF 変換ソフト（必要な機器②）

法務省の登記・供託オンライン申請システムでは、定款を PDF 化しな

ければ送信できません。定款はMicrosoft Wordなどで作成しますが、その後、書き換えができないようにPDFに変換して送信する必要があります。PDFに変換する前に間違いがないかもう一度見直し、公証役場への事前チェックもすませておきましょう。**Microsoft Wordなどで作成した定款をPDF化するソフトをインストールする必要があります。**法務省登記・供託オンライン申請システムで動作確認しているPDF変換ソフトは下記となります。

- Adobe Acrobat 9（Standard、Pro）
- Adobe Acrobat X（10）（Standard、Pro）

　上記についてはアドビシステム社のサイト（http://www.adobe.com/jp/）や家電量販店などのネットショップから購入できます。インストール方法などはソフトに添付されている説明書を参照してください。

定款をPDF化し、電子署名を付与すれば完成

　PDF変換ソフトで定款をPDF化し、PDF署名プラグインソフトを利用して、定款に電子署名を付与します。

≪PDF署名プラグインソフト

　PDF化した定款に電子署名を付与するソフトが、「PDF署名プラグインソフト」です。法務省登記・供託オンライン申請システムのサイト（http://www.touki-kyoutaku-net.moj.go.jp/download.html）からインストールできます。このサイトから操作説明書もダウンロードしておきましょう。

　操作説明書は、図入りで電子署名のしかたが記載されているので、順番に進めます。**定款の内容は紙の定款と変わりませんが、電子定款の認証の場合、末尾の記載を次頁のように変えておきます。**

　PDF化した定款に電子署名を付与したら、電子定款の完成になります。

● 電子定款の末尾例

> 　　以上、株式会社パールコンサルディングの設立のため、発起人鈴木一郎は、電磁的記録である本定款を作成し、電子署名する。
>
> 平成〇〇年〇〇月〇〇日
>
> 東京都中央区新富〇丁目〇番〇号
>
> 発起人　鈴木一郎

指定公証人でないと電子定款の認証ができない

　どの公証人でも電子定款の認証ができるわけではなく、**法務大臣から指定を受けた公証人（指定公証人）**しかできません。依頼する公証役場に指定公証人がいるかどうか、あらかじめ確認しておきましょう。

　定款を事前にチェックしてもらう場合、電子定款の認証である旨を伝えて、申請用総合ソフトを使用して送信する予定の日時を連絡しておくと、定款謄本の受け取りがスムーズに進みます。

法務省の登記・供託オンライン申請システムから申請用総合ソフトをダウンロードする

　法務省の登記・供託オンライン申請システムのサイトのダウンロードページ（http://www.touki-kyoutaku-net.moj.go.jp/download.html）から、申請用総合ソフトをダウンロードします。

　登記・供託オンライン申請システムのサイトでは、申請用総合ソフトのほか、あわせて登記識別情報表示ツールもダウンロードできるようになっていますが、今回の手続きにおいては使わないので、ダウンロードは不要です。

● 登記・供託オンライン申請システムの申請用総合ソフトと
申請者操作手引書のダウンロードページ

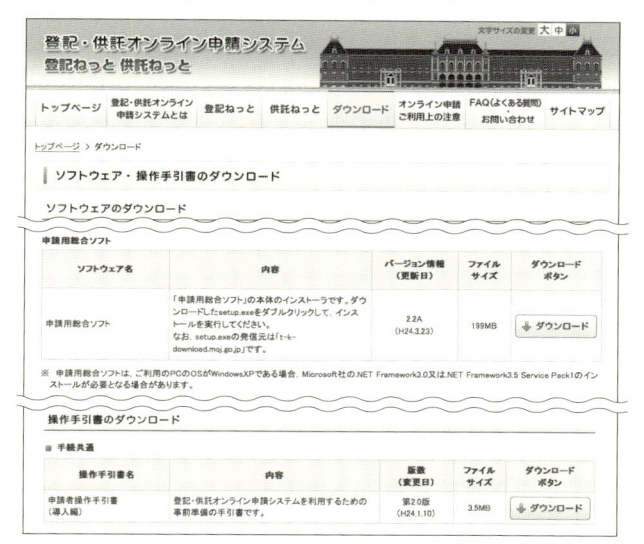

このページの中ほどにある操作手引書も一緒にダウンロードしておきます。

なお、今後システムのバージョンアップなどにより、手順が変更になる可能性があるので、法務省のサイトからオンライン申請のページを見て、最新の情報を入手してください。

● 申請者操作手引書

申請用総合ソフトの事前準備

申請用総合ソフトを利用するために、次の2つのの作業が必要です。

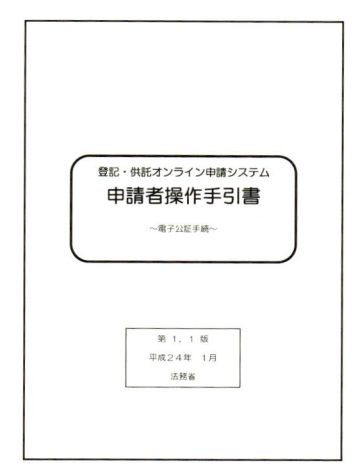

❶ 安全な通信を行うための証明書（政府共用認証局自己署名証明書）の確認

パソコンに政府共用認証局の自己署名証明書がインストールされているか、「政府共用認証局の自己署名証明書インストール状況の確認方法」(http://www.touki-kyoutaku-net.moj.go.jp/cautions/security/jiko_syoumei.html) の手順で確認します。
❷ 申請者情報登録
登記・供託オンライン申請システムを利用するには、申請者情報を登録する必要があります。

申請者情報登録手順

申請者情報の登録には次の情報が必要となります。詳細は、先ほどダウンロードした「申請者操作手引書」を参照してください。

❶ 申請者ID　　　　❷ パスワード　　　　❸ 氏名
❹ 氏名（フリガナ）　❺ 郵便番号　　　　　❻ 住所
❼ 電話番号　　　　❽ メールアドレス
❾ パスワードを忘れた場合に使われるキーワード（質問）
❿ パスワードを忘れた場合に使われるキーワード（答え）

❶ 申請データ作成：5～17頁
❷ 電子署名・データ送信：33～43頁
❸ 処理状況確認：53～73頁

法務省の登記・供託オンライン申請システムのサイトのトップページ (http://www.touki-kyoutaku-net.moj.go.jp/index.html) の左上にある「申請者情報登録」をクリックし、使用許諾書を一読して「同意する」をクリックすると、申請者情報登録の画面に移動します

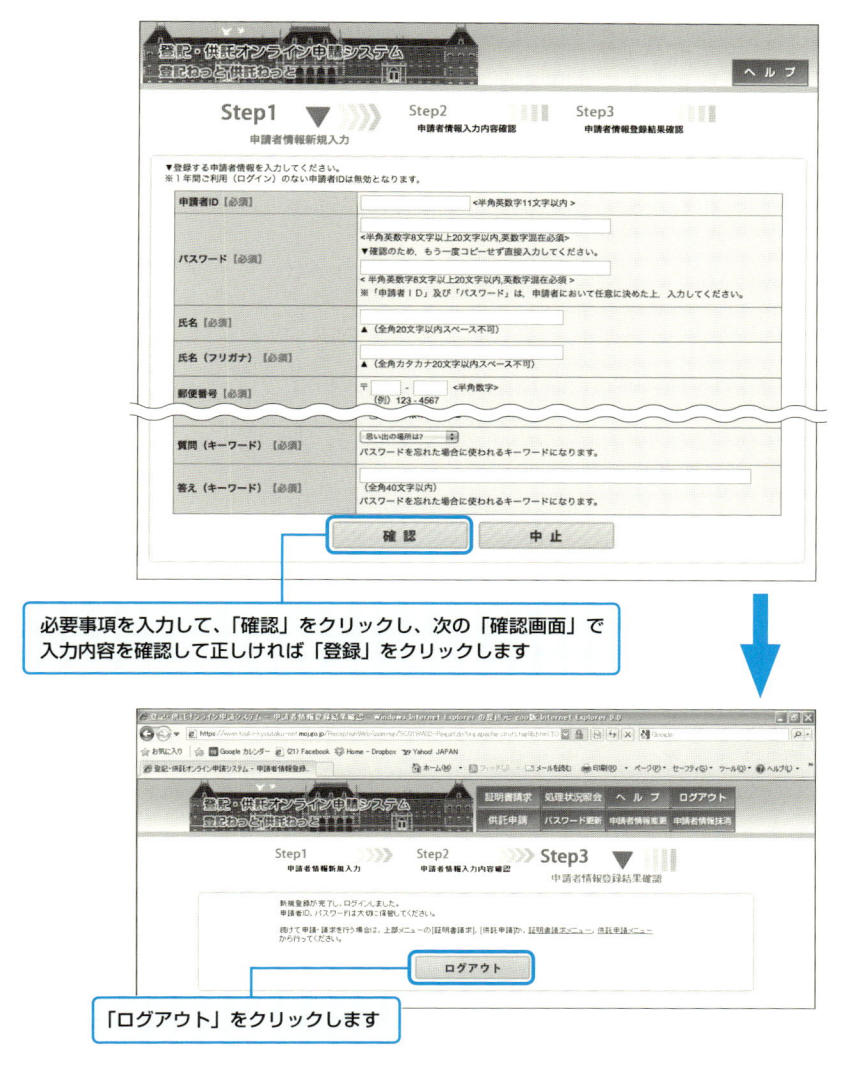

[画面図: 登記・供託オンライン申請システム Step1 申請者情報新規入力画面]

必要事項を入力して、「確認」をクリックし、次の「確認画面」で入力内容を確認して正しければ「登録」をクリックします

[画面図: Step3 申請者情報登録結果確認画面]

「ログアウト」をクリックします

申請用総合ソフトを利用して、定款を送信する

　事前準備が終わったら、申請用総合ソフトを使用し、PDF化した電子署名済みの定款を送信します。

公証役場の受付時間内であれば、送信する前に電話をして「今から、株式会社パールコンサルティングの電子定款を送信します」と伝えておくと、認証が終わったら連絡をもらえるので、次の作業が速やかになります。

　以上で、電子定款の送信が終了します。
　公証役場からの電話、もしくはメールによる認証の連絡が来たら、公証役場に定款を受け取りに行きます。

公証役場に定款を受け取りに行ったら、紙媒体の謄本を2通取っておく

　指定公証人の電子定款の認証が終わったら、公証役場に出向いて電子定款を受け取ります。インターネットでの受け取りはできないので、注意してください。
　定款はデータで渡されるので、フロッピーディスク、CD-R、USBメモリなどの電子媒体を用意しておきます。公証役場のほうで用意してくれることもあります。電子定款なので、紙の定款の原本はありませんが、電子定款と同一の情報の提供として、紙媒体での謄本を取得することができます。**会社保存用と登記用に定款の謄本を2通取得しておきます。**
　発起人全員の印鑑証明書を用意し、電子署名をした発起人以外の発起人からの委任状も持っていきます。

まとめ

- 電子定款の認証をすると、収入印紙代4万円が不要になる
- 電子定款の認証には、機器を揃えたり、電子証明書の取得やソフトのインストールなどの事前準備が必要
- 電子定款は電子媒体（CD-RやUSBメモリなど）にデータを入れてもらう
- 紙媒体の定款の謄本を2通取得しておく

この章の中で、何月何日に●●●をしようと決めたらここに書き込んで、実際にやったらチェックを入れましょう。

月　　日 _____ ☐
月　　日 _____ ☐
月　　日 _____ ☐

第4章

登記をしよう

　定款の認証まで終わると、いよいよ会社の設立登記です。定款のほかにも提出する書類があるので、まずは必要書類の作成をしていきます。どの書類に誰がどの印鑑を押すのか間違いやすいので、本章の書式を参考に気をつけて作成してください。

　現物出資がある場合は用意する書類が増えますし、取締役会を設置している場合は用意する書類が若干異なるので、注意が必要です。

　会社設立登記を法務局に申請した日が会社の設立日（創立記念日）となり、登記をしたことで晴れて会社として認められたことになります。登記が終わったあとは、会社の登記事項証明書・印鑑証明書など、各手続きに必要となる書類を取得しましょう。

4-1 登記って何？

1. 登記までの流れ

● 定款認証が終わってから登記までの流れ

出資の履行（資本金を払い込みます）	（152頁参照）
登記に必要な書類と登記申請書を作成します	（164頁参照）
書類の最終チェックをします	（190頁参照）
登記の申請をします	（194頁参照）
不備があれば、補正（訂正）します	（196頁参照）
登記の完了（申請から1週間前後）	
会社の登記事項証明書、印鑑証明書を取得します	（197頁参照）

登記の申請は会社の代表者が行う

会社設立の登記申請は、代表取締役が会社を代表して行います。

登記の申請日が会社の設立日

登記申請書を出して不備がなければ、1週間前後で審査が完了となります。完了すれば、会社が無事に成立したことになります。

会社の創立記念日にあたる設立日は、会社設立の登記を申請した日に

なります。つまり、登記が完了した日ではなく、法務局の窓口に申請書を出した日が会社成立の日として登記されることに注意が必要です。会社の創立記念日を大安の日や1日など、きりのいい日やぞろ目の日など特定の日にしたければ、その日に設立登記の申請を行う必要があります。

たとえば、2月1日に法務局の窓口に申請書を出した場合、設立日は2月1日となり、「過去の日付となる1月31日を設立日にしてほしい」「明日の2月2日がぞろ目なので設立日にしてほしい」といったことはできません。また、設立の登記の申請をするには法務局の開いている日でなければならないので、法務局が休みの土日・祝日に申請をすることはできません。よって、1月1日を設立日にすることはできません。

なお、設立の登記を申請した曜日や時間までは登記されません。

設立日によって税金が変わる

会社の設立日について、税金面では、❶月初の1日に設立するのと、❷2日に設立するのとでは税額が異なってきます。会社を設立すると、赤字でも払わなければならない法人住民税の均等割というものがあります。これは資本金1,000万円以下（従業員50人以下）の場合には、1年間（12カ月）で7万円です。

もし、❶会社を10月1日に設立して9月30日決算にした場合、第1期は12カ月間まるまるあるので、7万円です。しかし、❷10月2日に設立した場合は、第1期は12カ月に1日足りません。この場合は、1カ月未満は切り捨てになるため、11カ月間とされます。したがって、税金は7万円×11カ月間／12カ月間＝6万4,100円（100円未満切り捨て）です。1日ずらしただけで、約6,000円（❶70,000－❷64,100＝5,900）の節税になるので、日付にこだわらない人は、月初の1日は避けたほうがお得です。

まとめ

- 会社の設立記念日：会社設立の登記を申請した日
- 登記の申請ができない日：法務局の休みの日（土日・祝日）
- 代表取締役が会社を代表して登記の申請をする

149

4-1 登記って何？

2. 登記する事項

「定款に記載した事項 ≠ 登記する事項」がポイント

　定款で定めたすべてのことを登記する必要はなく、法令の規定により登記しなければならない事項または登記できる事項を記載します。会社設立の場合は主に次の事項を登記します。

● 登記する事項一覧

❶ 商号
❷ 本店住所
❸ 公告の方法
❹ 目的
❺ 発行可能株式総数
❻ 発行済株式の総数
　（設立時に発起人に割り当てる株式の数の合計数）
❼ 資本金の額
❽ 株式の譲渡制限に関する規定（設定した場合）
❾ 役員に関する事項
　（取締役の氏名、代表取締役の住所・氏名、監査役の氏名）
❿ 取締役会の設置、監査役の設置（取締役会を置く会社の場合）

　そのほか、支店を置いた場合、会社の存続期間または解散の事由を定めた場合などは、その旨を登記します。

会社法における登記の効力

　設立の登記は、法人としての株式会社を成立させる効力がありますが、

会社法上、登記の効力はそれだけではありません。

　登記すべき事項は、**登記のあとでなければ善意の第三者に対抗することができません。**ここでいう「善意」というのは、日常使用される意味とは違い、「ある事実について知っていること」を意味します。たとえば、株式会社パールコンサルティングの代表取締役が鈴木一郎から木村拓哉に交代したのに、その登記をしていなかったとします。登記上は鈴木一郎が代表取締役のままになっており、鈴木一郎はそれをいいことに、勝手にA社と物品の売買契約を交わしました。A社は登記を見て、鈴木一郎に代表権があると信じて契約をしたので、株式会社パールコンサルティングはA社に契約の無効を主張することができません。契約を履行することができなければ、違約金を支払わなければならないことがあります。このように、登記の有無を確認することで、会社法では、会社と取引関係に入る第三者を保護しています。

column

変更事項を登記しなかったり、嘘の登記をしたら？

　会社は登記をする義務があるので、登記をした内容に変更がある場合は、その都度、登記をし直さなければなりません。第三者が登記事項証明書を取得した際に、最新の会社の情報がわからなければ、円滑で安心な取引に支障が出るからです。

　会社の登記の多くは登記期間が決まっており、一定の期間内（変更の日から2週間以内が多い）に登記の変更事項の申請をしなければ、100万円以下の過料の制裁を受けることがあります。過料は登記を申請したときに徴収されるのではなく、後日、通知が来るので、別途支払うことになります。特に取締役などの役員変更（重任）の登記を忘れていて過料が請求されるケースが多いので、任期には気をつけましょう。

　登記は円滑な取引をはかる制度ですから、嘘の内容を登記すると、「公正証書原本不実記載罪」という罪になります。5年以下の懲役または50万円以下の罰金に処せられるのでご注意を。

4-2 資本金の払い込みをしよう

1. 定款の認証が終わったら資本金の払い込みをしよう

資本金を発起人の代表者の個人口座に振り込む

　定款の認証が終わったら、会社の資本金を発起人の個人口座に振込または入金します。発起人が複数いる場合は、1名を発起人の代表者と決め、その代表者の個人口座に振込または入金します。

　なぜ個人の口座に振り込むのかというと、この段階ではまだ、会社の登記が完了していないので、成立したことにはなっていないからです。会社が成立していないので、会社の口座を金融機関で開設することはできません。

資本金を振り込むための個人口座は新たに開設する必要があるか

　ここで使用する口座は、定款の認証が終わってから会社が成立して会社の口座を開設するまでの間、**一時的に会社の資本金をプールしておくだけなので、すでに持っている口座の1つを利用してもかまいません。**

　ただし、個人としての使用分ときっちり分けておく必要があるので、会社設立用に新たに口座を開設するほうがわかりやすいです。注意しなくてはいけないのは、発起人以外の第三者の口座に会社の資本金を振込・入金しても、会社の資本金の払い込みとしては認められないので、必ず発起人の個人口座を利用してください。

　個人事業を行っていた人が法人成りする際に、個人事業時代の屋号名義の口座を利用することは登記の際に認められないことが多いので、個人名義の口座を利用します。

金融機関は普段利用しているところでかまいません。国内であれば、信用金庫、ゆうちょ銀行、ネット銀行の口座でも大丈夫です。

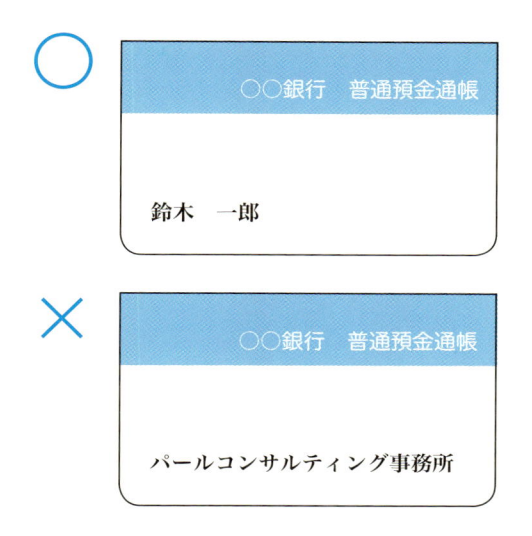

○ ○○銀行　普通預金通帳
　　鈴木　一郎

× ○○銀行　普通預金通帳
　　パールコンサルティング事務所

※ 鈴木一郎が個人事業として「パールコンサルティング事務所」の屋号で事業をしていたときの通帳は、認められないことが多いです。

資本金の払い込みをする時期

　具体的には、「定款で発起人が設立時に引き受ける株式の数を定めるため、**定款の作成日以後の日であれば問題ない**」ということになります。

　順番が前後して間違うと大変なので、**定款の認証をしたあとに払い込みをすれば問題ないでしょう。**

　定款の作成日より前の日付で資本金の払い込みをしてしまうと、法務局での登記の際に認められない可能性があるので、注意してください。

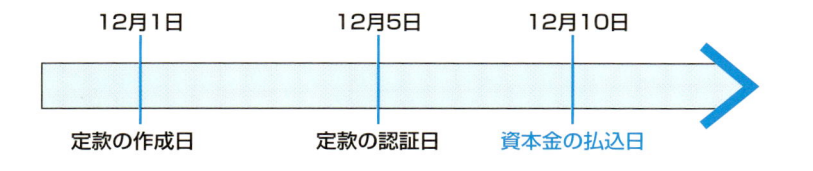

12月1日	12月5日	12月10日
定款の作成日	定款の認証日	資本金の払込日

4-2 資本金の払い込みをしよう
2. 資本金の払込方法と注意点

発起人が1人の場合

　発起人が1人であれば、発起人自身の口座に会社の資本金の額を入金（預け入れ）します。入金（預け入れ）は振込とは違って、通帳にお金を入れた人の氏名が記帳されませんが、発起人の口座に発起人自身がお金を入れたことがわかるので問題ありません。もちろん、発起人の氏名が記帳されるように、振込をしてもかまいません。

発起人が複数の場合

　発起人が複数であれば、設立時に引き受ける株式に応じた資本金の額を、発起人代表者の口座に各人にそれぞれ振り込んでもらいます。発起人代表者がほかの発起人から出資額を預かって、まとめて入金するやり方でもかまいませんが、**それぞれの名前と出資額が通帳に印字されるように、各人に振り込んでもらったほうがわかりやすくなります。**

発起人以外の名前による振込・入金

　発起人以外の名前による振込・入金は登記の審査で認められないので、発起人が経営する別会社名での振込や家族の名前での振込はしないようにしてください。

振込・入金時期

　通帳に単に残高があるだけでは登記は通らないので、定款の認証を受けた日以後に、新たに入金または振込をする必要があります。発起人の

● 平成24年12月5日に定款の認証を受け、12月10日に資本金の払い込みをする場合

● 発起人が1人で新たに口座をつくった場合の通帳印字例

	普通預金			00
	年月日	概要	お支払金額（円）	お預り金額（円）	差引残高（円）
1	24-12-10	新規		1,000,000	1,000,000
2					
...					

● 発起人が3人で、代表者の既存の口座に振り込んだ場合の通帳印字例

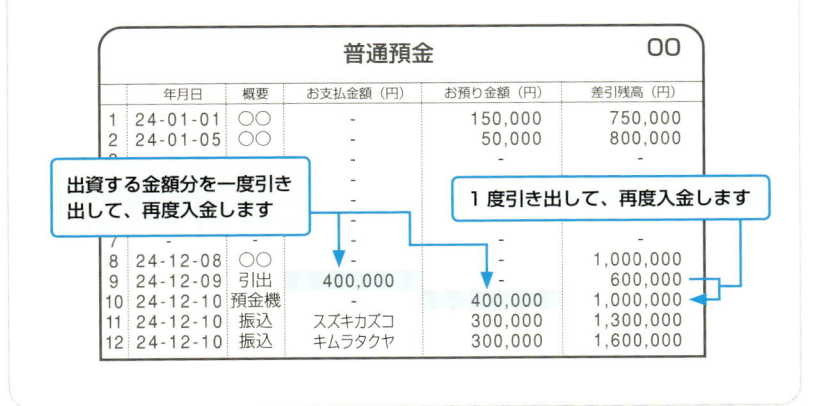

	普通預金			00
	年月日	概要	お支払金額（円）	お預り金額（円）	差引残高（円）
1	24-01-01	○○	-	150,000	750,000
2	24-01-05	○○	-	50,000	800,000
...					
8	24-12-08	○○	-	-	1,000,000
9	24-12-09	引出	400,000	-	600,000
10	24-12-10	預金機	-	400,000	1,000,000
11	24-12-10	振込 スズキカズコ	-	300,000	1,300,000
12	24-12-10	振込 キムラタクヤ	-	300,000	1,600,000

出資する金額分を一度引き出して、再度入金します

1度引き出して、再度入金します

個人の口座を利用するので、単に残高があるだけでは、そのお金が設立する会社に対する出資金なのかどうかがわからないため、定款認証以後の日付で、入金または振込をします。

たとえば、発起人代表者鈴木一郎の個人の口座に、定款の認証を受けた日より前に100万円の残高があったとします。会社の資本金を100万

円としたとき、口座には資本金に相当する額がすでに入っていることになります。しかし、定款の認証を受けた日以後の日付で、入金または振込をすることが必要となるので、いったん出金して再度入金をするか、新たに100万円を入金しなくてはなりません。

資本金は使ってもいい？

　資本金は会社の事業のためであれば、使っても問題ありません。資本金は事業の元手になるお金で、この元手を設備投資に充てたり、運転資金に回したりと、どれだけ効率よく配分できるかが、事業成功の鍵といえます。

　したがって、資本金の額を決める際は、当面の必要な資金以上の額にする必要があります。当面必要な資金は、運転資金と当初の設備投資額の合計になります（資本金の決め方は58頁参照）。

　また、当初発起人の口座に振り込まれた資本金は、設立後、会社で開設する口座へ振り替えることになりますが、振替前にお金が必要になった場合には、引き出して使うこともできます。ただし、資本金の使い道は、事業に関することだけで、個人的な使用はできません。

❶ 資本金の払い込みをする時期は、定款の認証を受けたあとにすること
❷ 単に残高があるだけではダメで、再入金が必要だということ

この2点に注意しましょう！

4-2 資本金の払い込みをしよう

3. 資本金の払込や現物出資の証明書をつくろう

取締役が調査をする

　会社設立時の取締役になっている人は、発起人からなされた資本金の払込や現物出資の調査をします。

　具体的には、**出資が金銭だけなら、発起人代表者の個人口座に資本金全額の入金または振込がなされているかを確認します。**

　現物出資がある場合は、検査役の選任を要する場合を除き、定款に記載または記録された価額が相当であるかの調査、弁護士や税理士、公認会計士などによって現物出資財産に関する証明がなされているときはその証明が相当であることの調査が必要になります。

資本金の払込証明書をつくろう（金銭の場合）

　設立時の取締役などによる調査が終わったら、資本金の払込があったことの証明書（これを「**払込証明書**」といいます）を作成します。

　払込証明書は、資本金の払込がされた発起人代表者の通帳のコピーと一緒にホチキスでとじます。通帳のコピーは、通帳の表紙、支店名などの記載がある裏表紙、払込の記録が印字されている頁の合計3頁（払込の記載が数頁にわたる場合は該当頁すべて）のコピーをとります。用紙はA4縦サイズでコピーをとります。払込証明書と通帳のコピーのとじ方は、定款のとじ方と同様で、ホチキスで留めて各ページに契印をするか、袋とじにして製本テープと紙の継ぎ目に契印をするかのどちらかにします（107頁参照）。

　通帳の振込・入金の該当個所には、わかりやすいように蛍光ペンなどで線を引いておきます。

　※ 募集設立の場合は「株式払込金保管証明書」を金融機関から出してもらわなければなりません。

● 払込があったことを証する書面例

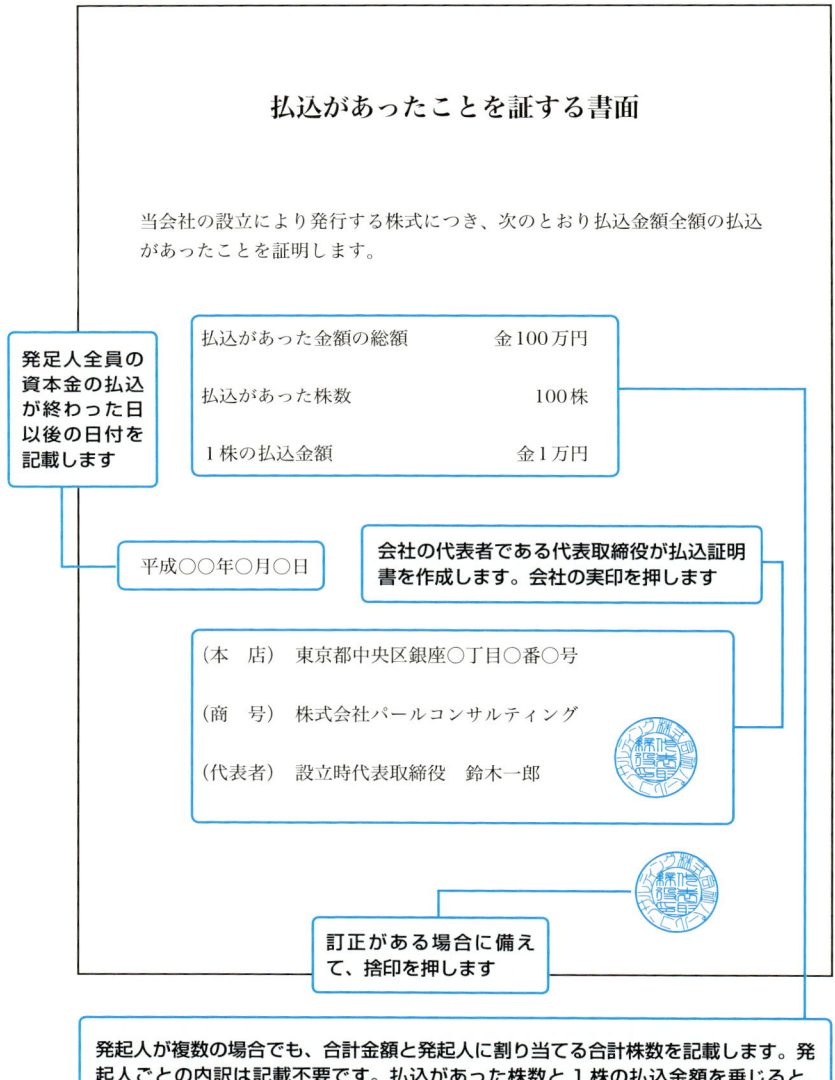

払込があったことを証する書面

当会社の設立により発行する株式につき、次のとおり払込金額全額の払込があったことを証明します。

払込があった金額の総額　　　　　金100万円

払込があった株数　　　　　　　　100株

1株の払込金額　　　　　　　　　金1万円

平成○○年○月○日

（本　店）　東京都中央区銀座○丁目○番○号

（商　号）　株式会社パールコンサルティング

（代表者）　設立時代表取締役　鈴木一郎

> 発足人全員の資本金の払込が終わった日以後の日付を記載します

> 会社の代表者である代表取締役が払込証明書を作成します。会社の実印を押します

> 訂正がある場合に備えて、捨印を押します

> 発起人が複数の場合でも、合計金額と発起人に割り当てる合計株数を記載します。発起人ごとの内訳は記載不要です。払込があった株数と1株の払込金額を乗じると、資本金である払込があった金額の総額になります。計算が合わないようなら、記載に間違いがあることになるので見直しましょう
> 　100株　×　1万円　＝　100万円
> 　合計株数　1株の金額　資本金

● 通帳のコピーを取る頁

● 表紙

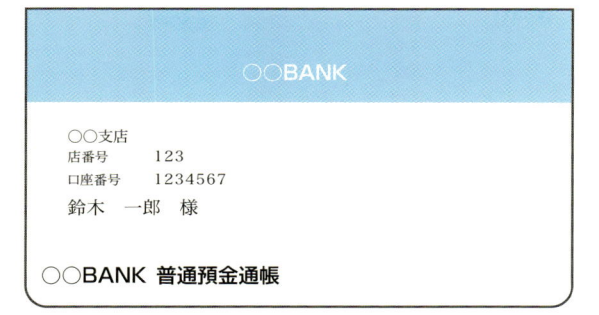

○○BANK

○○支店
店番号　　123
口座番号　1234567

鈴木　一郎　様

○○BANK　普通預金通帳

● 裏表紙（表紙を1枚めくった頁）

○○BANK　普通預金

おなまえ
スズキ　イチロウ　様

店番号　　口座番号
123　　　1234567

お取引店　　○○支店　電話00-0000-0000

ご案内　○○○○○○○○○○○○○○○○○○○○○○○○
　　　　○○○○○○○○○○○○○○○○○○○○○○○○
お願い　○○○○○○○○○○○○○○○○○○○○○○○○
　　　　○○○○○○○○○○○○○○○○○○○○○○○○

● 入金・振込の頁

	普通預金			00
	年月日	概要	お支払金額（円）　お預り金額（円）	差引残高（円）
1	24-12-10	新規	1,000,000	1,000,000
2				
3				
4				
5				
6				
7				
8				
9				
10				
11				
12				

> コピーをしたら、出資に該当する個所に蛍光ペンなどで線を引きます

159

● 払込証明書のとじ方

❶ 1枚目を証明書、2枚目を通帳の表紙、3枚目を通帳の裏表紙、4枚目を入金・振込のページの順番にして左側上下2カ所をホチキスで留める。

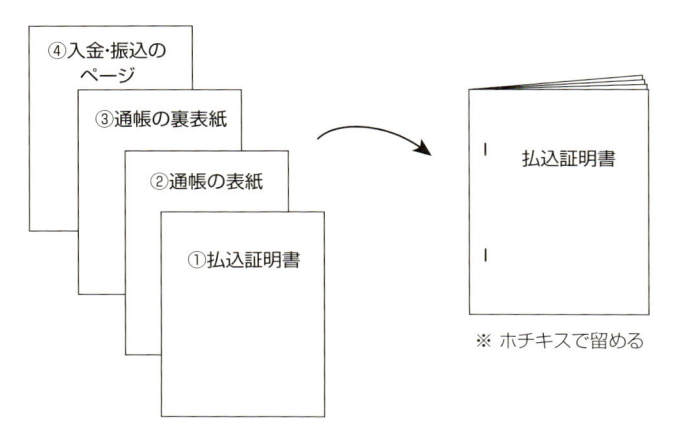

④入金・振込のページ
③通帳の裏表紙
②通帳の表紙
①払込証明書

払込証明書

※ ホチキスで留める

❷ 各ページに契印(割印)をする(または袋とじにして、継ぎ目に契印)。

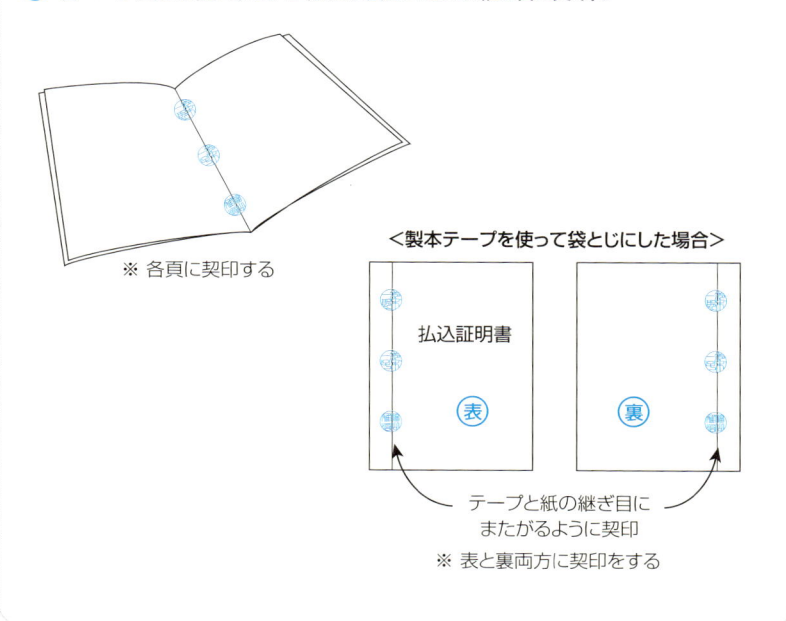

※ 各頁に契印する

＜製本テープを使って袋とじにした場合＞

払込証明書
(表)   (裏)

テープと紙の継ぎ目に
またがるように契印

※ 表と裏両方に契印をする

現物出資の調査報告書を作成しよう
（現物出資がある場合）

　現物出資がある場合は、設立時の取締役などの調査報告書を作成します。次頁の調査報告書は現物出資の額が500万円以下の場合ですが、500万円を超えた場合は検査役の選任申立をするか、弁護士や税理士などの専門家の証明書（不動産については、不動産鑑定士の鑑定評価も必要）が別途必要となります。**手続きが複雑になるので、現物出資は500万円以下の範囲内に抑えるようにしましょう。**

　なお、**金銭の払込と現物出資を組みあわせる場合は、「払込証明書」と「調査報告書」の２つが必要となります。**

● 調査報告書例
　　（※ 現物出資をする物の価額が500万円以下の場合）

> 会社法第46条は、設立時取締役が調査する事項について規定しています。取締役会設置会社のように監査役を置いている場合は、取締役および監査役が調査を行います。その場合は、「取締役」を「取締役および監査役」に変えてください

調査報告書

　私たちは、株式会社パールコンサルティングの設立時取締役に選任されましたので、会社法第46条の規定に基づいて調査を行いました。
　その結果は次のとおりであり、法令もしくは当会社の定款に違反し、または不当な事項は認められません。

調査事項

1　定款に記載された現物出資財産の価額に関する事項（会社法第33条第10項第1号に該当する事項）
　定款に定めた、現物出資をする者は発起人鈴木一郎であり、出資の目的たる財産、その価格ならびにこれに対し割り当てる設立時発行株式の種類および数は下記のとおりである。

> 現物出資をする発起人の氏名を記載します。会社法第33条第10項第1号とは、現物出資する物の価額が500万円以下である場合に検査役の選任が不要であることを規定しています

（次頁に続く）

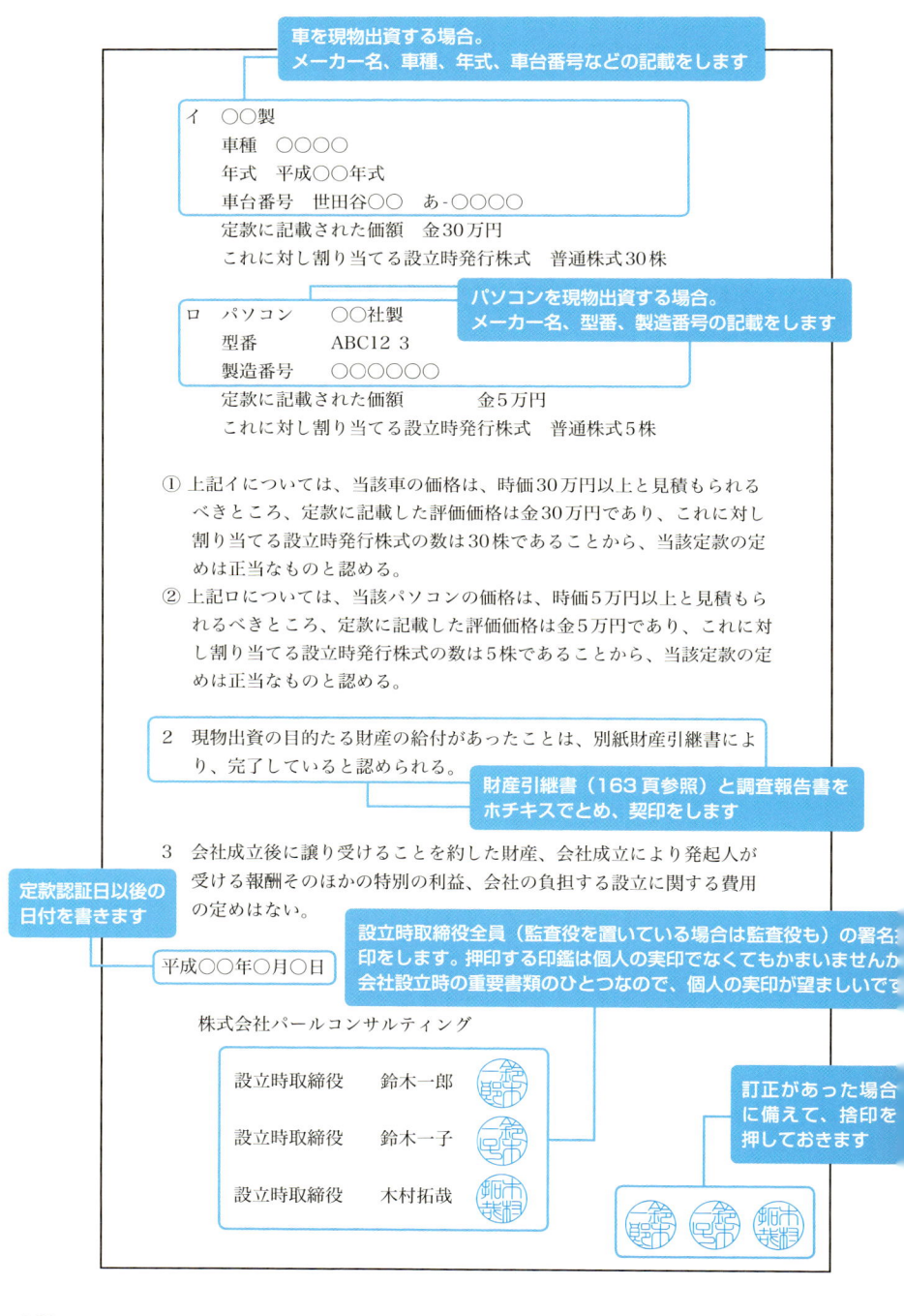

> 車を現物出資する場合。
> メーカー名、車種、年式、車台番号などの記載をします

　　イ　〇〇製
　　　　車種　〇〇〇〇
　　　　年式　平成〇〇年式
　　　　車台番号　世田谷〇〇　あ-〇〇〇〇
　　　定款に記載された価額　金30万円
　　　これに対し割り当てる設立時発行株式　普通株式30株

> パソコンを現物出資する場合。
> メーカー名、型番、製造番号の記載をします

　　ロ　パソコン　〇〇社製
　　　　型番　　　ABC123
　　　　製造番号　〇〇〇〇〇〇
　　　定款に記載された価額　　　金5万円
　　　これに対し割り当てる設立時発行株式　普通株式5株

① 上記イについては、当該車の価格は、時価30万円以上と見積もられるべきところ、定款に記載した評価価格は金30万円であり、これに対し割り当てる設立時発行株式の数は30株であることから、当該定款の定めは正当なものと認める。
② 上記ロについては、当該パソコンの価格は、時価5万円以上と見積もられるべきところ、定款に記載した評価価格は金5万円であり、これに対し割り当てる設立時発行株式の数は5株であることから、当該定款の定めは正当なものと認める。

2　現物出資の目的たる財産の給付があったことは、別紙財産引継書により、完了していると認められる。

> 財産引継書（163頁参照）と調査報告書をホチキスでとめ、契印をします

3　会社成立後に譲り受けることを約した財産、会社成立により発起人が受ける報酬そのほかの特別の利益、会社の負担する設立に関する費用の定めはない。

> 定款認証日以後の日付を書きます

　　平成〇〇年〇月〇日

　　　株式会社パールコンサルティング

　　　　　設立時取締役　鈴木一郎　㊞

　　　　　設立時取締役　鈴木一子　㊞

　　　　　設立時取締役　木村拓哉　㊞

> 設立時取締役全員（監査役を置いている場合は監査役も）の署名押印をします。押印する印鑑は個人の実印でなくてもかまいませんが、会社設立時の重要書類のひとつなので、個人の実印が望ましいです

> 訂正があった場合に備えて、捨印を押しておきます

● 財産引継書例
（※ 現物出資をする物の価額が 500 万円以下の場合）

> 現物出資をする発起人の署名押印をします。押印する印鑑は実印でなくてもかまいませんが、会社設立時の重要書類のひとつなので、実印を押すようにしましょう

財産引継書

私所有の下記財産を現物出資として給付します。

平成〇〇年〇月〇日

> 定款認証日以後の日付を書きます

　　　　　　　東京都中央区新富〇丁目〇番〇号
　　　　　　　発　起　人　鈴木一郎　㊞

東京都中央区銀座〇丁目〇番〇号
　株式会社パールコンサルティング発起人　御中

> 現物出資をする物を書きます

記

1. 〇〇製
　　車種　〇〇〇〇
　　年式　平成〇〇年式
　　車台番号　世田谷〇〇　あ-〇〇〇〇
　　価額　金30万円

2. パソコン　　〇〇社製
　　型番　　　ABC123
　　製造番号　〇〇〇〇〇〇
　　価額　　　金5万円

> 訂正があった場合に備えて捨印を押します

4-3 登記に必要な書類

1. 登記（発起設立）で必要な書類の確認

チェックシートで確認しよう

　登記を申請する際には、まず登記申請書を作成する必要がありますが、登記申請書のほかにもいくつかの書類を一緒に添付して申請しなければなりません。ここまでで作成してきた「定款」や「払込を証する証明書」も添付する書類のひとつです。

　発起設立で必要な書類は、取締役会を設置する会社かどうか、現物出資をするかどうかで若干異なります。

　書類に不備があると、修正をするために法務局へ再度出向かなければならなかったり、後日再提出することになったりして、審査の期間が延びてしまいます。

　また、修正で処理できないようなミスであれば、一度申請を取り下げて、再度申請をしなければいけないこともあります。**再申請になると会社設立日が変わってしまうばかりか、納めた登録免許税の還付手続きをしなければならなかったりと、余計な手間がかかってしまいます。**そのような事態にならないようにするためにも、書類を作成するときは、不備がないように正確に作成するよう心がけます。

　また、書類ごとに署名押印する人が異なるので、誰がどの印鑑を押すのかも注意しましょう。書類の不備として一番多いのは、印鑑にまつわるミスです。押す印鑑が違っていたり、きちんと押印することができなくて印影が欠けていたり、うっかり押印漏れがないように気をつけましょう。

　どの書類を作成し、誰が書類に押印すればよいのかをわかりやすいように表にしてあるので、必要に応じて「取締役会を設置しない会社の場合の必要書類一覧表（チェックシート）」か「取締役会を設置する会社の場合の必要書類一覧表（チェックシート）」をコピーしてください。

● 取締役会を設置しない会社の場合の必要書類一覧表（チェックシート）

	用意する書類	署名捺印者	印鑑	説明
1-1	登記申請書	代表取締役	会社実印	167頁
1-2	登録免許税納付用台紙			
1-3	OCR用紙またはFD、CD-R			
2	定款	発起人	個人実印	111頁
3	発起人の決定書	発起人	個人印（実印が望ましい）	180頁
4	取締役の就任承諾書	取締役	個人実印	182頁
5	代表取締役の就任承諾書[※1]	代表取締役	個人実印	184頁
6	取締役全員の印鑑証明書			
7	払込を証する証明書	代表取締役	会社実印	157頁
8	（取締役などの調査報告書）	取締役[※3]	個人印（実印が望ましい）	157頁 現物出資がある場合のみ[※2]
9	（資本金の額の計上に関する証明書）	代表取締役	会社実印	185頁 現物出資がある場合のみ[※2]
10	印鑑届出書	代表取締役	会社実印、個人実印	187頁
11	印鑑カード交付申請書（記載例は203頁）	代表取締役	会社実印	202頁（登記が完了したあとに提出する）

※1 取締役が1名の場合は、自動的にその人が代表取締役になるため、代表取締役の就任承諾書は不要です。
※2 現物出資が500万円を超える場合は、裁判所に検査役の選任を申し立てるか、弁護士や税理士の証明書などが別途必要となります。
※3 監査役を置いている場合は、監査役も調査に加わる場合があります（161頁参照）。

（次頁に続く）

● 取締役会を設置する会社の場合の必要書類一覧表（チェックシート）

	用意する書類	署名捺印者	印鑑	説明
1-1	登記申請書	代表取締役	会社実印	167頁
1-2	登録免許税納付用台紙			
1-3	OCR用紙またはFD、CD-R			
2	定款	発起人	個人実印	120頁
3	発起人の決定書	発起人	個人印（実印が望ましい）	180頁
4	取締役の就任承諾書	取締役	個人印（実印が望ましい）	182頁
5	代表取締役の就任承諾書	代表取締役	個人実印	184頁
6	監査役の就任承諾書	監査役	個人印（実印が望ましい）	184頁
7	代表取締役の印鑑証明書			
8	払込を証する証明書	代表取締役	会社実印	157頁
9	（取締役などの調査報告書）	取締役、監査役	個人印（実印が望ましい）	157頁 ※現物出資がある場合のみ
10	（資本金の額の計上に関する証明書）	代表取締役	会社実印	185頁 ※現物出資がある場合のみ
11	印鑑届出書	代表取締役	会社実印、個人実印	187頁
12	印鑑カード交付申請書（記載例は203頁）	代表取締役	会社実印	202頁（登記が完了したあとに提出する）

※ 現物出資が500万円を超える場合は、裁判所に検査役の選任を申し立てるか、弁護士や税理士の証明書などが別途必要となります。

4-3 登記に必要な書類

2. 登記申請書をつくろう

登記申請書の作成時の注意点

❶ **登記申請書は、パソコンやワープロで作成し、プリンターから出力します。**手書きでもかまいませんが、鉛筆書きは不可なので、黒インクのボールペンなどで書きます。

❷ **申請書は横書きで書きます。**

❸ 用紙は、A4サイズの用紙を用いて、紙質は登記申請書の保存期間である5年に耐える程度の用紙を使用します。一般的な白色のコピー用紙でかまいません。

❹ 登記申請書（「登録免許税納付用台紙」含む）が2枚以上にわたる場合は契印をし、訂正がある場合には訂正印を押して「○字削除」「○字加筆」と記載する点は、定款の作成のときと同じです。

❺ 登記申請書は、登記すべき事項の記載用として「**OCR用申請用紙**」（175頁参照）、収入印紙を貼る用紙として「**登録免許税納付用台紙**」（174頁参照）を別で用意します。

170頁の登記申請書例を参考に、パソコンやワープロで一から作成してもかまいませんが、法務省のサイトから申請書などをダウンロードできるので利用すると便利です。

> 法務省（商業・法人登記申請）：
> http://www.moj.go.jp/ONLINE/COMMERCE/11-1.html

登記申請書の1枚目の最下部は、受付番号票の貼付欄としてスペースを空けておきます。法務局では、受け付けた順に番号が振られ、その受付番号が書かれた受付番号票（通常はシールになっています）を登記申請書に貼ります。

167

登記申請書の記載のしかた（170頁以降参照）

● 登記の事由（❶）

「登記の事由」は、発起設立の場合は「平成○○年○月○日発起設立の手続終了」と記載します。

「発起設立の手続きが終了した年月日」は、通常は取締役が行う出資の履行の調査などが終わった日になるので、「払込を証する証明書に記載した年月日」を記入します。

そして、発起設立の手続きが終了した年月日として記入した日から、2週間以内に登記の申請を行います。

● 登記すべき事項（❷）

「登記すべき事項」は、登記申請書の中で最も重要な部分です。ここに記載または記録している内容どおりに登記がされます。

「登記する事項一覧」（150頁参照）に記載している登記事項を書きますが、実務上は、実際の申請書には「別紙のとおり」と記載し、別途、登記事項を「OCR用申請用紙」（175頁参照）に印字したものを提出します。

OCR用申請用紙を提出する代わりに、CD-Rやフロッピーディスクなどの磁気ディスクに入力したものを提出しても差し支えありません。その場合は、「別添CD-Rのとおり」のように記載してください。

「登記すべき事項」に記入した内容が登記に反映されるので、会社の商号や目的などは定款に記載してあるとおりに、役員の住所・氏名については印鑑証明書に記載してあるとおりに、正確に記載します。

● 課税標準金額（❸）

「課税標準金額」とは、登録免許税を算出するもとになる金額で、設立の場合は、「資本金の額」を記載します。桁が大きい場合は、「億」「万」などの単位を示す文字を用いてかまいませんが、「千」は使用しません。

たとえば、300万円、300万5,000円といったような書き方をします。また、1,000円未満は切り捨て、資本金の額が1円の場合のように、1,000円未満の場合は、1,000円と記載します。

● 登録免許税（❹）

　登記のときにかかる税金である「登録免許税」は、「資本金の額の1,000分の7（0.7％）」となります。算出した額が15万円に満たない場合は、15万円となります。100円未満の端数があるときは、その端数金額は切り捨てます。

　資本金の額が100万円の場合、1,000分の7を乗じた額が7,000円となり、15万円に満たないので登録免許税は15万円となります。ちなみに登録免許税が15万円を超えるのは、資本金の額が約2,200万円以上の場合になるので、中小企業の多くの会社で登録免許税は15万円となります。

　登録免許税は、あとから納めるのではなく、登記の申請のときに納めます。よって、登録免許税を納めなければ、いくら書類がそろっていても登記が完了しません。

```
資本金が100万円   ：100万円×0.7％＝7,000円＜15万円
                            ⇒ 登録免許税は15万円
資本金が1,000万円 ：1,000万円×0.7％＝7万円＜15万円
                            ⇒ 登録免許税は15万円
資本金が3,000万円 ：3,000万円×0.7％＝21万円＞15万円
                            ⇒ 登録免許税は21万円
```

● 申請年月日、申請人（❺）

　申請人として会社の本店（住所）、商号、代表取締役の住所・氏名を記載します。補正がある場合、連絡をもらえるように連絡先電話番号も記入しておきます。連絡先電話番号は日中連絡が取れる番号を書きます。携帯電話の番号でもかまいません。法務局によっては、申請書の左上に鉛筆書きで連絡先および担当者名を記載するよう指示するところもあるので、事前に窓口で確認してください。

● 申請先法務局名（❻）

　最後に、申請書を提出する法務局名を記載します。会社の本店が東京都中央区にある場合は、東京法務局が管轄になるので、「東京法務局 御中」と記載します。

● 登記申請書例 ❶　取締役会非設置［取締役が1人で（定款で取締役を決めている）、金銭の出資のみの場合］

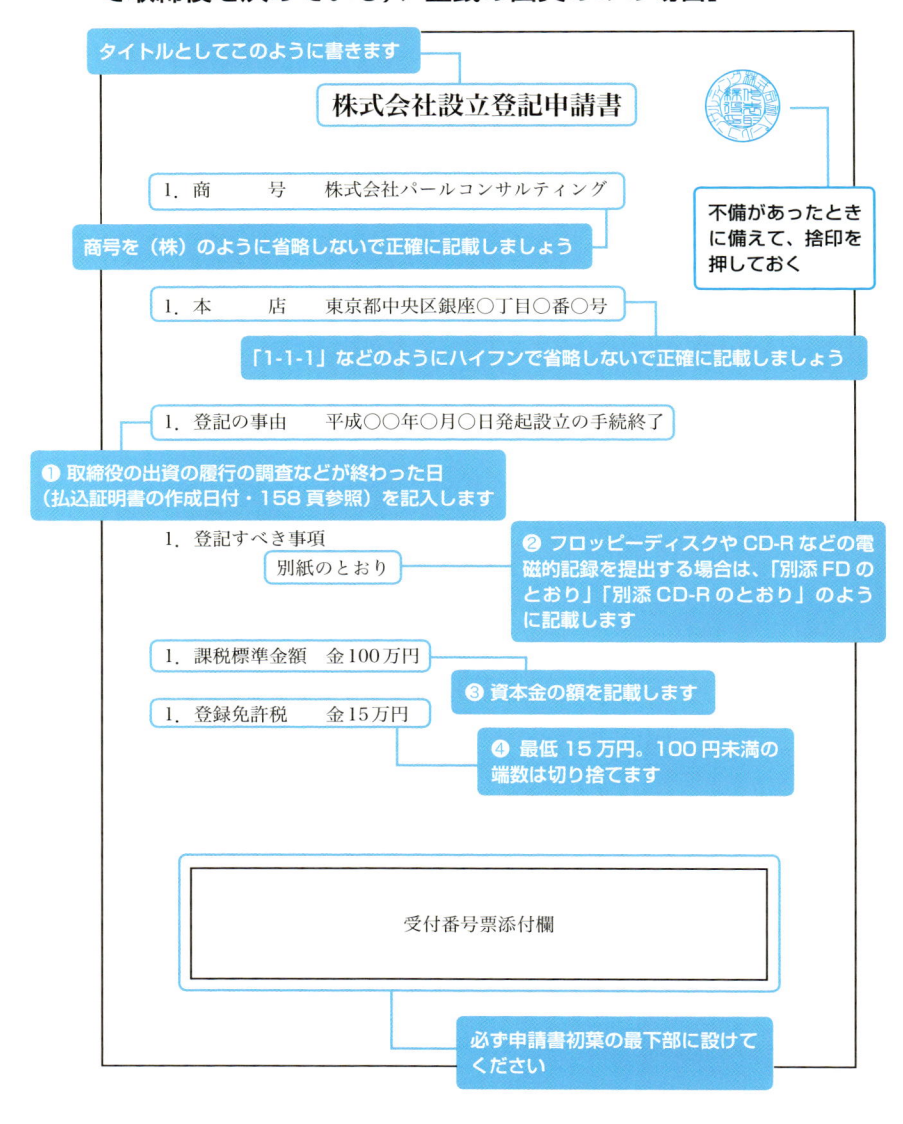

<u>タイトルとしてこのように書きます</u>

株式会社設立登記申請書

1．商　　　号　　株式会社パールコンサルティング

<u>商号を（株）のように省略しないで正確に記載しましょう</u>

<u>不備があったときに備えて、捨印を押しておく</u>

1．本　　　店　　東京都中央区銀座○丁目○番○号

<u>「1-1-1」などのようにハイフンで省略しないで正確に記載しましょう</u>

1．登記の事由　　平成○○年○月○日発起設立の手続終了

❶ 取締役の出資の履行の調査などが終わった日（払込証明書の作成日付・158頁参照）を記入します

1．登記すべき事項
　　　　　　別紙のとおり

❷ フロッピーディスクやCD-Rなどの電磁的記録を提出する場合は、「別添FDのとおり」「別添CD-Rのとおり」のように記載します

1．課税標準金額　　金100万円

❸ 資本金の額を記載します

1．登録免許税　　　金15万円

❹ 最低15万円。100円未満の端数は切り捨てます

受付番号票添付欄

必ず申請書初葉の最下部に設けてください

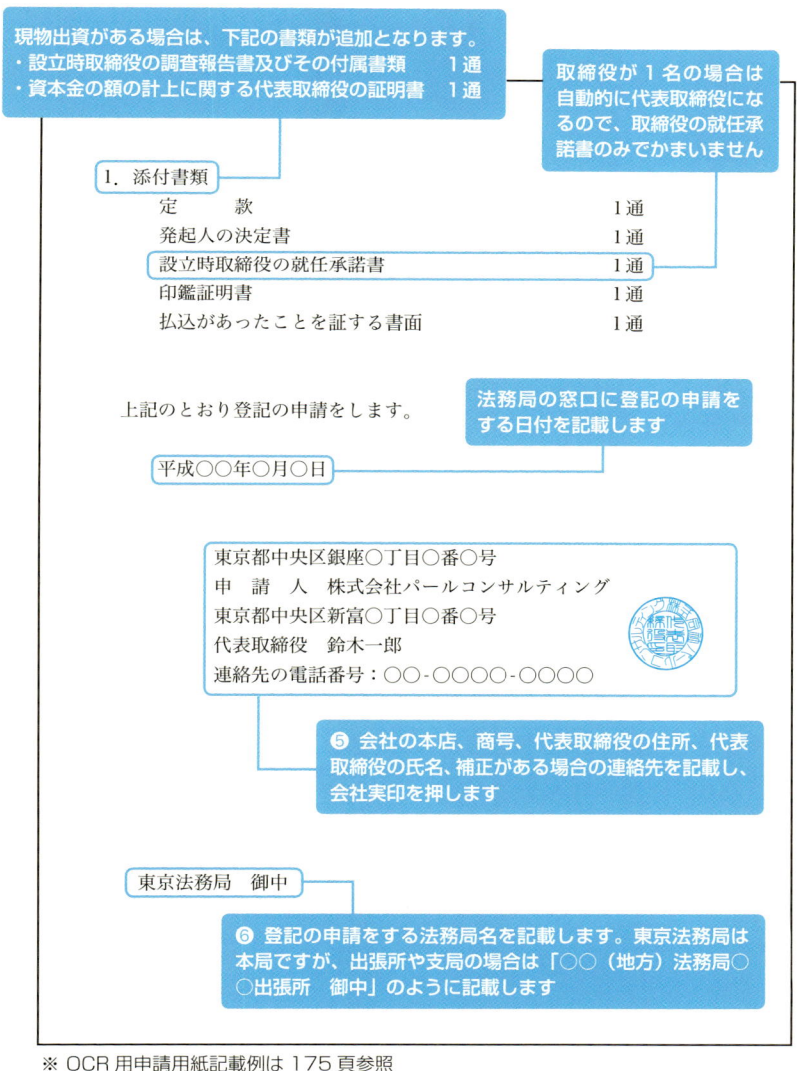

現物出資がある場合は、下記の書類が追加となります。
・設立時取締役の調査報告書及びその付属書類　1通
・資本金の額の計上に関する代表取締役の証明書　1通

取締役が1名の場合は自動的に代表取締役になるので、取締役の就任承諾書のみでかまいません

1．添付書類
　　定　　款　　　　　　　　　　　　　　　1通
　　発起人の決定書　　　　　　　　　　　　1通
　　設立時取締役の就任承諾書　　　　　　　1通
　　印鑑証明書　　　　　　　　　　　　　　1通
　　払込があったことを証する書面　　　　　1通

上記のとおり登記の申請をします。

法務局の窓口に登記の申請をする日付を記載します

平成〇〇年〇月〇日

東京都中央区銀座〇丁目〇番〇号
申　請　人　株式会社パールコンサルティング
東京都中央区新富〇丁目〇番〇号
代表取締役　鈴木一郎
連絡先の電話番号：〇〇-〇〇〇〇-〇〇〇〇

❺ 会社の本店、商号、代表取締役の住所、代表取締役の氏名、補正がある場合の連絡先を記載し、会社実印を押します

東京法務局　御中

❻ 登記の申請をする法務局名を記載します。東京法務局は本局ですが、出張所や支局の場合は「〇〇（地方）法務局〇〇出張所　御中」のように記載します

※ OCR用申請用紙記載例は175頁参照

（次頁に続く）

● 登記申請書例 ❷ 取締役会設置［取締役が3人、代表取締役1名、監査役1名（定款で取締役・監査役・代表取締役を決めている）、金銭の出資のみの場合］

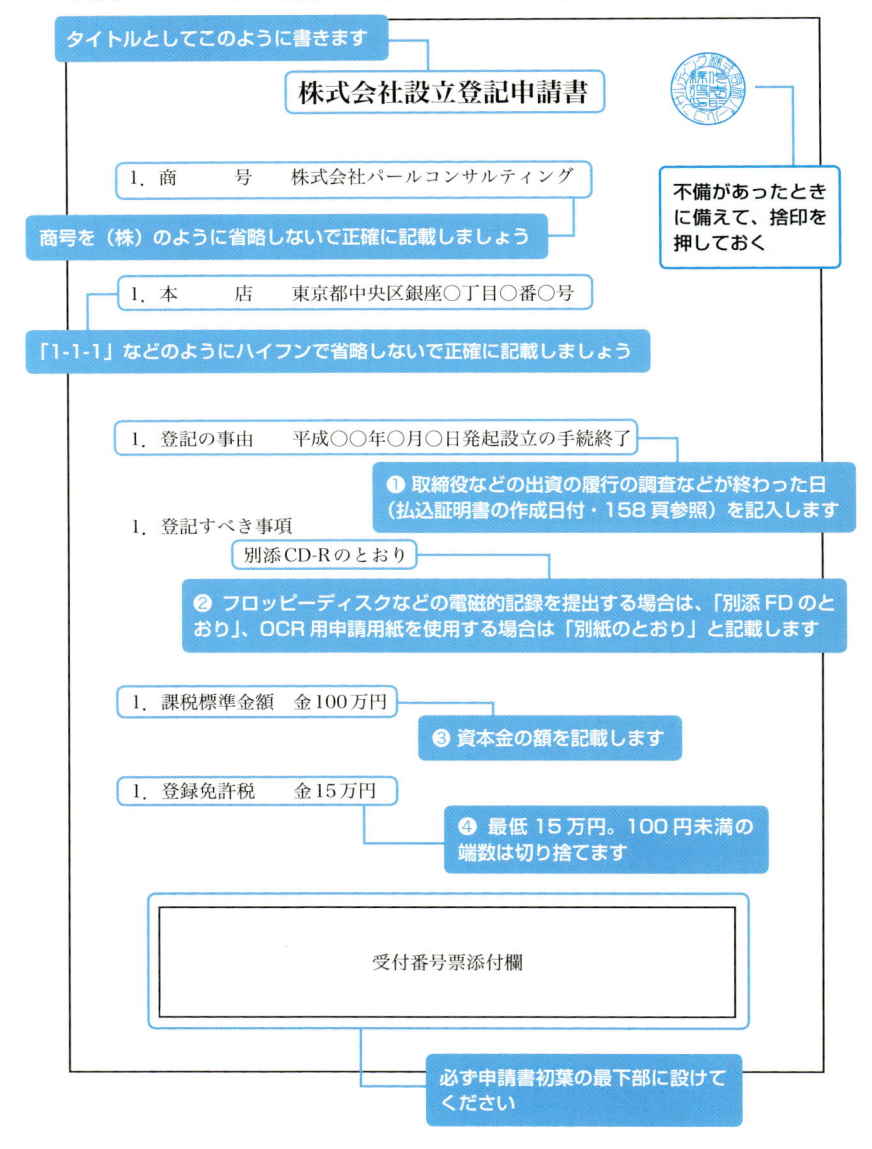

タイトルとしてこのように書きます → 株式会社設立登記申請書

（印）← 不備があったときに備えて、捨印を押しておく

1. 商　　　号　　株式会社パールコンサルティング

商号を（株）のように省略しないで正確に記載しましょう

1. 本　　　店　　東京都中央区銀座○丁目○番○号

「1-1-1」などのようにハイフンで省略しないで正確に記載しましょう

1. 登記の事由　　平成○○年○月○日発起設立の手続終了

❶ 取締役などの出資の履行の調査などが終わった日（払込証明書の作成日付・158頁参照）を記入します

1. 登記すべき事項
　　　　　別添CD-Rのとおり

❷ フロッピーディスクなどの電磁的記録を提出する場合は、「別添FDのとおり」、OCR用申請用紙を使用する場合は「別紙のとおり」と記載します

1. 課税標準金額　　金100万円

❸ 資本金の額を記載します

1. 登録免許税　　金15万円

❹ 最低15万円。100円未満の端数は切り捨てます

受付番号票添付欄

必ず申請書初葉の最下部に設けてください

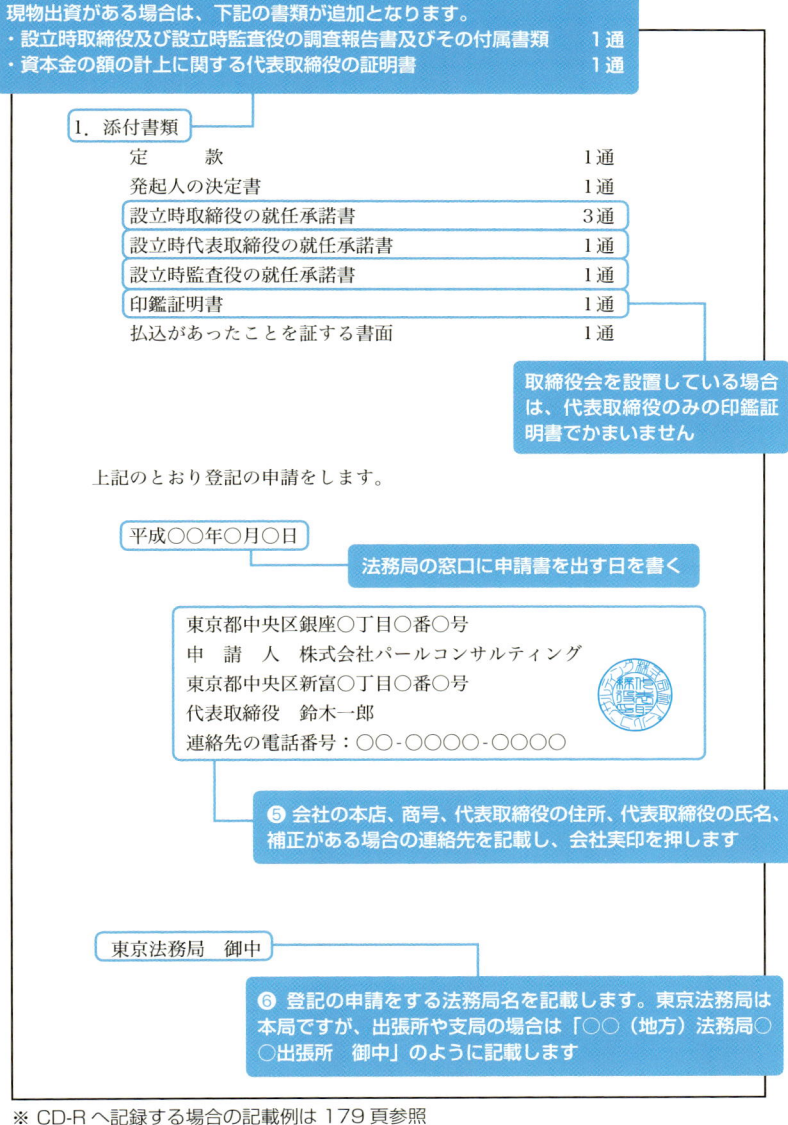

> 現物出資がある場合は、下記の書類が追加となります。
> ・設立時取締役及び設立時監査役の調査報告書及びその付属書類　1通
> ・資本金の額の計上に関する代表取締役の証明書　　　　　　　　1通

1．添付書類

定款	1通
発起人の決定書	1通
設立時取締役の就任承諾書	3通
設立時代表取締役の就任承諾書	1通
設立時監査役の就任承諾書	1通
印鑑証明書	1通
払込があったことを証する書面	1通

> 取締役会を設置している場合は、代表取締役のみの印鑑証明書でかまいません

上記のとおり登記の申請をします。

平成○○年○月○日

> 法務局の窓口に申請書を出す日を書く

東京都中央区銀座○丁目○番○号
申　請　人　株式会社パールコンサルティング
東京都中央区新富○丁目○番○号
代表取締役　鈴木一郎
連絡先の電話番号：○○-○○○○-○○○○

> ❺ 会社の本店、商号、代表取締役の住所、代表取締役の氏名、補正がある場合の連絡先を記載し、会社実印を押します

東京法務局　御中

> ❻ 登記の申請をする法務局名を記載します。東京法務局は本局ですが、出張所や支局の場合は「○○（地方）法務局○○出張所　御中」のように記載します

※ CD-Rへ記録する場合の記載例は179頁参照

登録免許税納付用台紙は自作します

「登録免許税」は「収入印紙」で納めます。法務局の窓口で、現金で登録免許税を支払うことはできないので、収入印紙を購入して台紙に貼り付けておきます。登記申請書の余白に貼り付けてもかまいませんが、登記申請書に不備があって差し替える場合に支障があるので、別に台紙を用意します。台紙はA4のコピー用紙でもかまいません。台紙となる紙を用意し、真ん中あたりに収入印紙を貼ります。

収入印紙には、消印をしないでください。汚したり、消印をすると、無効になってしまいます。収入印紙は郵便局で購入できるほか、法務局内の印紙売場でも購入できます。15万円分の収入印紙を購入すればよいので、印紙の額面の組みあわせは自由でかまいません。

登記申請書と登録免許税納付用台紙は、ほかの添付書類と一緒にホチキスでとじ、登記申請書と登録免許税納付用台紙との継ぎ目に会社実印で契印をします。

OCR用申請用紙

文字を読み取るOCR専用の登記申請用紙を「OCR用申請用紙」といい、法務局の窓口で無料でもらえます。OCR用紙はクリーム色のB5サイズの用紙です。**登記事項の名称は「」（かぎかっこ）でくくり、各項目を記載していきます。**読み取られた情報が登記に反映されるので、誤字脱字がないように注意します。

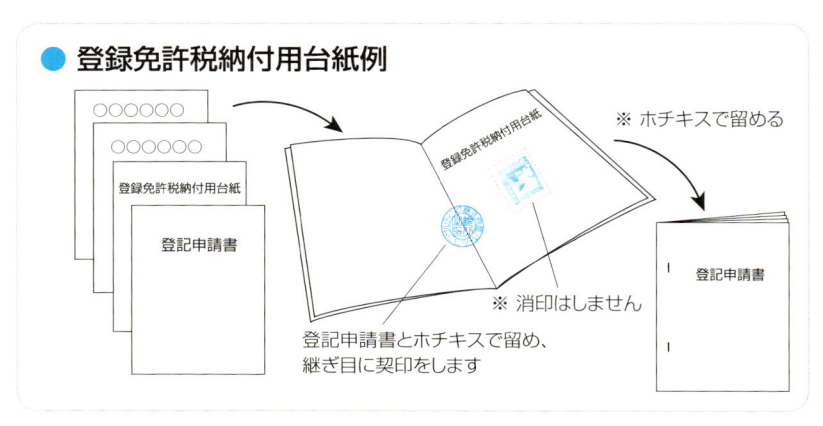

● 登録免許税納付用台紙例

※ ホチキスで留める
※ 消印はしません
登記申請書とホチキスで留め、継ぎ目に契印をします

● OCR用申請用紙例（取締役会非設置の場合）

● 1枚目

> 「株」にマルをつけ、手書きで商号を書く

別紙
1. ワードプロセッサー又は邦文タイプライターで記載してください。
2. 枠内に記載し、枠内では文字ピッチ・行ピッチを変えないでください。
3. 半角/倍角文字、上付／下付文字、下線等の文字装飾は行わないでください。
4. 用紙を破ったり、折り曲げたり、汚したり、修正液、修正テープ、糊張りは行わないでください。

(㈱) 有 資 名 他
((商号) パールコンサルティング)　1／2頁

> 何枚目かを手書きで書きます

「商号」株式会社パールコンサルティング
「本店」東京都中央区銀座○丁目○番○号
「公告をする方法」電子公告による方法とする。ただし、事故そのほかのやむを得ない事由によって電子公告ができない場合の公告方法は、官報に掲載する方法とする。
http://www.00000.com
「目的」
1. ウェブサイト作成業務
2. インターネットによる情報提供サービスおよび通信販売、広告業務
3. 前各号に附帯関連する一切の業務
「発行可能株式総数」1000株
「発行済株式の総数」100株
「資本の額」金100万円
「株式の譲渡制限に関する規定」
当会社の発行する株式の譲渡による取得については、代表取締役の承認を受けなければならない。
「役員に関する事項」
「資格」取締役
「氏名」鈴木一郎
「役員に関する事項」
「資格」代表取締役
「住所」東京都中央区新富○丁目○番○号
「氏名」鈴木一郎
「登記記録に関する事項」

> 官報公告の場合の記載例は179頁参照

> 電子公告をする場合にはURLを記入します。FC2などの無料サブドメインサービスを利用すれば「.com」のURLを取得することができます

> 役員が複数いる場合は、同様に記入して列挙します

> 代表取締役になった人は、取締役としての地位と代表取締役としての地位の2つの地位を有するので、それぞれに記載します。
> 代表取締役については、住所の記載が必要です

訂正印　申請人印

> 会社実印を押します

（次頁に続く）

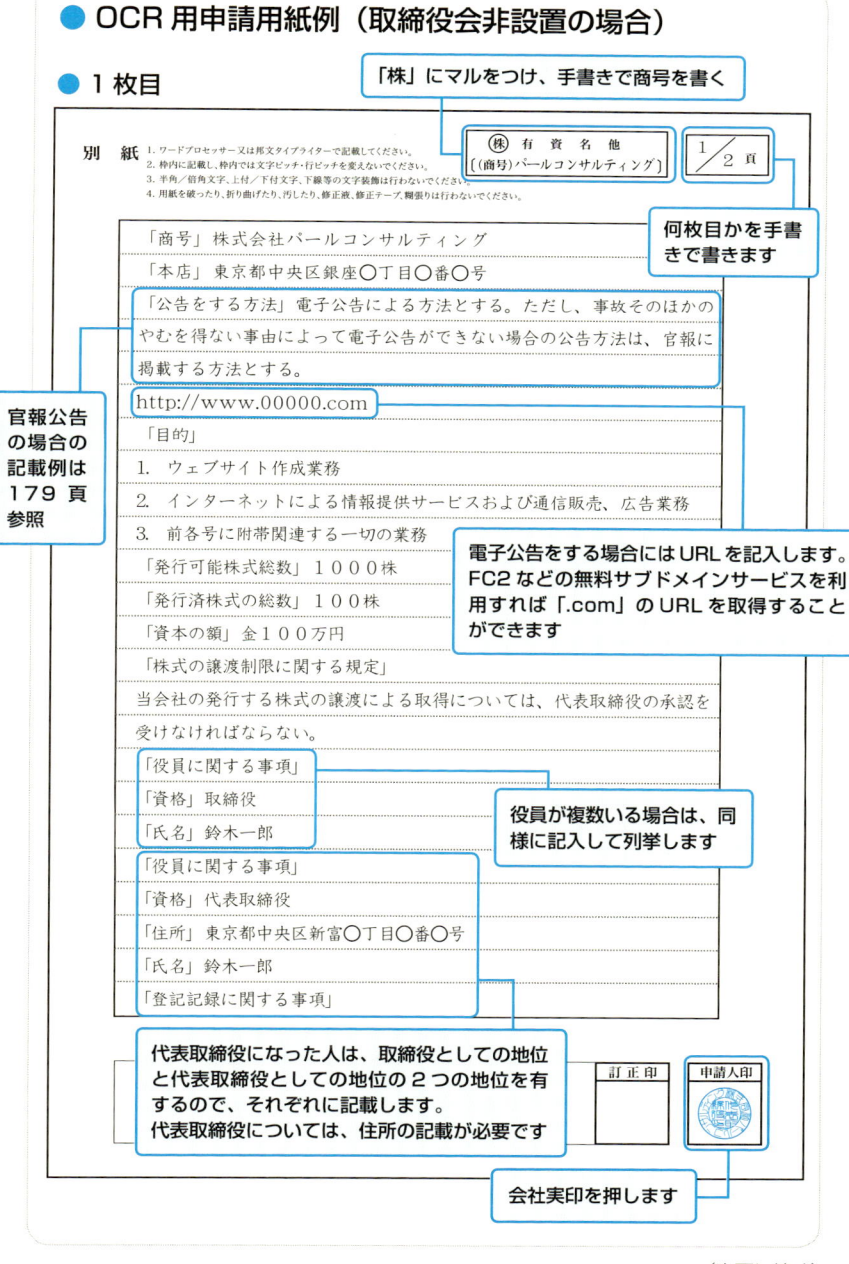

● 2枚目

1枚目と同様に書きます（手書き）

別　紙
1. ワードプロセッサー又は邦文タイプライターで記載してください。
2. 枠内に記載し、枠内では文字ピッチ・行ピッチを変えないでください。
3. 半角／倍角文字、上付／下付文字、下線等の文字装飾は行わないでください。
4. 用紙を破ったり、折り曲げたり、汚したり、修正液、修正テープ、糊張りは行わないでください。

㊑　有　資　名　他
〔(商号)パールコンサルティング〕

2／2 頁

設立

最後が1行だけでも次頁に記入します。
枠外には記入しません

● OCR用申請用紙の注意点

- 用紙を汚したり、折り曲げたり、破ったりしない
- 修正液、修正テープは使用しない
- 記載にはワープロ、パソコン、タイプライターを使用する。手書きは訂正欄を除いて不可
- 読み取り可能範囲内の枠に収まるように記載する
- 文字の大きさ、種類は同一のものにする
- 行間隔、文字間隔は変えない
- 文字間隔は、文字と文字がくっ付かないようにする
- 使用するインクは黒色系で、濃淡のムラがないようにする
- ワープロで印字する場合は、24×24ドット以上の文字（10.5〜12ポイント）
- 商号、本店、取締役などの氏名の記載にはスペースを使用しない
- 資本金の額など金額の記載に、「億」「万」などの単位は記載できるが、「千」「カンマ（3ケタで区切る）」は使用しない
- 全角文字で記載する
- 1行全角35文字以内
- 1用紙38行以内

※ 用紙は23行に区切られて線が引いてありますが、コンピュータで読み取れない線で区切られているので、気にせず入力しても支障はありません。しかし、できるだけ線にあわせて入力したほうがわかりやすいので、行間隔を調整して作成しましょう。

訂正印　申請人印

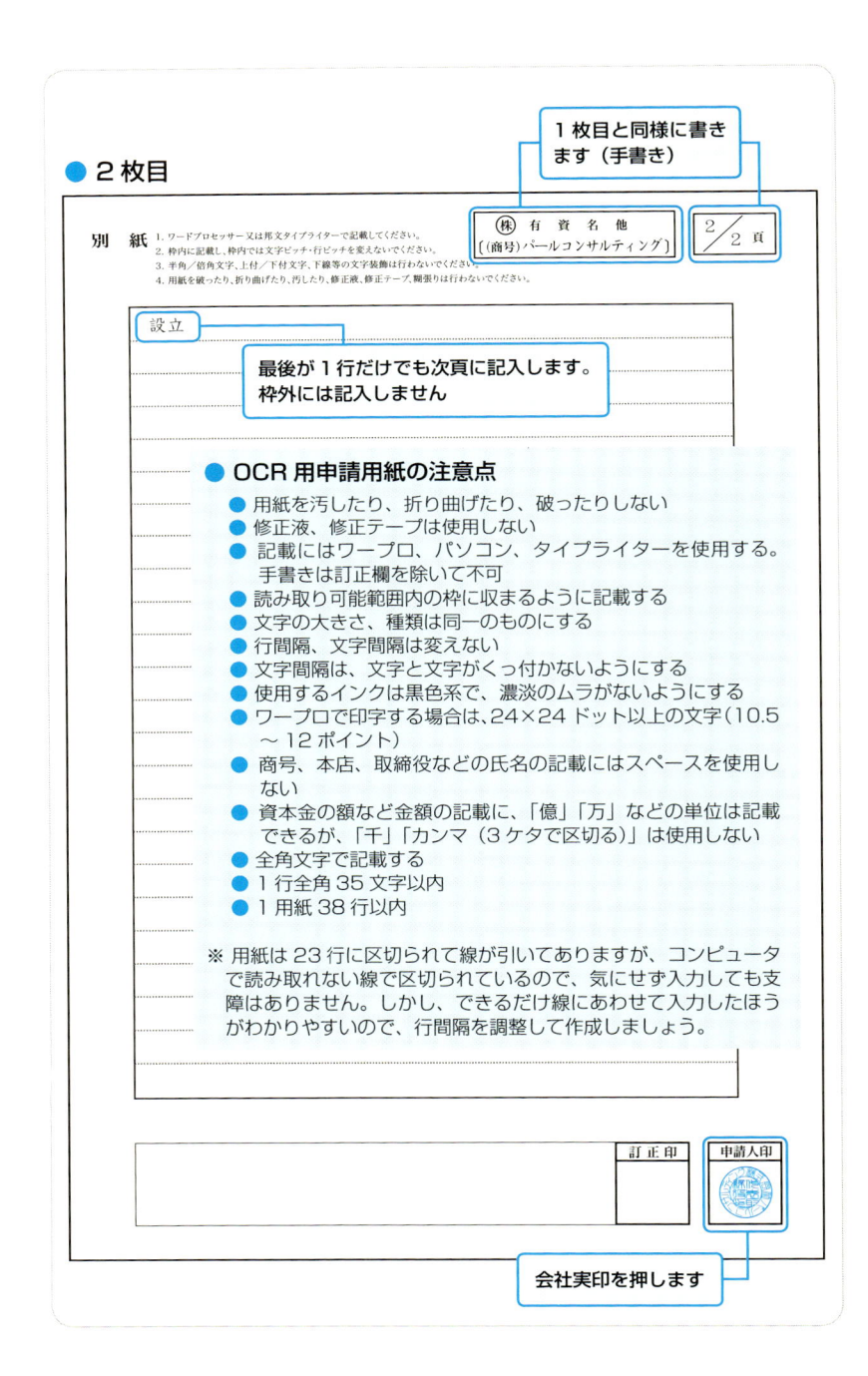

会社実印を押します

● OCR 用申請用紙例（訂正がある場合）

● 1枚目

別紙
1. ワードプロセッサー又は邦文タイプライターで記載してください。
2. 枠内に記載し、枠内では文字ピッチ・行ピッチを変えないでください。
3. 半角／倍角文字、上付／下付文字、下線等の文字装飾は行わないでください。
4. 用紙を破ったり、折り曲げたり、汚したり、修正液、修正テープ、糊張りは行わないでください。

㈱ 有 資 名 他
（(商号)パールコンサルティング） 1／2 頁

「商号」株式会社パールコンサルティング
「本店」東京都中央区銀座〇丁目〇番〇号
2．インターネットによる情報提供サービス及び
3．前各号に附帯関連する一切の業務
「発行可能株式総数」~~1000株~~
「発行済株式の総数」100株

> 訂正個所に赤ボールペンで2重線を引きます

11行目　発行可能株式総数
　　　　1000株を2000株に訂正

訂正印　申請人印

> 手書きで訂正個所を記入します

> 会社実印で訂正印を押します

> 会社実印を押します

● 2枚目

別紙
1. ワードプロセッサー又は邦文タイプライターで記載してください。
2. 枠内に記載し、枠内では文字ピッチ・行ピッチを変えないでください。
3. 半角／倍角文字、上付／下付文字、下線等の文字装飾は行わないでください。
4. 用紙を破ったり、折り曲げたり、汚したり、修正液、修正テープ、糊張りは行わないでください。

㈱ 有 資 名 他
（(商号)パールコンサルティング） 2／2 頁

設立

訂正印　申請人印

> 会社実印で訂正印を押します

> 会社実印を押します

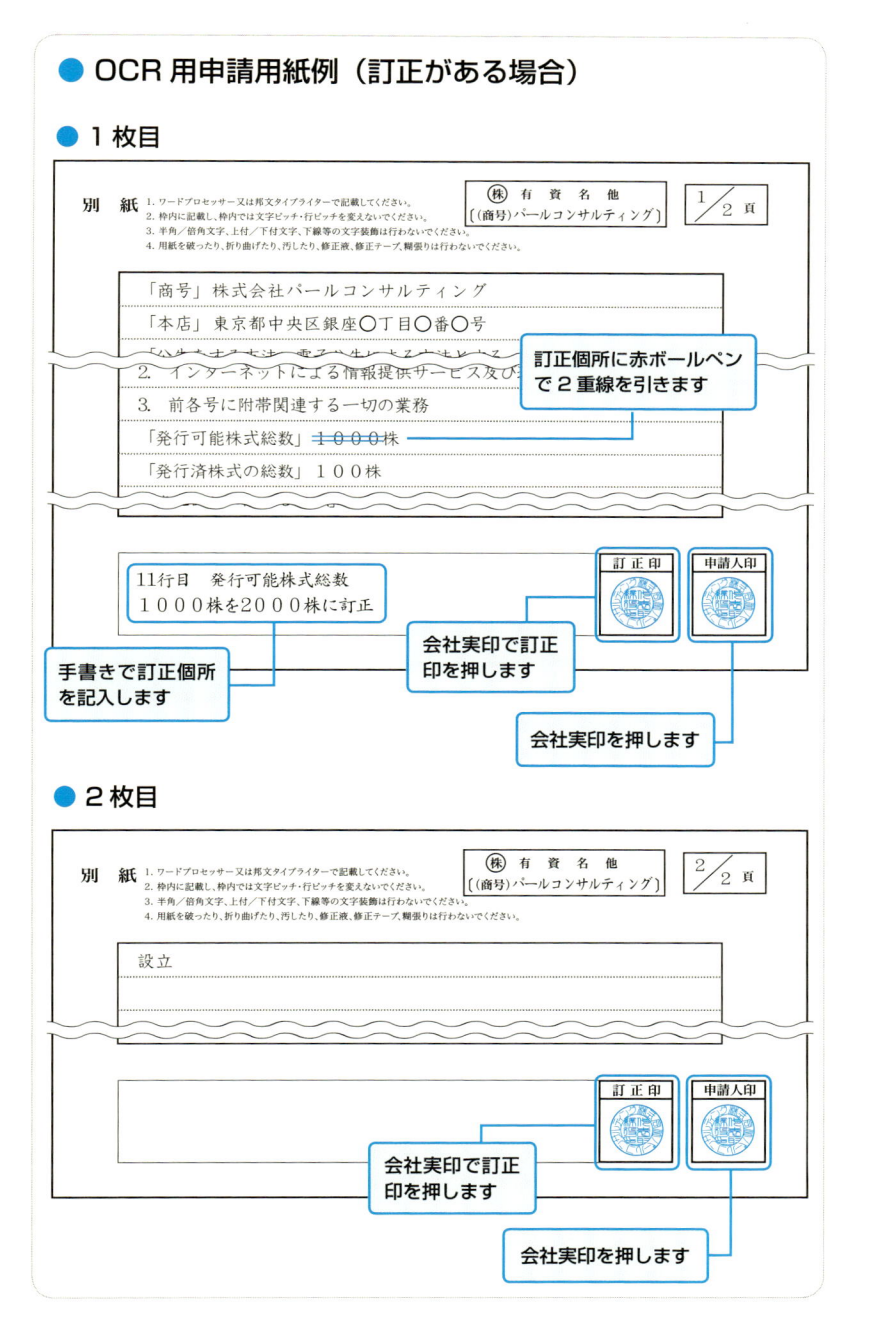

磁気ディスク

　磁気ディスクに記録して提出する場合は、OCR用申請用紙を使用する必要がありません。記録する内容は、OCR用申請用紙に記載する内容と同じです。登記事項を「」（かぎかっこ）でくくり、**テキスト形式で保存します。**

● 磁気ディスクの種類

- CD-ROM（120mm、JIS X 0606 形式）
- CD-R（120mm、JIS X 0606 形式）
- フロッピーディスク（2HD、1.44MB、MS-DOS 形式）

　使用できる文字や作成方法で気をつける点はOCR用申請用紙と同様ですが、詳細は法務省の下記サイトをご覧ください。

- 法務省 HP「商業・法人登記申請における登記すべき事項を記録した磁気ディスクの提出について」
  （http://www.moj.go.jp/MINJI/MINJI50/minji50.html）

● 磁気ディスクの記録の主な注意点

- 文字コードは、シフト JIS を使用する
- 全角文字で作成する
- 文字フォントはどのフォントを使用しても差し支えない
- Microsoft® Windows® 端末で内容を確認できる文字を使用する
- タブを使用しない
- フォルダを作成しない
- テキスト形式で記録し、ファイル名は「（任意の名称）.txt」とする（Windows® であれば、アクセサリのメモ帳を開いて作成する）
- 磁気ディスクには、会社の商号を記載した書面を貼りつける（シール、ラベルなど）

● 書式例　登記すべき事項を CD-R へ記録する場合の記載例
（取締役会設置会社の場合）

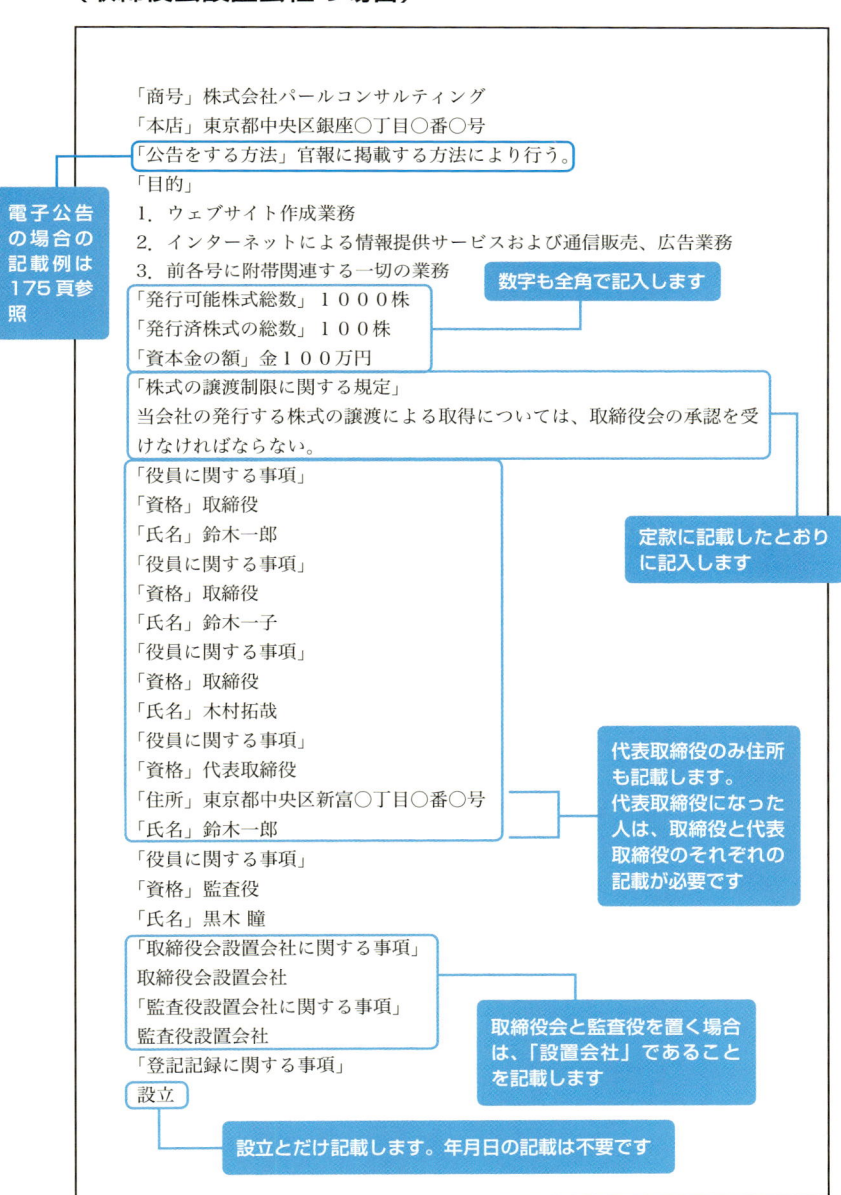

```
「商号」株式会社パールコンサルティング
「本店」東京都中央区銀座○丁目○番○号
「公告をする方法」官報に掲載する方法により行う。
「目的」
1．ウェブサイト作成業務
2．インターネットによる情報提供サービスおよび通信販売、広告業務
3．前各号に附帯関連する一切の業務
「発行可能株式総数」１０００株
「発行済株式の総数」１００株
「資本金の額」金１００万円
「株式の譲渡制限に関する規定」
当会社の発行する株式の譲渡による取得については、取締役会の承認を受
けなければならない。
「役員に関する事項」
「資格」取締役
「氏名」鈴木一郎
「役員に関する事項」
「資格」取締役
「氏名」鈴木一子
「役員に関する事項」
「資格」取締役
「氏名」木村拓哉
「役員に関する事項」
「資格」代表取締役
「住所」東京都中央区新富○丁目○番○号
「氏名」鈴木一郎
「役員に関する事項」
「資格」監査役
「氏名」黒木 瞳
「取締役会設置会社に関する事項」
取締役会設置会社
「監査役設置会社に関する事項」
監査役設置会社
「登記記録に関する事項」
設立
```

- 電子公告の場合の記載例は175頁参照
- 数字も全角で記入します
- 定款に記載したとおりに記入します
- 代表取締役のみ住所も記載します。代表取締役になった人は、取締役と代表取締役のそれぞれの記載が必要です
- 取締役会と監査役を置く場合は、「設置会社」であることを記載します
- 設立とだけ記載します。年月日の記載は不要です

4-3 登記に必要な書類

3. 添付書類 ①
発起人の決定書

添付書類すべてに共通すること

　添付する書類の基本的な書き方や用紙などについては定款と同じなので、定款の書き方（105頁参照）を参考にしてください。

　本書では、手続きを簡単に進めるため、作成する書類をできるだけ少なくし、定款で定めることができる事項は定款で決定するようにしています。

会社の住所を確定させよう

　会社の本店の所在地について、「定款では最小行政区画までしか定めていない」ので、発起人の過半数の一致によって場所（番地まで含んだ住所）を決定します。本店の場所について決定したことを「発起人の決定書」として作成します。タイトルは「**発起人の決定書**」または「**本店所在場所決議書**」といった記載をします。

　もし、定款で番地まで含んだ住所を特定して定めていれば、発起人の決定書は不要になります。

　公告をする方法を電子公告にしている場合は、サイトのアドレスを決めなければならないので、あわせて発起人の決定書に書きます。

まとめ

- 発起人の過半数による決定で会社の住所を決める
- 電子公告にしている場合は、公告を行うサイトのURLを決める

● 発起人の決定書例

発起人の決定書

平成○○年○月○日、東京都中央区銀座○丁目○番○号 当会社創立事務所 において、発起人全員が出席し、その全員の一致により下記の事項を決定した。

> 本店のこと

記

> 会社の住所を正確に記載します

1. 本店の所在場所を次のとおりとする。
   本店　東京都中央区銀座○丁目○番○号

> 定款の作成日から登記を申請する日までの間の日付を記入します。払込証明書に書いた日付（158頁参照）にあわせるのが望ましいです

上記事項を証するため、発起人全員が記名押印する。

平成○○年○月○日

東京都中央区銀座○丁目○番○号
株式会社パールコンサルティング

発起人　東京都中央区新富○丁目○番○号
　　　　鈴木一郎　　　　　　　　　　　㊞

> 発起人全員の住所と氏名を記入し、「個人印」（認印でもよいが実印が望ましい）を押します。発起人が2名以上の場合は、列挙して同様に記名押印をします

> 不備があった場合に備えて、捨印を余白に押しておきます　　㊞

4-3 登記に必要な書類

4. 添付書類 ②
就任承諾書(しょうにんしょうだくしょ)

就任承諾書のつくり方

　設立時の取締役、代表取締役、監査役（以下、まとめて「設立時役員」という）につき、それぞれの「就任承諾書」を作成します。

　発起人が設立時役員を選び、設立時役員が就任を承諾することで、設立時役員が決定します。

　取締役が1名の場合は、自動的にその人が代表取締役になるので、代表取締役としての就任承諾書はなくてもかまいません（代表取締役の就任承諾書を作成しても支障はありません）。しかし取締役が複数いて、その内の1名を代表取締役とした場合は、代表取締役になった人は取締役としての地位と代表取締役としての地位を有するので、それぞれに就任承諾書を作成します。単に代表取締役の就任承諾書のみを作成するだけでなく、取締役の就任承諾書もあわせて作成しましょう。

就任承諾書に押す印鑑について

　取締役会を置いていない会社の場合は、取締役の就任承諾書に「取締役個人の実印」を押します。

　取締役会を置いている会社の場合は、代表取締役の就任承諾書に「代表取締役個人の実印」を押します。それ以外の取締役および監査役の就任承諾書は、個人の認印でも差し支えありませんが、就任承諾書は本人の就任の意思確認をする書類なので、「実印」を押すのが望ましいです。

まとめ
- 設立時役員全員の「就任承諾書」を作成する
- 原則、就任承諾書には「個人の実印」を押す

● 就任承諾書（設立時取締役）例

「就任承諾をした年月日」を記載します。通常は、選任された日である定款作成日に就任を承諾します

「定款作成日」を記載します。会社設立時に就任した取締役を「設立時取締役」といいます。同様に「設立時代表取締役」「設立時監査役」といいます

就任承諾書

私は、平成○○年○月○日付定款により設立時取締役に選任されましたので、その就任を承諾します。

平成○○年○月○日

住　所　東京都中央区新富○丁目○番○号

氏　名　鈴木一郎　㊞

株式会社パールコンサルティング　御中　㊞

各自、住所と氏名を記載し、「個人の実印」を押します。取締役会設置会社は、取締役就任承諾書に実印を押す必要はありませんが、就任の意思確認のため、実印を押すのが望ましいです

不備があった場合に備えて、捨印を押します

設立時の役員が複数名いる場合は、それぞれに就任承諾書をつくりましょう。

（次頁に続く）

● 就任承諾書（設立時代表取締役）例

※ 代表取締役になる人は、「取締役の就任承諾書」と「代表取締役の就任承諾書」の2つを用意しましょう。

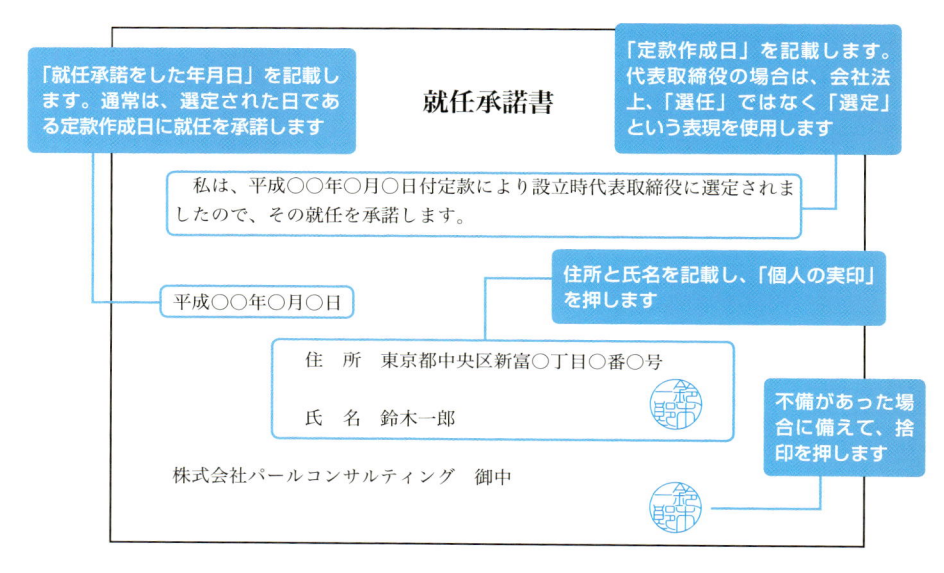

就任承諾書

私は、平成○○年○月○日付定款により設立時代表取締役に選定されましたので、その就任を承諾します。

平成○○年○月○日

　住　所　東京都中央区新富○丁目○番○号

　氏　名　鈴木一郎　　㊞

株式会社パールコンサルティング　御中

- 「就任承諾をした年月日」を記載します。通常は、選定された日である定款作成日に就任を承諾します
- 「定款作成日」を記載します。代表取締役の場合は、会社法上、「選任」ではなく「選定」という表現を使用します
- 住所と氏名を記載し、「個人の実印」を押します
- 不備があった場合に備えて、捨印を押します

● 就任承諾書（設立時監査役）例

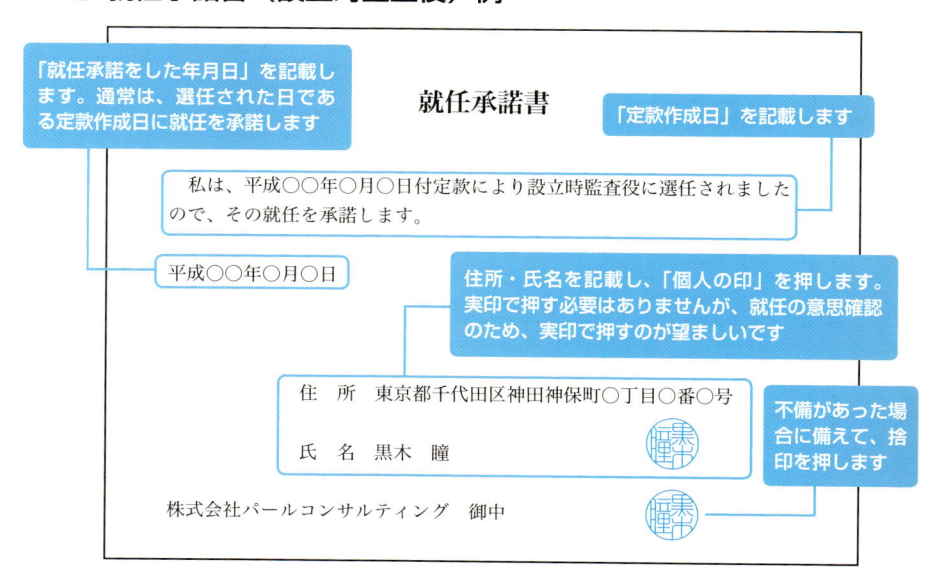

就任承諾書

私は、平成○○年○月○日付定款により設立時監査役に選任されましたので、その就任を承諾します。

平成○○年○月○日

　住　所　東京都千代田区神田神保町○丁目○番○号

　氏　名　黒木　瞳　　㊞

株式会社パールコンサルティング　御中

- 「就任承諾をした年月日」を記載します。通常は、選任された日である定款作成日に就任を承諾します
- 「定款作成日」を記載します
- 住所・氏名を記載し、「個人の印」を押します。実印で押す必要はありませんが、就任の意思確認のため、実印で押すのが望ましいです
- 不備があった場合に備えて、捨印を押します

4-3 登記に必要な書類

添付書類 ③
5. 資本金の額の計上に関する証明書

資本金の額の計上に関する証明書（次頁書式参照）

　払い込みをした資本金の額を法律にしたがって計上したことに関して、設立時代表取締役が証明書を作成します。**会社設立の際に出資する財産が金銭のみの場合は、会社計算規則により、現在は資本金の額の計上に関する証明書の作成は不要です。**今後変わる可能性があるので、法務省のサイトで確認をしてください。

　金銭で出資をした額、現物出資をした額をそれぞれ記載し、合計額が会社の資本金となります。

> 現物出資をしている場合のみ作成が必要です。

まとめ

- 資本金の額が会社法および会社計算規則にしたがって計上されたことに関する証明書（資本金の額の計上に関する証明書）を、設立時代表取締役が作成する
- 金銭出資のみの場合は、作成しなくてよい

● 資本金の額の計上に関する証明書例

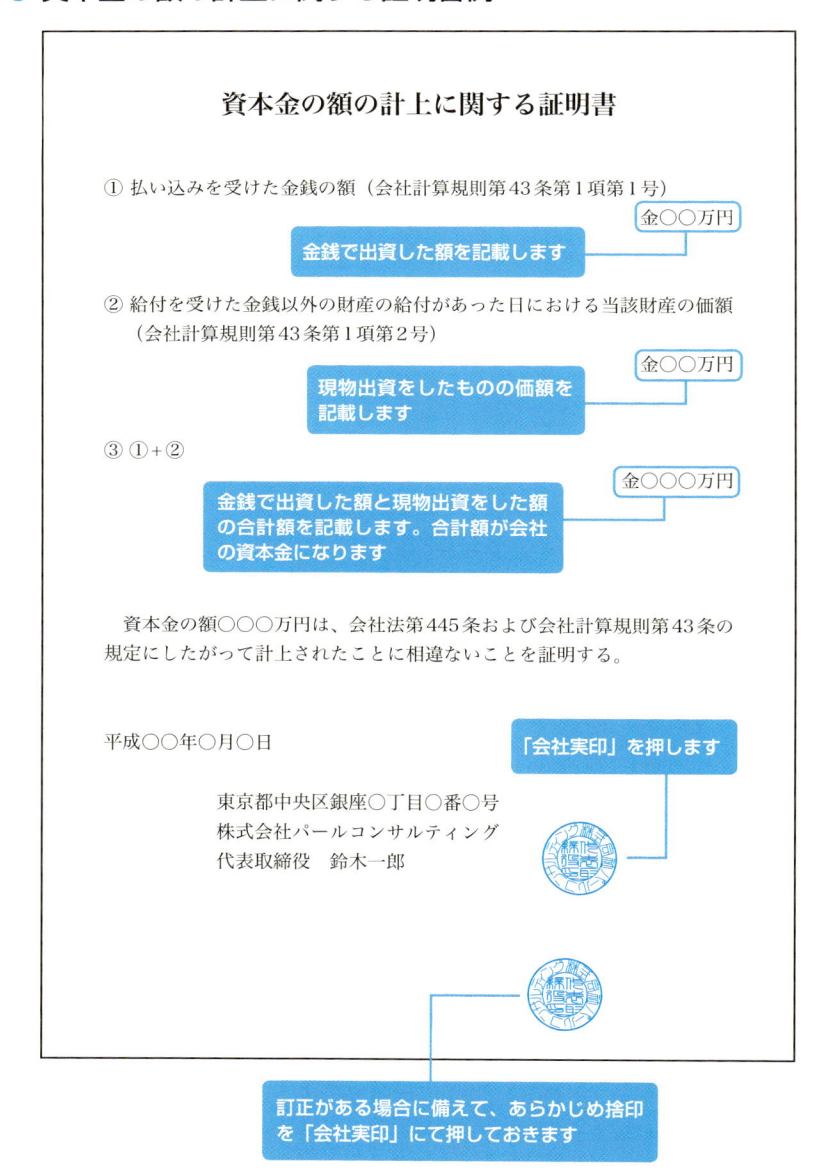

資本金の額の計上に関する証明書

① 払い込みを受けた金銭の額（会社計算規則第43条第1項第1号）

　　　　　　　　　　　　　　　　　　　　　　　　　　　金〇〇万円

> 金銭で出資した額を記載します

② 給付を受けた金銭以外の財産の給付があった日における当該財産の価額
　（会社計算規則第43条第1項第2号）

　　　　　　　　　　　　　　　　　　　　　　　　　　　金〇〇万円

> 現物出資をしたものの価額を記載します

③ ①＋②

　　　　　　　　　　　　　　　　　　　　　　　　　　金〇〇〇万円

> 金銭で出資した額と現物出資をした額の合計額を記載します。合計額が会社の資本金になります

　資本金の額〇〇〇万円は、会社法第445条および会社計算規則第43条の規定にしたがって計上されたことに相違ないことを証明する。

平成〇〇年〇月〇日

　　　　東京都中央区銀座〇丁目〇番〇号
　　　　株式会社パールコンサルティング
　　　　代表取締役　鈴木一郎　　［会社実印］

> 「会社実印」を押します

　　　　［会社実印］

> 訂正がある場合に備えて、あらかじめ捨印を「会社実印」にて押しておきます

4-3 登記に必要な書類

6. 添付書類 ④ 印鑑届出書(いんかんとどけでしょ)

印鑑届出書をつくろう（次頁書式参照）

　個人と同様に会社も印鑑を実印登録します。実印として届け出た印鑑は、今後、登記申請書やそのほかの添付書類に押印することになります。会社の実印が登記申請書などに押印されていれば、会社からの申請で間違いないと法務局は判断します。その確認のために、あらかじめ会社の実印を登録させているのです。

　会社の実印は、会社の代表者である代表取締役が届け出をします。

　印鑑届出書は設立登記の申請書と一緒に提出します。 通常、「代表取締役個人の印鑑証明書」（3カ月以内に取得したもの）を添付しなければなりません。

　会社設立の登記の場合、登記申請書の添付書類として、代表取締役個人の印鑑証明書を添付しているので、印鑑届出書に別途添付する必要はありません。実印を届け出るための印鑑届出書は、法務局の窓口で無料でもらえます。予備も含め、複数枚もらっておくとよいでしょう。また、法務省のサイトからもダウンロードできます。

> ● 法務省HPにある「商業・法人登記簿謄本、登記事項証明書（代表者事項証明書を含む）、印鑑証明書の交付等の申請」
> (http://www.moj.go.jp/ONLINE/COMMERCE/11-2.html)

　印鑑届出書の左上に実印を押印する欄がありますが、ここに押印した印鑑が登録されるので、押印する際、印影が欠けたり不鮮明にならないように、印鑑の向きにも注意して押しましょう。**もし、欠けたりした場合は、余白に再度押印するのではなく、新しい届出書に押印をします。** 会社実印と代表取締役個人の実印を押印する欄があるので、間違えないように注意しましょう。

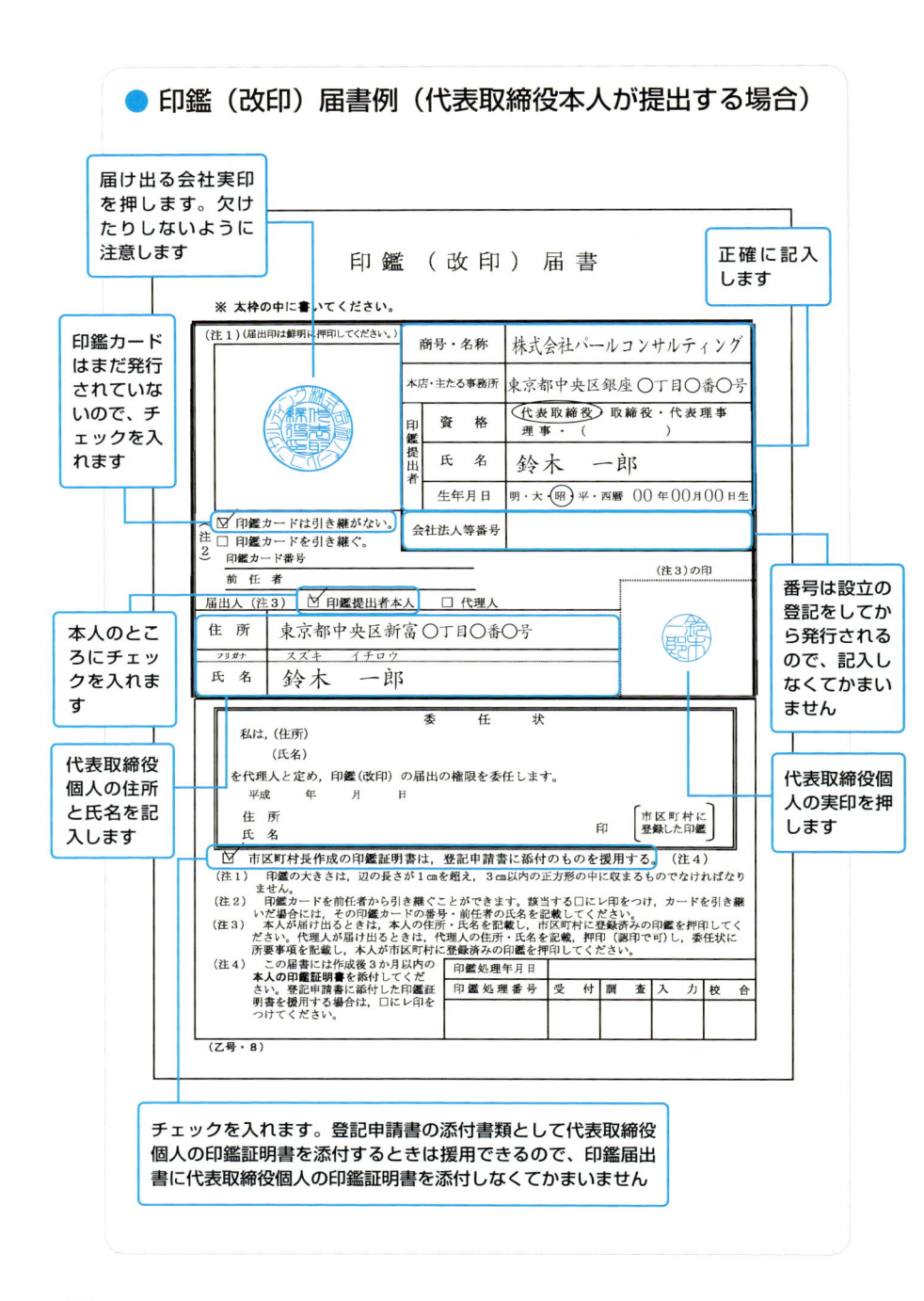

●印鑑（改印）届書例（代表取締役本人が提出する場合）

- **届け出る会社実印を押します。欠けたりしないように注意します**
- **印鑑カードはまだ発行されていないので、チェックを入れます**
- **本人のところにチェックを入れます**
- **代表取締役個人の住所と氏名を記入します**
- **正確に記入します**
- **番号は設立の登記をしてから発行されるので、記入しなくてかまいません**
- **代表取締役個人の実印を押します**
- **チェックを入れます。登記申請書の添付書類として代表取締役個人の印鑑証明書を添付するときは援用できるので、印鑑届出書に代表取締役個人の印鑑証明書を添付しなくてかまいません**

印鑑（改印）届書

※ 太枠の中に書いてください。

（注1）（届出印は鮮明に押印してください。）

商号・名称	株式会社パールコンサルティング
本店・主たる事務所	東京都中央区銀座〇丁目〇番〇号
印鑑提出者 資格	（代表取締役）取締役・代表理事 理事・（　　　）
氏名	鈴木 一郎
生年月日	明・大・㊊・平・西暦 〇〇年〇〇月〇〇日生
会社法人等番号	

☑ 印鑑カードは引き継がない。
□ 印鑑カードを引き継ぐ。
印鑑カード番号　　　　前任者

届出人（注3）　☑ 印鑑提出者本人　□ 代理人

住所	東京都中央区新富〇丁目〇番〇号
フリガナ	スズキ イチロウ
氏名	鈴木 一郎

（注3）の印

委任状

私は、（住所）
（氏名）
を代理人と定め、印鑑（改印）の届出の権限を委任します。
平成　年　月　日
住所
氏名　　　　　　印　[市区町村に登録した印鑑]

☑ 市区町村長作成の印鑑証明書は、登記申請書に添付のものを援用する。（注4）

(注1) 印鑑の大きさは、辺の長さが1cmを超え、3cm以内の正方形の中に収まるものでなければなりません。
(注2) 印鑑カードを前任者から引き継ぐことができます。該当する□にレ印をつけ、カードを引き継いだ場合には、その印鑑カードの番号・前任者の氏名を記載してください。
(注3) 本人が届け出るときは、本人の住所・氏名を記載し、市区町村に登録済みの印鑑を押印してください。代理人が届け出るときは、代理人の住所・氏名を記載、押印（認印で可）し、委任状に所要事項を記載し、本人が市区町村に登録済みの印鑑を押印してください。
(注4) この届書は作成後3か月以内の本人の印鑑証明書を添付してください。登記申請書に添付した印鑑証明書を援用する場合は、□にレ印をつけてください。

印鑑処理年月日					
印鑑処理番号	受付	調査	入力	校合	

(乙号・8)

4-3 登記に必要な書類

7. 書類をとじよう

とじる順番に注意

　書類の作成が終わったら、次に、書類を順番にとじていきます。書類には並べる順番があります。順番どおりに並べていなかったからといって登記が通らないわけではありませんが、法務局が審査しやすいように次の順番でとじていきます。

　一番上に登記申請書がくるようにして、登録免許税納付用台紙、定款などの添付書類一式と続きます。

　これらの書類をまとめ、左側2カ所をホチキスでとじます（左とじ）。定款の認証のときのように袋とじにはしないで、ホチキスでとじるだけにします。ただし、**OCR用紙と印鑑届出書はホチキスでとじないで、クリップで留めるだけにします。**

　なお添付書類は、原則、原本を提出します。補正の場合など手元に資料があったほうがわかりやすいので、書類一式すべてコピーを取っておきましょう。

● 書類をとじる順番（取締役会を設置していない会社で金銭の出資のみの場合）

❶ 登記申請書
❷ 登録免許税納付用台紙　※ 登記申請書と契印する
❸ 定款
❹ 発起人の決定書
❺ 取締役の就任承諾書
❻ 代表取締役の就任承諾書（※ 取締役が1人の場合は不要）
❼ 取締役全員の印鑑証明書

（次頁に続く）

- ❽ 出資の払込を証する証明書
- ❾ OCR用紙
- ❿ 印鑑届出書

※ 取締役が1名か複数かで就任承諾書と印鑑証明書の通数が変わります。
※ 監査役を置いている場合、監査役の就任承諾書も添付します。
※ 現物出資をしている場合、取締役の調査報告書（財産引継書を添付）と資本金の額の計上に関する証明書を❽のあとに添付します。
※ FDまたはCD-Rを提出する場合、❾は不要です。

最後にチェック！

- 登記申請書とOCR用紙に正確な記載をしているか
- 登記申請書と登録免許税納付用台紙には会社実印で契印をしているか
- 各書類に押印する印鑑は、会社実印、個人実印を間違えずに押印できているか
- 就任承諾書は人数分あるか
- 印鑑証明書は3カ月以内に取得したものか
- 出資の払込を証する証明書は、通帳のコピー各ページに契印を押すか袋とじにしているか
- 登記申請書、登録免許税納付用台紙と添付書類一式は、左側2カ所をホチキスでとじているか
- OCR用紙と印鑑届出書はクリップで留めているか

まとめ

- 書類のとじ方には順番がある
- 登記申請書、登録免許税納付用台紙、添付書類一式はホチキスで左側2カ所をとじる
- OCR用紙と印鑑届出書はクリップで留める

● 書類のセット例（取締役会を設置していない会社で金銭出資のみの場合）

❶ 順番に並べる

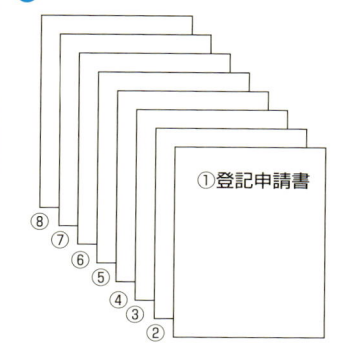

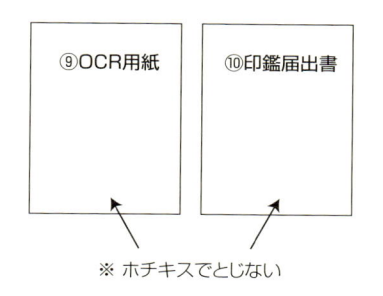

①登記申請書
②③④⑤⑥⑦⑧
⑨OCR用紙　⑩印鑑届出書

※ ホチキスでとじない

❷ 登記申請書と登録免許税納付用台紙と添付書類は、ホチキスでとじる

登記申請書類

※ 2カ所をホチキスでとじる

❸ ❶登記申請書と❷登録免許税納付用台紙は会社実印で契印をする

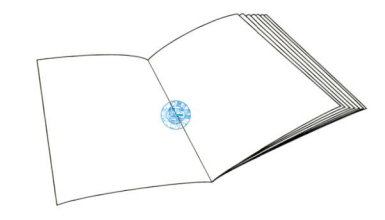

❹ 登記申請書類とOCR用紙と印鑑届出書をクリップで留める

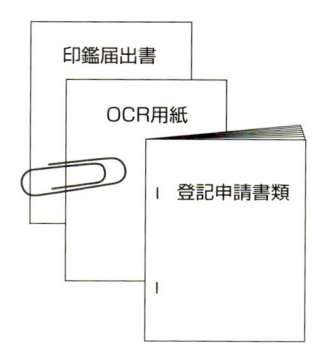

印鑑届出書
OCR用紙
登記申請書類

4-4 登記の申請

1. 登記申請から完了までの手順を押さえよう

登記申請書類一式ができたらやること

　書類をとじ終え、申請書類一式が用意できたら、いよいよ設立登記の申請です。登記を申請してから完了までの主な流れは次のようになります。

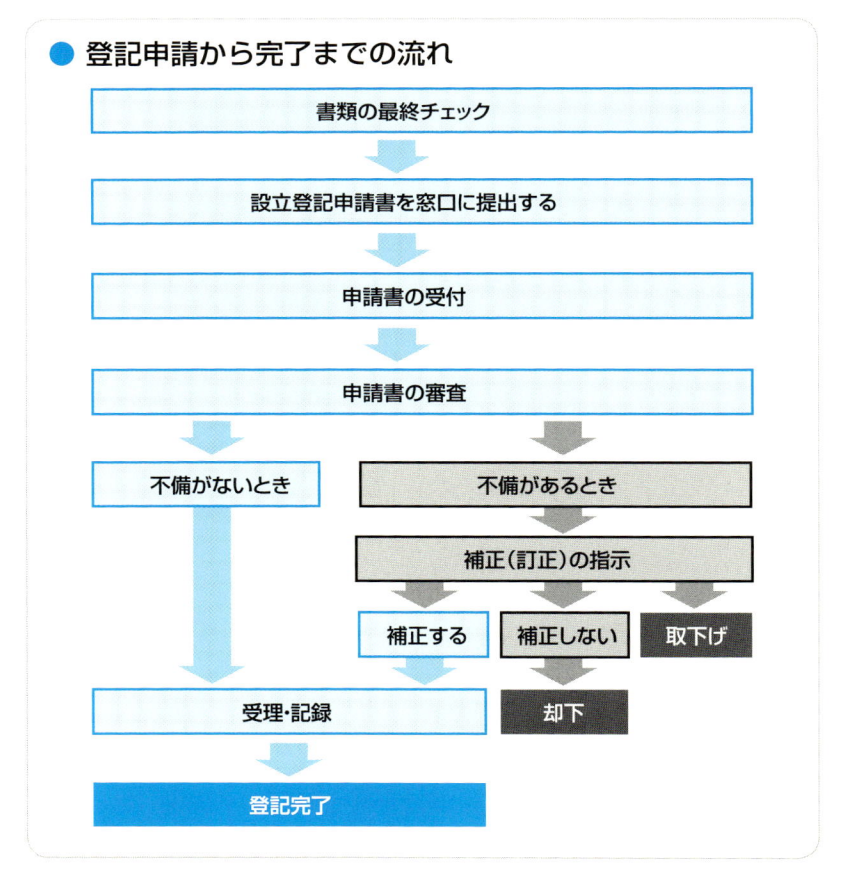

● 登記申請から完了までの流れ

```
          書類の最終チェック
                ↓
      設立登記申請書を窓口に提出する
                ↓
            申請書の受付
                ↓
            申請書の審査
           ↙          ↘
    不備がないとき    不備があるとき
                           ↓
                      補正(訂正)の指示
                     ↙     ↓      ↘
                  補正する 補正しない 取下げ
         ↓                   ↓
       受理・記録             却下
         ↓
       登記完了
```

登記の「却下」と「取下げ」の違い

却下は、法務局の登記官が登記の申請を認めないことをいいます。

登記官は申請書を受け取ったら、遅滞なく申請に関するすべての事項を審査します。申請書を審査した結果、一定の不備があれば申請人に補正を命じます。申請人が不備の補正をしない場合や補正をすることができない場合は、登記官はその申請を却下しなければなりません。

却下されると、申請書は返ってこないので、一から作成し直すことになります。添付書類は、還付請求書を書いて添付書類のコピーをつければ戻ってきます。

一方、**取下げは、申請人が自ら申請を撤回すること**をいいます。

登記が完了するまでまたは却下が決定する前までは、申請人はいつでも登記の取り下げをすることができます。申請を取り下げると、申請がされなかったことになるので、申請書も添付書面も申請人に返されます。

取り下げる場合は「取下書」を提出します。補正の範囲で対応できないほどの不備であれば、いったん取り下げて再申請をするほうが早いかもしれません。**納めた登録免許税については、領収証書や収入印紙は「再使用証明」を法務局から受けると、再使用できます。**

● 取下書例

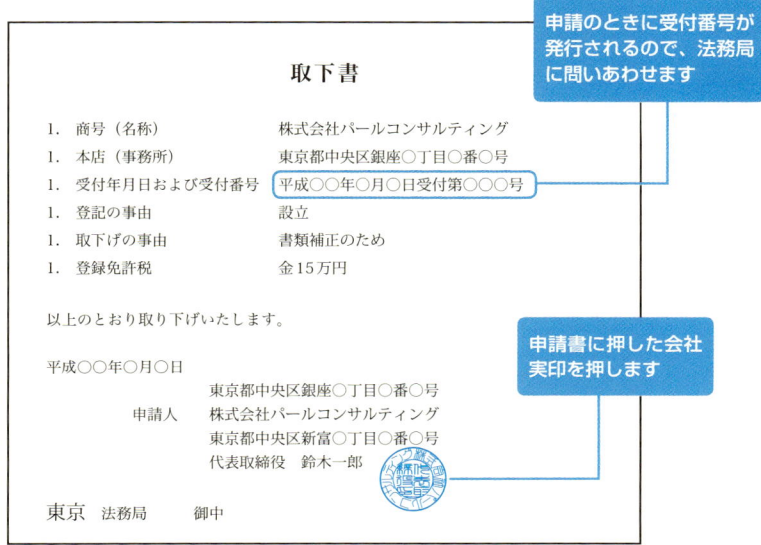

取下書

1. 商号（名称）　　　　　株式会社パールコンサルティング
1. 本店（事務所）　　　　東京都中央区銀座○丁目○番○号
1. 受付年月日および受付番号　平成○○年○月○日受付第○○○号
1. 登記の事由　　　　　　設立
1. 取下げの事由　　　　　書類補正のため
1. 登録免許税　　　　　　金15万円

以上のとおり取り下げいたします。

平成○○年○月○日

申請人　　東京都中央区銀座○丁目○番○号
　　　　　株式会社パールコンサルティング
　　　　　東京都中央区新富○丁目○番○号
　　　　　代表取締役　鈴木一郎

東京　法務局　　御中

（吹き出し）申請のときに受付番号が発行されるので、法務局に問いあわせます

（吹き出し）申請書に押した会社実印を押します

4-4 登記の申請

2. 登記申請書を法務局に提出する

登記申請はいつまでにする？

　登記の申請は「しなければならない期間」が決まっています。

　発起設立の場合は、設立時取締役の調査完了日または発起人が定めた日から２週間以内にしなければなりません。具体的には**「設立登記申請書」の「登記の事由」に記載した「平成○○年○月○日発起設立の手続終了」のその日から２週間以内となります（168頁参照）。**

　この期間をすぎてしまっても登記ができないわけではありませんが、過料を支払うことになる場合があるので（151頁参照）、気をつけましょう。

登記申請はどこにする？

　登記は、会社の本店所在地を管轄する法務局に申請します。

　法務局のサイトで、法務局の管轄、場所、連絡先がわかります。申請をする法務局を間違えると、却下や取り下げの対象になってしまうので注意してください。

> ● 法務局HP「管轄のご案内」
> （http://houmukyoku.moj.go.jp/homu/static/kankatsu_index.html）

　法務局の業務取扱時間は、平日の午前８時30分から午後５時15分までとなります。登記の申請は、その時間内にしなければ受付されません。午後０時15分から午後１時の間は、一部の業務をしていない法務局もあるので、事前に問いあわせをするとよいでしょう。土日、祝祭日、年末年始期間（12月29日〜１月３日）は法務局が休みになります。

登記申請の方法には
「持ち込み」と「郵送」とがある

　登記申請は、申請人当事者またはその代理人が、法務局の窓口に出向いて申請書を提出するか、郵送します。郵送方法は、普通郵便でも差し支えはありませんが、大切な書類ですから、できるかぎり、レターパックや特定記録、簡易書留など、到達の確認ができる方法にしましょう。

　郵送の場合、法務局に申請書が届いてから受付となるので、窓口での申請よりは少し登記完了が遅れます。登記の申請日も、書類が届いて受付をした日になるので、この日に設立したいという希望があるなら、窓口で申請をするほうが確実です。また、紛失などの郵送事故の可能性もあるので、安全なのは、断然、窓口での申請になります。

　郵送する封筒には「登記申請書在中」と明記してください。

いよいよ窓口に登記の申請書を持ち込む

　書類の最終チェックをしたら、登記を申請する管轄の法務局へ申請書類一式を持って行きましょう。**法務局の申請窓口のうち、会社の登記は「商業登記（法人登記、会社登記）」と記載された窓口に提出します。**

　無事に登記の受付が終わったら、「登記完了予定日」（「補正日」と書かれている場合もある）がいつか、**申請窓口の机の上の案内板で確認を**しておきます。もし案内板が見当たらなければ、窓口の人に確認しておきましょう。

　登記の受付が終わったからといって、それで安心というわけではありません。その後、登記官によって申請書の審査が行われ、不備があれば補正の指示が来ます。登記完了予定日までに補正の連絡が来なければ、無事登記が完了したということになります。

　登記はおおむね1週間前後で完了しますが、管轄法務局が処理している登記件数や申請時期によって完了期間の差が出ます。6月～7月にかけては会社の登記の申請件数が多く、完了日が通常より遅くなる傾向にあります。

　なお、**登記が完了したとしても、完了の連絡をしない法務局が多いので、自分で完了日を把握しておきましょう。**登記完了日までに法務局か

ら連絡がなければ、無事完了したということになります。

補正がある場合の対処のしかた

　申請書に不備があれば、登記官が期間を設けて補正の指示を出します。連絡先を記載していれば電話で補正の連絡が入ります。**一部の法務局によっては、補正の有無を申請人から問いあわせなければならないところもあるので、申請をするときに窓口で確認しておきましょう。**

　補正は、単純な誤字脱字程度なら、あらかじめ押していた捨印で訂正ができますが、不備が多い場合は書類を再作成して差し替えたほうが早いこともあります。窓口に補正に行く場合は、念のため申請に使用した印鑑を持っていきましょう。どこをどのように直したらよいかは、登記官の指示にしたがいます。

　郵送での補正も可能で、申請を窓口でしたか郵送で行ったかに関わらず、書類の差し替えなどの補正は郵送でもできます。

　補正の指示が来たら、速やかに補正をしましょう。補正が遅くなると、それだけ登記完了日も延びますし、指示にしたがわなければ申請が却下されます。

　補正で多いのは、印鑑の押し忘れ、押し間違いです。書類の継ぎ目の契印が漏れていたり、印影が欠けていたり、会社実印と個人実印を押し間違えているなどです。ほかにも、目的や取締役の住所・氏名が正確に記載されていないケースもよくある補正です。いずれも、申請前の最終チェックの際に見落としていることが原因ですから、申請前に念入りに見直しをするように心がけたいものです。

まとめ

- 登記申請書を本店所在地を管轄する法務局に出す
- 発起設立の場合は、取締役の調査が終わった日から2週間以内に申請をする
- 不備があれば、補正をしなければならない
- 登記の申請は窓口に出すほか、郵送やオンラインでもできる
- 登記が完了するまでおおむね1週間前後かかる

4-5 登記完了後に取得する書類

1. 登記事項証明書(とうきじこうしょうめいしょ)

登記が完了したら、正式に会社が成立したことになる

　登記が完了したら、いよいよ株式会社として事業をはじめていくことになります。まずは、事業を行っていくためのさまざまな届け出や手続きをします。会社の銀行口座開設、税務署への届け出、店舗の賃貸借契約などの際には、会社が登記されていることの証明書や印鑑証明書が必要となります。これらは法務局で取得することができるので、登記が完了したら早速取得しましょう。

登記事項証明書の取得のしかた

　会社が登記されていることの証明書として、法務局で「登記事項証明書」(「謄本」と呼ばれることもある)を取得することができます。

　登記事項証明書は、手数料さえ支払えば誰でも取得することができます。取得する際に、身分証明書の提示や印鑑の押印は不要です。登記事項証明書の取得は、本店所在地の管轄の法務局だけでなく、全国どこの法務局でも可能ですが、情報量が300キロバイトを超える登記事項証明書については、管轄の法務局でしか取得できません。

　「登記事項証明書交付申請書」は、法務局の窓口に置いてあります。また、法務省のサイトからダウンロードをすることもできます。

● 法務省HP「商業・法人登記簿謄本、登記事項証明書(代表者事項証明書を含む)、印鑑証明書の交付申請」
  (http://www.moj.go.jp/ONLINE/COMMERCE/11-2.html)

窓口で取得するほか、郵送での取得も可能です。その場合は、切手を貼った返信用封筒を同封します。

また、オンラインでの申請も可能です。オンラインでの取得をすると費用は安くなりますが、設立登記のオンライン申請のときと同様、申請者情報の登録が必要です。詳細は、下記サイトの説明ページに沿って進めてください。

● 登記・供託オンライン申請システム HP
（http://www.touki-kyoutaku-net.moj.go.jp/index.html）

慣れれば一番手軽にできる方法なので、日常業務の中で頻繁に登記事項証明書を使用する場合は取り入れてみるとよいでしょう。

取得費用は、窓口かオンラインかで異なります。窓口の場合は、1通600円で、収入印紙で納めます。収入印紙は、法務局の印紙売場で売っています。収入印紙には消印はしないでください。

● 窓口とオンラインとの取得費用の比較

	窓口（郵送含む）	オンライン（受取は郵送）
登記事項証明書 ※1	600円	500円
印鑑証明書 ※2	450円	410円

※1　50枚を超える場合は、枚数50枚までごとに100円が加算となります。
※2　印鑑証明書の詳細は次節（202頁）を参照してください。
　　印鑑証明書のオンライン申請は「登記・供託オンライン申請システム」ではできないので、「申請用総合システム」の利用が必要となります。
　　登記ねっとHP「申請用総合ソフトによる申請・請求方法」
　　（http://www.touki-kyoutaku-net.moj.go.jp/flow/sogosoft/gaiyo.html）

登記事項証明書には次の4つの種類があります。手続きの際に登記事項証明書を求められた場合は、❷の履歴事項証明書を取得します。

● 登記事項証明書の種類（それぞれの詳細は次頁参照）

❶ 現在事項証明書　　❸ 閉鎖事項証明書
❷ 履歴事項証明書　　❹ 代表者事項証明書

❶ 現在事項証明書

次の4つの事項について記載した書面に、認証文を付したものです。
(1) 現に効力を有する事項
(2) 会社成立の年月日
(3) 取締役・代表取締役・監査役などの就任年月日
(4) 会社の商号および本店の登記変更に係る事項で、「現に効力を有するもの」の直前のもの

❷ 履歴事項証明書

現在事項証明書の記載事項に加えて、3年前の日の属する年の1月1日(基準日)から請求の日までの間に抹消された事項および基準日から請求日までの間に登記された現に効力を有しない事項を記載した書面に、認証文を付したものです。現在事項証明書に記載される事項はすべて履歴事項証明書にも記載されるので、「大は小を兼ねる」関係になります。

❸ 閉鎖事項証明書

閉鎖した登記記録に記録されている事項を記載した書面に、認証文を付したものです。会社が解散や清算結了して登記記録が閉鎖された場合や、本店移転前の旧管轄の登記が該当します。

❹ 代表者事項証明書

一般的に「資格証明書」と呼ばれるもので、会社の代表者の代表権に関する事項で、現に効力を有する事項を記載した書面に認証文を付したものです。商号、本店、代表者の住所、氏名が記載されています。

とりあえず登記内容を知りたい場合

認証文がついた証明書は法務局でしか取得できませんが、とりあえず登記の内容の確認だけしたいという場合は、「登記情報提供サービス」

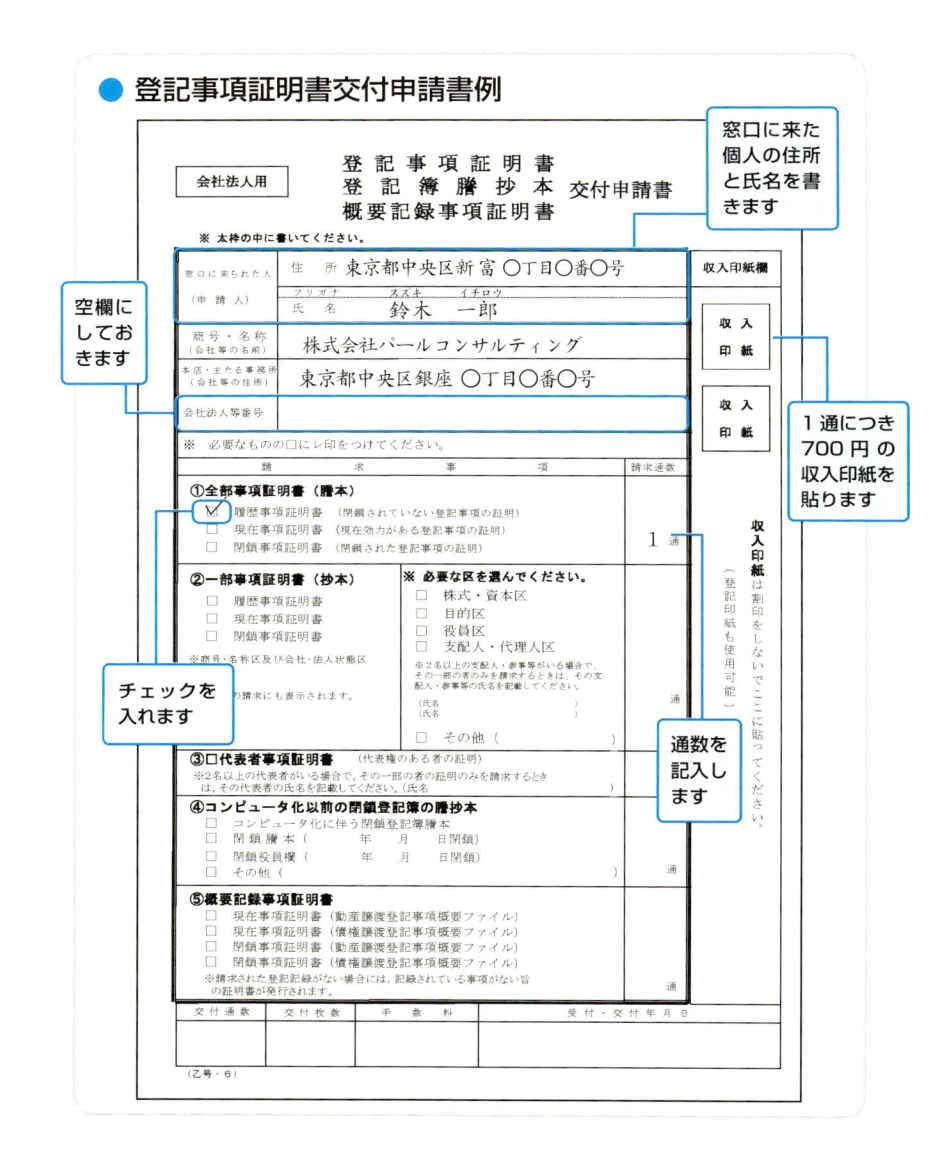

●登記事項証明書交付申請書例

会社法人用

登記事項証明書
登記簿謄抄本 交付申請書
概要記録事項証明書

※ 太枠の中に書いてください。

窓口に来られた人 （申請人）	住所　東京都中央区新富〇丁目〇番〇号 フリガナ　スズキ　イチロウ 氏名　鈴木 一郎
商号・名称 （会社等の名前）	株式会社パールコンサルティング
本店・主たる事務所 （会社等の住所）	東京都中央区銀座〇丁目〇番〇号
会社法人等番号	

※ 必要なものの□にレ印をつけてください。

請　　求　　事　　項	請求通数
①全部事項証明書（謄本） ☑ 履歴事項証明書（閉鎖されていない登記事項の証明） □ 現在事項証明書（現在効力がある登記事項の証明） □ 閉鎖事項証明書（閉鎖された登記事項の証明）	1通
②一部事項証明書（抄本）　※ 必要な区を選んでください。 □ 履歴事項証明書　　□ 株式・資本区 □ 現在事項証明書　　□ 目的区 □ 閉鎖事項証明書　　□ 役員区 ※商号・名称区及び会社・法人状態区　□ 支配人・代理人区 （氏名　　　） （氏名　　　） □ その他（　　　）	通
③□代表者事項証明書（代表権のある者の証明） ※2名以上の代表者がいる場合で、その一部の者の証明のみを請求するときは、その代表者の氏名を記載してください。（氏名　　　）	通
④コンピュータ化以前の閉鎖登記簿の謄抄本 □ コンピュータ化に伴う閉鎖登記簿謄本 □ 閉鎖謄本（　　年　　月　　日閉鎖） □ 閉鎖役員欄（　　年　　月　　日閉鎖） □ その他（　　　）	通
⑤概要記録事項証明書 □ 現在事項証明書（動産譲渡登記事項概要ファイル） □ 現在事項証明書（債権譲渡登記事項概要ファイル） □ 閉鎖事項証明書（動産譲渡登記事項概要ファイル） □ 閉鎖事項証明書（債権譲渡登記事項概要ファイル） ※請求された登記記録がない場合には、記録されている事項がない旨の証明書が発行されます。	通

交付通数	交付枚数	手数料	受付・交付年月日

(乙号・6)

収入印紙欄

収入印紙

収入印紙

収入印紙は割印をしないでここに貼ってください。
（登記印紙も使用可能）

- 窓口に来た個人の住所と氏名を書きます
- 空欄にしておきます
- 1通につき700円の収入印紙を貼ります
- チェックを入れます
- 通数を記入します

を利用すると便利です。

　登記情報提供サービスは、法務局が有する登記情報をインターネットを使用してパソコンの画面上で確認できる有料サービスです。利用料は、1通397円（平成24年9月現在）です。

登記情報はPDFで提供され、クレジットカードで決済します。ただし、法的な証明力はないため、金融機関や諸手続きに提出するときには使用できません。あくまで内容の確認のための利用となります。

登記情報提供サービス
http://www1.touki.or.jp/gateway.html

● 履歴事項全部証明書例

履歴事項全部証明書

東京都中央区銀座○丁目○番○号
株式会社パールコンサルティング
会社法人等番号　0000-00-000000

商号	株式会社パールコンサルティング
本店	東京都中央区銀座○丁目○番○号
公告をする方法	官報に掲載する方法により行う。
会社設立の年月日	平成○○年○○月○○日
目的	1. ウェブサイト作成業務 2. インターネットによる情報提供サービスおよび通信販売、広告業務 3. 前各号に附帯関連する一切の業務
発行可能株式総数	1000株
発行済株式の総数並びに種類及び数	発行済株式の総数 100株
資本金の額	金100万円
株式の譲渡制限に関する規定	当会社の株式の譲渡による取得については、代表取締役の承認を受けなければならない。
役員に関する事項	取締役　鈴木一郎 東京都中央区新富○丁目○番○号 代表取締役　鈴木一郎
登記記録に関する事項	設立　　　　　　平成○○年○○月○○日登記

（役員に関する事項について）取締役が3名の場合には、3名分の名前が載ります。取締役と代表取締役が1人の場合にも、両方に名前が載ります

これは登記簿に記録されている閉鎖されていない事項の全部であることを証明した書面である。

平成○○年○月○日
東京法務局
登記官　　　　　　　　　○　○　○　○　　【認証文】

整理番号　ア○○○○○○　＊下線のあるものは抹消事項であることを示す。

4-5 登記完了後に取得する書類

2. 印鑑証明書、印鑑カードの取得のしかた

印鑑カードの交付申請

　印鑑証明書を取得するためには、「印鑑カード」を交付してもらい、印鑑カードを提示して取得します。印鑑カードの交付は、会社設立の登記が完了したあとに、管轄の法務局で手続きします。
　「**印鑑カード交付申請書**」は、法務局の窓口に置いてあります。また、法務省のサイトからダウンロードをすることもできます。

> ● 法務省HP「商業・法人登記簿謄本、登記事項証明書（代表者事項証明書を含む）、印鑑証明書の交付申請」
> （http://www.moj.go.jp/ONLINE/COMMERCE/11-2.html）

　印鑑カード交付申請書に必要事項を記入し、法務局窓口に提出します。提出したその日に取得することができます。
　印鑑カードを窓口で取得するほか、郵送での取得も可能です。その場合は、切手を貼った返信用封筒を同封します。大事なものなのでレターパックや特定記録、簡易書留など記録の残る郵送方法にしましょう。

印鑑証明書の取得のしかた

　会社の印鑑証明書を取るには、印鑑カードの提示が必要になります。
　代理人が請求するときでも、印鑑カードの提示さえあれば委任状は必要ありません。**印鑑カードさえあれば印鑑証明書を取得できてしまうという危険性があるので、印鑑カードの保管は厳重にしてください。**
　「**印鑑証明書交付申請書**」は、法務局の窓口に置いてあります。また、法務省のサイトからダウンロードをすることもできます。

● 法務省の HP にある「商業・法人登記簿謄本、登記事項証明書（代表者事項証明書を含む）、印鑑証明書の交付申請」
（http://www.moj.go.jp/ONLINE/COMMERCE/11-2.html）

　窓口で印鑑証明書を取得する場合は、1通450円で、収入印紙で納めます。収入印紙は、法務局の印紙売場で売っています。収入印紙に消印はしないでください。

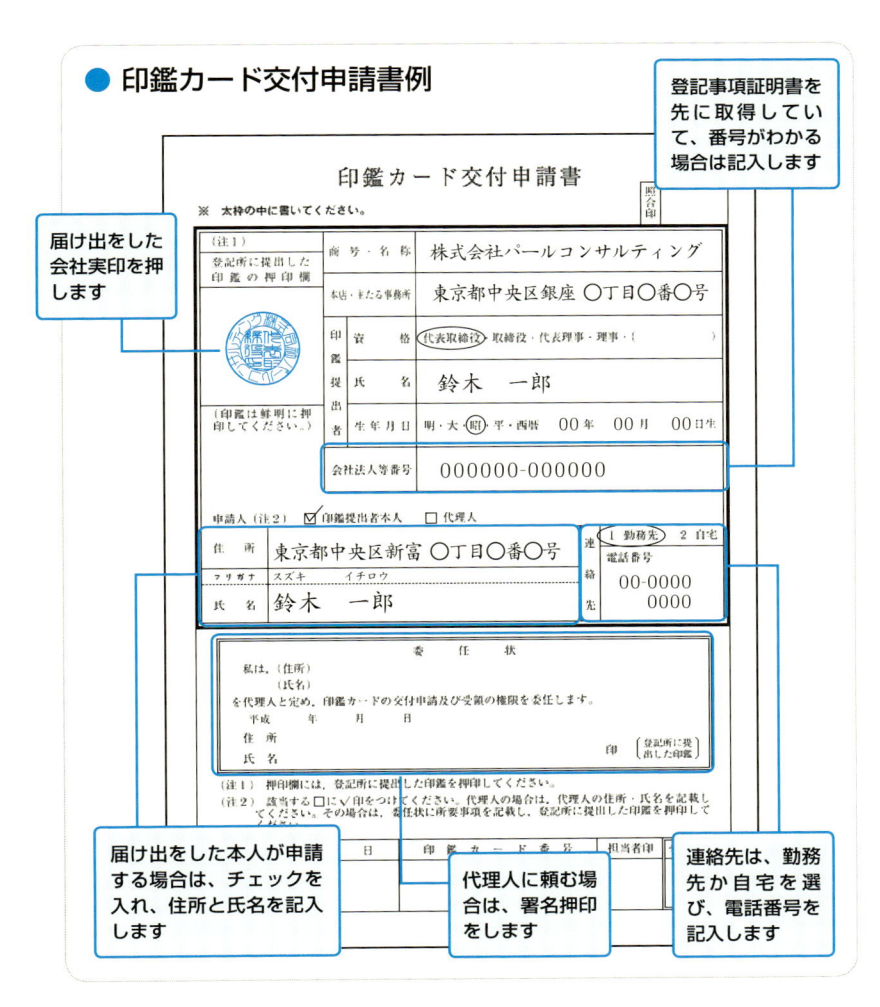

● 印鑑カード交付申請書例

印鑑カード交付申請書

- 届け出をした会社実印を押します
- 登記事項証明書を先に取得していて、番号がわかる場合は記入します
- 届け出をした本人が申請する場合は、チェックを入れ、住所と氏名を記入します
- 代理人に頼む場合は、署名押印をします
- 連絡先は、勤務先か自宅を選び、電話番号を記入します

商号・名称：株式会社パールコンサルティング
本店・主たる事務所：東京都中央区銀座○丁目○番○号
資格：代表取締役
氏名：鈴木　一郎
生年月日：昭　00年00月00日生
会社法人等番号：000000-000000

申請人：☑印鑑提出者本人　□代理人
住所：東京都中央区新富○丁目○番○号
フリガナ：スズキ　イチロウ
氏名：鈴木　一郎
連絡先：1 勤務先　2 自宅
電話番号：00-0000-0000

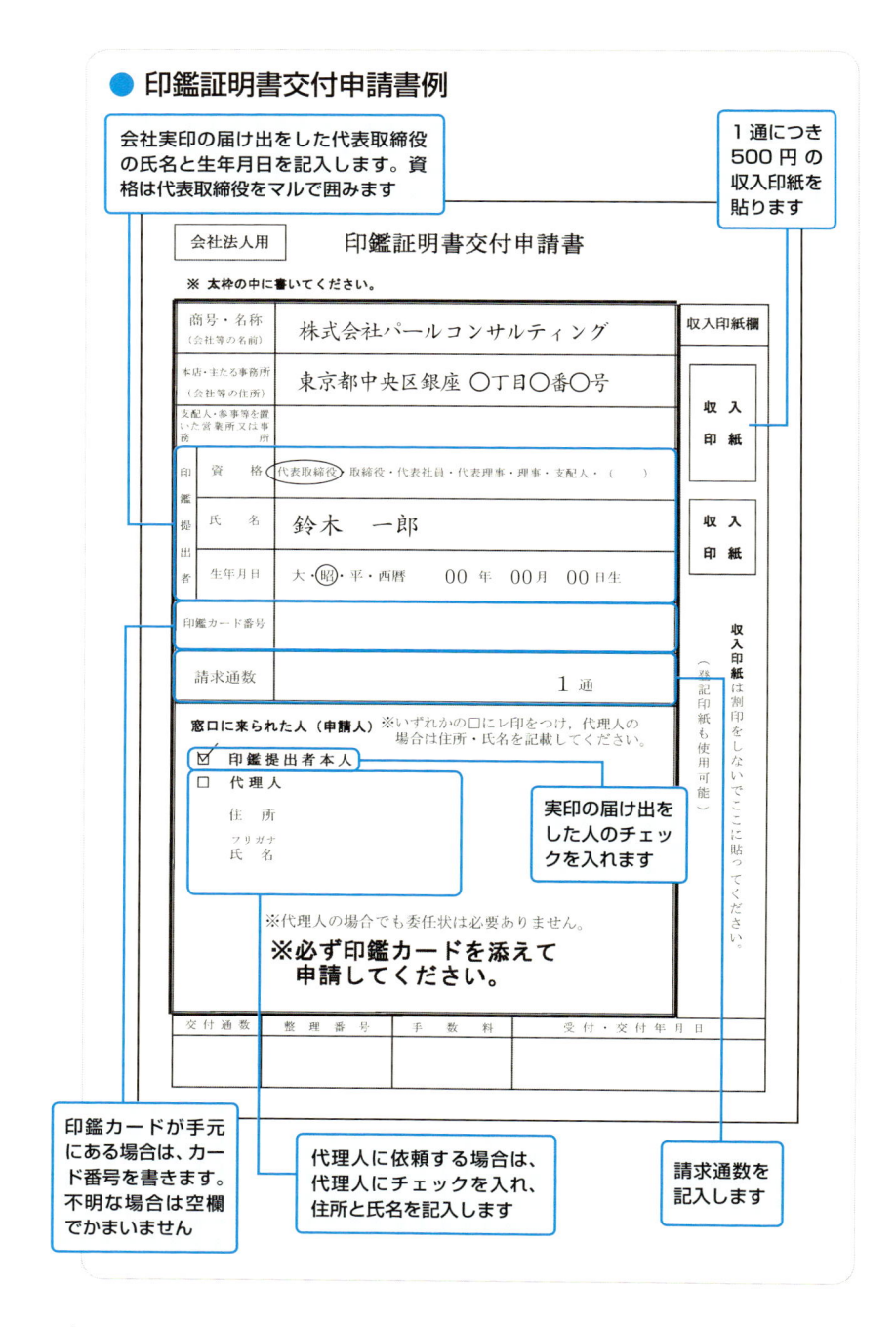

● 印鑑証明書交付申請書例

会社実印の届け出をした代表取締役の氏名と生年月日を記入します。資格は代表取締役をマルで囲みます

1通につき500円の収入印紙を貼ります

会社法人用	印鑑証明書交付申請書	
※ 太枠の中に書いてください。		
商号・名称 (会社等の名前)	株式会社パールコンサルティング	収入印紙欄
本店・主たる事務所 (会社等の住所)	東京都中央区銀座 ○丁目○番○号	収入印紙
支配人・参事等を置いた営業所又は事務所		
印鑑提出者 資格	(代表取締役)・取締役・代表社員・代理理事・理事・支配人・( )	
氏名	鈴木 一郎	収入印紙
生年月日	大・(昭)・平・西暦 00年 00月 00日生	
印鑑カード番号		収入印紙は割印をしないでここに貼ってください。(pán印紙も使用可能)
請求通数	1通	

窓口に来られた人(申請人) ※いずれかの□にレ印をつけ、代理人の場合は住所・氏名を記載してください。

☑ 印鑑提出者本人
□ 代理人
　　住　所
　　フリガナ
　　氏　名

※代理人の場合でも委任状は必要ありません。

※必ず印鑑カードを添えて申請してください。

交付通数	整理番号	手数料	受付・交付年月日

印鑑カードが手元にある場合は、カード番号を書きます。不明な場合は空欄でかまいません

実印の届け出をした人のチェックを入れます

代理人に依頼する場合は、代理人にチェックを入れ、住所と氏名を記入します

請求通数を記入します

4-5 登記完了後に取得する書類

3. 登記事項証明書、印鑑証明書はどんなときに使うのか

登記事項証明書を提出するとき

登記事項証明書は、銀行の口座開設、税務署への届け出、許認可、賃貸借契約といった契約のときに提出します。コピーでも可能な場合があるので、取得する前に確認しておきましょう。

印鑑証明書を提出するとき

印鑑証明書を提出することはあまりありませんが、**不動産の売買、担保の設定、契約のとき**に求められます。金融機関によっては、銀行の口座開設時に提出を求めるところもあります。

有効期限に注意して取得する

登記事項証明書および印鑑証明書は、3カ月以内のものを取得するように求められることが多く、一度にたくさん取得しても期限切れで使えなくなってしまうことがあります。

設立の登記が終わった直後は、登記事項証明書なら会社保管用、銀行口座開設用、税務署への届け出などで3通、印鑑証明書なら実際に使用しない場合でも確認用として1通、それぞれ取得しておきましょう。必要なときに、適宜法務局で取得するようにします。

● 印鑑証明書例

```
○0000000

        印 鑑 証 明 書

           会社法人等番号 000-00-000000


             [印影]


      商  号   株式会社パールコンサルティング
      本  店   東京都中央区銀座○丁目○番○号
             代表取締役  鈴木一郎
             昭和○○年○○月○○日生


   これは提出されている印鑑の写しに相違ないことを証明する。
            平成○○年○○月○○日
      東京法務局
      登記官                    ○ ○ ○ ○

   整理番号 ○000000
                              0000000○
```

まとめ

- 登記が完了したら、登記事項証明書と印鑑証明書を取得する
- 登記事項証明書の種類は履歴事項証明書を取得すればよい
- 印鑑証明書を取得するために、印鑑カードを交付してもらう
- 印鑑カードの保管は厳重にする
- 書類の有効期限は取得後3カ月以内のものが多い

月	日	_____	☐
月	日	_____	☐
月	日	_____	☐

この章の中で、何月何日に●●●をしようと決めたらここに書き込んで、実際にやったらチェックを入れましょう。

第5章

銀行口座開設と諸官庁への届け出

　第4章までで、会社を無事につくることができました。次は会社の運営を実際に起動させるための準備が必要になります。それには大きく3つあります。

　まずは1つめが、メインとする金融機関を決め、口座の開設をすること。

　2つめに、会社の設立に伴う書類を各公的機関に届け出ること。税務署に届け出るもの、都道府県税事務所に届け出るもの、市区町村の役所に届け出るもの、年金事務所に届け出るものなどがあるので、提出書類と提出先を間違わないようにしましょう。

　3つめは、借り入れです。借り入れを検討する場合には早めに準備をしましょう。

5-1 銀行口座を開設する

1. 取引金融機関の決め方

金融機関の種類を知ろう

≪都市銀行とは？

　都市銀行は大都市に本店を置き、全国規模でサービスを行っている銀行です。一般的には、三菱東京UFJ銀行、三井住友銀行、みずほ銀行が該当します。

　都市銀行は主に大企業を対象に取引を行っています。

≪地方銀行とは？

　地方銀行は各都道府県に本店を置き、各都道府県内の地域経済を中心にサービスを行っている銀行です。主に中堅企業、中小企業や個人を対象に取引を行っています。

　サービス内容は都市銀行とほぼ同じですが、地方銀行は自治体の制度融資（247頁参照）に積極的で、地域の情報に強いことが特徴です。

≪ネットバンクとは？

　インターネット専業銀行など、実際の店舗はほとんど持たず、インターネットを通じてサービスを提供している銀行があります。実店舗を持たないため、人件費や店舗費用が少なくすむので、預金利息が高く、かつ手数料が安いことが魅力です。ただし、法人口座開設に対応していない銀行も多くあります。

≪信用金庫とは？

　主に中小企業や個人を対象としていて、会員になるには、営業区域内に住んでいるとか、営業区域内の会社に勤めているなどの条件があります。預金は誰でもできますが、貸し付けは原則として会員にかぎります。

　規模の点では銀行におよびませんが、独自のサービスを行っていると

ころも数多くあり、きめ細やかな点が売りです。大きなメリットとしては、工業用地を探したりする場合など、顧客に多くの情報を提供することが可能な情報収集力を持っている点が挙げられます。都市銀行と比べると借り入れの審査は通りやすいですが、その分、金利も高くなる点がデメリットです。

≪信用組合とは？

　組合員の経済的地位向上を目指している非営利の金融機関です。原則として、預金も貸し付けも組合員にかぎられ、組合員になれるのは、営業区域内に住んでいる人、営業区域内の中小企業の事業所所有者ならびに在勤者、およびその親族です。

　信用金庫同様、都市銀行、地方銀行に比べると、借り入れの審査は通りやすいですが、その分、金利が高くなる点がデメリットです。

金融機関の選び方

　法人成りの場合、個人事業時代から取引のある金融機関があるなら、メインバンクをその金融機関にすることをお勧めします。

　なじみの担当者がいれば、気軽に相談に乗ってもらえるのでなおさらです。なじみの担当者がいなくても、取引の実績があるだけでもプラス材料になります。

　あとは、サービスの善し悪しや自分の会社にあったサービスが提供されているかなどですが、基準として次のような項目をチェックしながら、慎重に判断します。

≪利便性から検討してみよう

　つきあいのある金融機関がなければ、とりあえず、近くの金融機関に開設するのも１つの方法です。日々の入出金を頻繁に行うような場合、距離的な問題で支店や提携ATMが近くにあるとやはり便利です。

　都市銀行は、支店や提携ATMの数が多く、立地も駅の近くにあり、利便性にすぐれているので、将来的に借り入れをする予定がない場合には、口座開設目的だけで利用するという方法も選択肢の１つです。

　また、すでに大口の得意先が決まっている場合には、得意先と同じ金融機関にすると振り込み手数料が削減できることもあります。

≪ネットバンクのいいとこ取り、「ネットバンキングサービス」があるか確認してみよう

　ネットバンクの利便性は、わざわざ店舗に行く必要がないところ、手数料が安いところにありますが、都市銀行や地方銀行にも同様のネットバンキングというサービスがあります。

　このネットバンキングが使用できると、ネットバンクと同様、夜間や休日に振り込みができ、わざわざ支店やATMに行く必要がなくなるので、作業効率を考えると非常に便利です。また、**ネットバンキングのサービスを利用した振込手数料が1カ月に何回まで無料で、有料だといくらかかるのかも、金融機関を比較する際の重要なポイント**になります。

≪サービス面から検討してみよう

　担当者が会社にまめに来てくれ、きめ細やかなサービスをしてくれるか、いざ困ったときに親身に相談にのってくれるかという点では、都市銀行よりも、信用金庫、信用組合です。

　都市銀行は、大企業を相手にし、地方銀行はある程度規模があって実績のある会社を相手にしているので、両者ともに、創業者に対してはドライといった面があります。

　創業時にはまず、創業者にも親身になって相談に乗ってくれやすい信用金庫とのおつきあいをはじめてみることをお勧めします。

≪管理面から検討してみよう

　取引金融機関の数については、少ないほうが管理しやすいため、はじめのうちは1行で十分です。創業当初は経理スタッフがいない場合も多いでしょうし、複数の金融機関を管理するのは大変です。売上の入金も、支払いの出金もすべて同じ口座にしてしまえば、預金残高がわかりやすく、資金繰りの面でも予想を立てやすいというメリットもあります。

　ただし1行取引では、金利の選択ができないとか、システム障害があった場合などに不都合が発生することもあります。

　また、すべてを1つの口座でやり取りすると、取引量が多くなるにつれてあとで見たときに内容が把握しづらく、間違った振り込みや入金に対して気づきにくいというデメリットがあります。それを回避するために、目的別に口座を分けてもいいでしょう。ただし、その場合もあまり

多くの口座を持つと管理が大変になります。
　取引銀行は最初は1行からはじめて、企業の成長とともに増やしていくのが理想的です。

≪資金調達（融資）面から検討してみよう

　借り入れを考える場合、経常的な資金は融資銀行に集中させたほうが審査はとおりやすいため、口座を分散させるのは得策とはいえません。
　経常的な資金とは、売上代金、仕入代金、給与、家賃など、日常的に繰り返し発生する入出金のことをいいます。
　融資を受けるメインバンクに経常的な資金を集中させるとお金の流れもわかるので担当者も安心し、信頼関係も強まります。
　それではどこに資産を集中させるかですが、**中小企業が融資を受けるにあたって一番身近な存在は、「信用金庫」と「信用組合」**です。
　はじめは地元の信用金庫と取引を開始し、企業の成長（拡大）にあわせて、複数の金融機関（メガバンク、地銀）とも取引を増やすことで、競争原理が働き、有利な取引ができるようになります。

> 事業が動き出したあとに、
> 口座を変更することは大変です。
> 自社にあった金融機関を慎重に選びましょう。

まとめ

- 融資を検討するのであれば、はじめは信用金庫がお勧め
- 利便性から考えると、都市銀行を利用するのもあり
- はじめは地元の信用金庫・信用組合と取引を開始し、企業の成長（拡大）にあわせて、複数の金融機関（地銀 → メガバンク）とも取引を増やしていくことをお勧めします

5-1 銀行口座を開設する

2. 口座を開設しに行こう

法人口座の開設はいくつかポイントがあります

　手続き的には、個人口座を開設するのとそれほどの違いはありませんが、法人口座の開設にあたっては、いくつかのポイントがあるので気をつけてください。

≪金融機関口座開設の時期

　金融機関で口座を開設するのは、法人の登記手続きが完了してからになります。なぜなら、口座開設に必要な「登記事項証明書」は、登記が完了しないと、取ることができないからです。

≪必要書類と持ち物に注意する

　次に一般的な必要書類と持ち物を掲げておきます。必要書類などは金融機関によって異なるので、事前に確認をしておきます。

● 会社の口座開設の際に必要な主な書類と持ち物例

- 口座開設申込書（銀行に備え付けのもの）

● 登記事項証明書 ● 認証を受けた会社の定款のコピー ● 会社の印鑑証明書	登記完了後に準備
● 法務局へ届け出済みの会社実印 ● 銀行印に使用する印鑑 ● 代表者本人や来店者の身分証明書	事前に準備

5-2 会社設立後にしなくてはいけない届け出

1. 会社設立後に必要な税金に関する届出書類

　会社の設立が終わったら、税務署などにいくつかの届出書類を提出しなければなりません。提出先は、通常、次の3カ所になります。これらの提出先には、毎期、税金を納めることになります。

❶ 税務署
❷ 都道府県税事務所
❸ 市区町村の役所（東京23区内の場合、税務署と都税事務所の2カ所だけです）

なお、**いずれの書類も手数料はかかりません。**

● 会社をつくったら納めなくてはいけない税金とその納め先

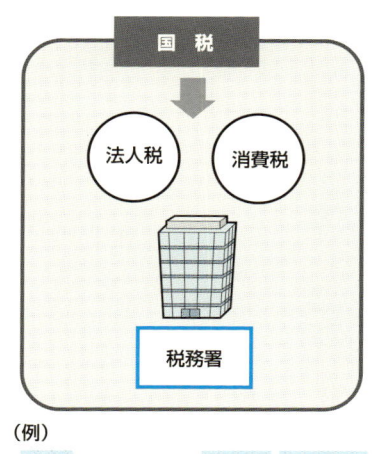

国税
　法人税　消費税
　→ 税務署

地方税
　事業税・住民税
　→ 都道府県税事務所／市区町村の役所

（例）
会社 の本店住所が「東京都 八王子市 ○○」だった場合、
税務署 へ　都税事務所 へ　八王子市役所 へ、それぞれ届け出ることになります。

※ 東京23区内の場合は、「税務署」「都税事務所」になります。

● 各種書類の提出先と提出期限チェックシート

提出先	チェック欄	提出書類	添付書類	提出期限	参照頁
税務署		❶ 法人設立届出書	① 定款のコピー ② 登記事項証明書 ③ 株主名簿 ④ 設立時の貸借対照表 ⑤ 設立趣意書（書式や内容は基本的に自由。税務署所定の事業概況書に記入して提出することも可）	会社設立後2カ月以内	217頁
		❷ 青色申告の承認申請書	なし	会社設立後3カ月以内。ただし、その間に最初の事業年度が終了する場合には、事業年度終了の前日まで	219頁
		❸ 給与支払事務所等の開設届出書	なし	会社設立後1カ月以内	221頁
		❹ 源泉所得税の納期の特例の承認に関する申請書	なし	従業員10人未満の場合、適用を受けようとする月の前月までに	223頁
		❺ 棚卸資産の評価方法の届出書	なし	設立第1期の確定申告書の提出期限まで。法定の方法（225、226頁参照）による場合は提出不要	225頁
		❻ 減価償却資産の償却方法の届出書	なし		226頁
		消費税課税事業者選択届出書	通常は提出しません。しかし、提出したほうがいい場合もあります（多額の設備投資をした場合など）		
都道府県税事務所		❶ 法人設立届出書	① 定款のコピー ② 登記事項証明書（コピー可の場合もあります）	都道府県によって異なります（東京都は15日以内）	227頁
市区町村の役所（東京23区内はなし）		❶ 法人設立届出書	① 定款のコピー ② 登記事項証明書（コピー可の場合もあります）	市町村によって異なります	228頁

※ 届出書類の詳細は次項以降を参照してください。
　　：最低限提出すべき書類

5-2 会社設立後にしなくてはいけない届け出

2. 税務署に届け出る書類

会社の本店が所在する所轄の税務署

　提出先は会社の本店が所在する所轄の税務署になるので、事前に調べておきます。

　税務署はインターネットを使って、「（会社の本店の住所）　税務署」といったキーワードで検索すると、比較的早く見つけられます。また、国税庁HP「国税局・税務署を調べる」（http://www.nta.go.jp/soshiki/kokuzeikyoku/chizu/chizu.htm）で確認することができます。

書類の入手方法

≪必要な書類は次の6種類

● 税務署に届け出る書類

❶ 法人設立届出書
❷ 青色申告の承認申請書
❸ 給与支払事務所等の開設届出書
❹ 源泉所得税の納期の特例の承認に関する申請書
❺ 棚卸資産の評価方法の届出書 ──┐
❻ 減価償却資産の償却方法の届出書 ──┘ 任意

≪税務署で入手する方法

　近くの税務署（提出先の税務署でなくてもかまいません）に行くと、会社設立の届出書類がセットになったものが用意されています。
　用紙を取り行った際に、書類の説明を簡単にしてもらうのもお勧めです。

≪インターネットで入手する方法

　税務署に行かず、国税庁HP「税務手続の案内」(http://www.nta.go.jp/tetsuzuki/shinsei/annai/hojin/mokuji.htm) からダウンロードすることも可能です。時間を短縮したい人はこちらのほうがお勧めですが、提出書類がセットになっているわけではないので、提出書類を見落とさないように気をつけなくてはなりません。

必要書類の提出のしかた

※ 都道府県税事務所、市区町村の役所に提出する書類もこれに準じます。

≪① 各種書類と添付書類を準備（法人設立届出書の場合）

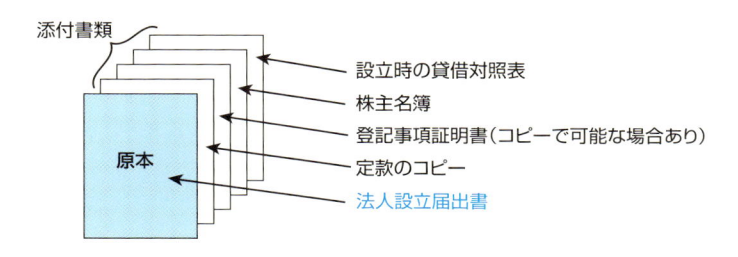

添付書類
- 設立時の貸借対照表
- 株主名簿
- 登記事項証明書（コピーで可能な場合あり）
- 定款のコピー
- 法人設立届出書

原本

≪② 各種届出書の原本をコピー

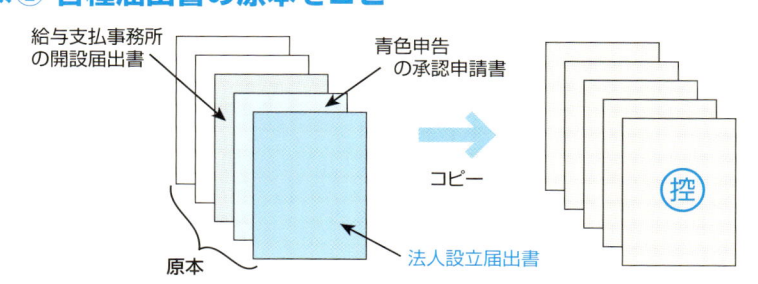

- 給与支払事務所の開設届出書
- 青色申告の承認申請書
- 法人設立届出書

原本 → コピー → 控

≪③ 上記書類を提出

● 窓口に直接持っていく場合

　上記書類の「原本」と「控」を両方持っていきます。1部は税務署や都道府県税事務所などに提出し、もう1部の控のほうに受付印を押してもらい、持って帰ってきます。

これらの書類は重要な書類となるので、受付印が押されていることを必ず確認し、大切に保管しておきます。滅多にありませんが、税務署などから提出が確認できないなどと言われることがあります。その場合にも、受付印を押された「控」を会社で保存しておけば、それに対応することができます。
　なお、提出窓口は税務署の「総務課」窓口などになります。

● 郵送で提出する場合
　封筒の表面に提出先の宛先である「○○税務署御中」や「○○県税事務所御中」と書きます。その中に上記書類（「原本」と「控」）と、切手を貼った返信用の封筒を忘れずに同封してください。後日、「控」のほうに受付印が押されて返送されてきます。

❶ 法人設立届出書（次頁書式参照）

≪期日

会社設立から２カ月以内に届け出ます。
　会社が設立されたことを税務署に届け出る書類です。これを届け出ることで、申告書などの税金関係の書類が送られてきます。税務署所定の用紙に必要事項を記入して提出します。用紙は税務署に直接取りにいくか、または国税庁HP「内国普通法人等の設立の届出」（http://www.nta.go.jp/tetsuzuki/shinsei/annai/hojin/annai/pdf2/001.pdf）よりダウンロードすることも可能です。添付書類は主に次の４つになります。

● 添付書類

❶ 定款のコピー
❷ 登記事項証明書
❸ 株主名簿
❹ 設立時の貸借対照表

　これらのうち、株主名簿や設立時の貸借対照表は、特に決まった書式はありませんが、例の図表（219頁参照）を参考にして作成してください。

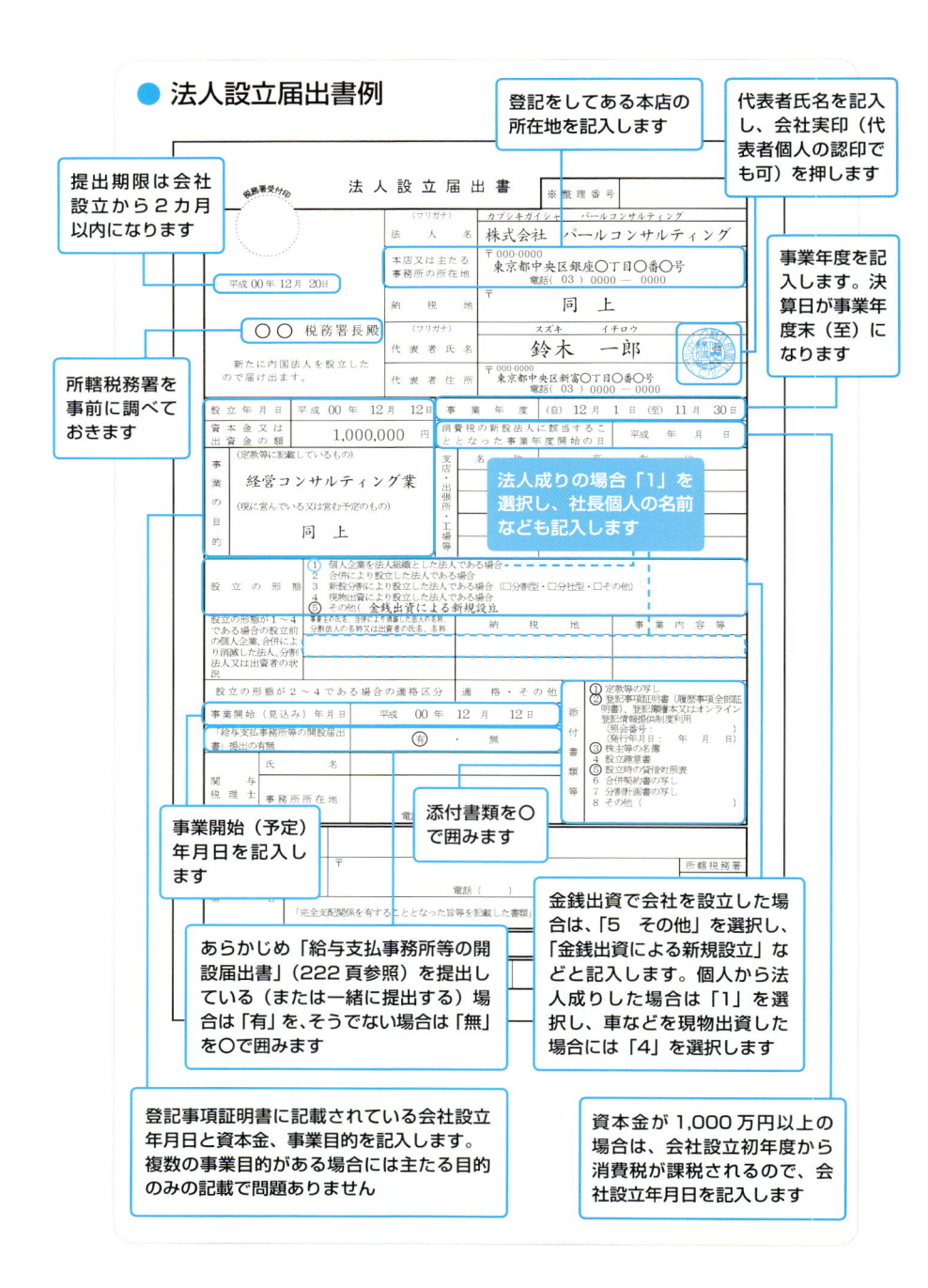

● 法人設立届出書例

法人設立届出書

- 提出期限は会社設立から2カ月以内になります
- 登記をしてある本店の所在地を記入します
- 代表者氏名を記入し、会社実印（代表者個人の認印でも可）を押します
- 所轄税務署を事前に調べておきます
- 事業年度を記入します。決算日が事業年度末（至）になります
- 法人成りの場合「1」を選択し、社長個人の名前なども記入します
- 事業開始（予定）年月日を記入します
- あらかじめ「給与支払事務所等の開設届出書」（222頁参照）を提出している（または一緒に提出する）場合は「有」を、そうでない場合は「無」を○で囲みます
- 添付書類を○で囲みます
- 金銭出資で会社を設立した場合は、「5 その他」を選択し、「金銭出資による新規設立」などと記入します。個人から法人成りした場合は「1」を選択し、車などを現物出資した場合には「4」を選択します
- 登記事項証明書に記載されている会社設立年月日と資本金、事業目的を記入します。複数の事業目的がある場合には主たる目的のみの記載で問題ありません
- 資本金が1,000万円以上の場合は、会社設立初年度から消費税が課税されるので、会社設立年月日を記入します

記入例：
- 法人名：株式会社パールコンサルティング
- 本店所在地：東京都中央区銀座○丁目○番○号
- 代表者氏名：鈴木 一郎
- 設立年月日：平成00年12月12日
- 資本金：1,000,000円
- 事業年度：（自）12月1日（至）11月30日
- 事業の目的：経営コンサルティング業
- 事業開始年月日：平成00年12月12日

● **株主名簿と設立時貸借対照表例**

株式会社 パールコンサルティング　株主名簿

氏名	住所	株数	金額	役職名および当該法人の役員または他の株主等との関係
鈴木 一郎	東京都中央区新富○丁目○番○号	100株	1,000,000円	代表取締役
合計				

設立時貸借対照表

資産の部	金額	負債及び純資産の部	金額
普通預金	1,000,000円	資本金	1,000,000円
合計	1,000,000円	合計	1,000,000円

❷ 青色申告の承認申請書（次頁書式参照）

≪期日

「会社を設立してから3カ月を経過した日」か、「最初の事業年度末日」のうちいずれか早い日の前日までに届け出ます。

　会社を設立して利益が出たら、法人税を国に納めることになります。その法人税は、自分で計算して申告書にまとめ、税務署に提出します。

　法人税の申告には、「白色申告」と「青色申告」の2種類があります。青色申告は白色申告と比べて、手間は同程度かそれより少し多いくらいにもかかわらず、税務上のメリットが大きい制度です。そのため、ほとんどの会社が青色申告を選択しています。

　「青色申告の承認申請書」は会社が青色申告で法人税を納めるための申請書類です。「青色申告の承認申請書」を提出しなかった場合、自動的に白色申告となってしまいます。

　申請書に添付書類は必要ありません。書類を提出してから事業年度末までに、税務署から却下の旨の通知が来なければ、青色申告が認められたことになります。通常は問題なく認められます。

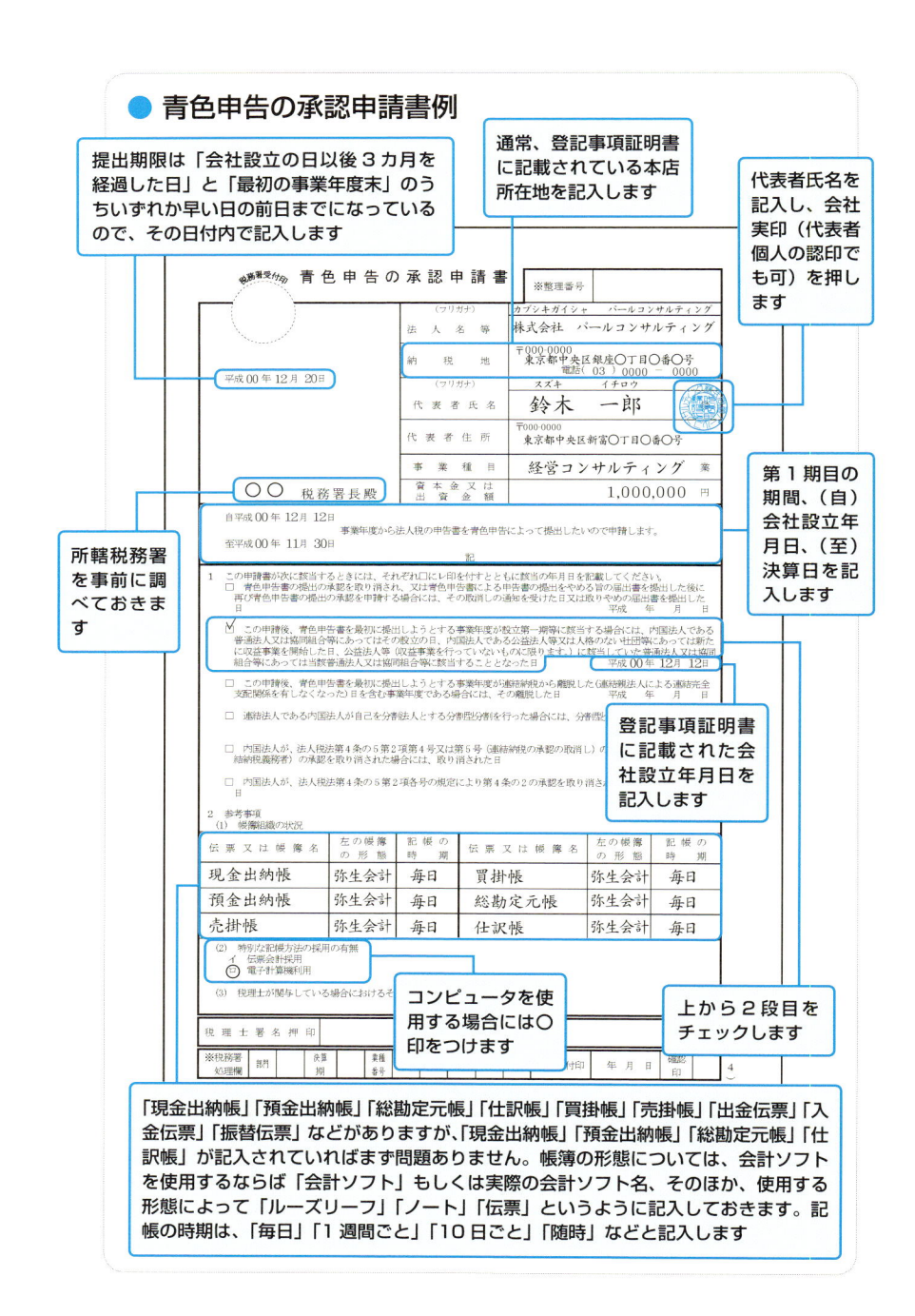

● 青色申告の承認申請書例

提出期限は「会社設立の日以後3カ月を経過した日」と「最初の事業年度末」のうちいずれか早い日の前日までになっているので、その日付内で記入します

通常、登記事項証明書に記載されている本店所在地を記入します

代表者氏名を記入し、会社実印（代表者個人の認印でも可）を押します

青色申告の承認申請書

※整理番号

（フリガナ）	カブシキガイシャ　パールコンサルティング
法人名等	株式会社　パールコンサルティング
納税地	〒000-0000 東京都中央区銀座○丁目○番○号 電話（03）0000 - 0000
（フリガナ）	スズキ　イチロウ
代表者氏名	鈴木　一郎　㊞
代表者住所	〒000-0000 東京都中央区新富○丁目○番○号
事業種目	経営コンサルティング 業
資本金又は出資金額	1,000,000 円

平成00年12月20日

○○ 税務署長殿

自平成00年12月12日
至平成00年11月30日

事業年度から法人税の申告書を青色申告によって提出したいので申請します。

記

1. この申請書が次に該当するときには、それぞれ口にレ印を付すとともに該当の年月日を記載してください。
   - □ 青色申告書の提出の承認を取り消され、又は青色申告書による申告書の提出をやめる旨の届出書を提出した後に再び青色申告書の提出の承認を申請する場合には、その取消しの通知を受けた日又は取りやめの届出書を提出した日　　平成　年　月　日
   - ☑ この申請後、青色申告書を最初に提出しようとする事業年度が設立第一期等に該当する場合には、内国法人である普通法人又は協同組合等にあってはその設立の日、内国法人である公益法人等又は人格のない社団等にあっては新たに収益事業を開始した日、公益法人等（収益事業を行っていないものに限ります。）に該当していた普通法人又は協同組合等にあっては当該普通法人又は協同組合等に該当することとなった日　　平成00年12月12日
   - □ この申請後、青色申告書を最初に提出しようとする事業年度が連結納税の承認を取り消された場合の日を含む事業年度である場合には、その離脱した日　　平成　年　月　日
   - □ 連結法人である内国法人が自己を分割法人とする分割型分割を行った場合には、分割型
   - □ 内国法人が、法人税法第4条の5第2項第4号又は第5号（連結納税の承認の取消し）の結結税義務者）の承認を取り消された場合には、取り消された日
   - □ 内国法人が、法人税法第4条の5第2項各号の規定により第4条の2の承認を取り消さ

2. 参考事項
   (1) 帳簿組織の状況

伝票又は帳簿名	左の帳簿の形態	記帳の時期	伝票又は帳簿名	左の帳簿の形態	記帳の時期
現金出納帳	弥生会計	毎日	買掛帳	弥生会計	毎日
預金出納帳	弥生会計	毎日	総勘定元帳	弥生会計	毎日
売掛帳	弥生会計	毎日	仕訳帳	弥生会計	毎日

(2) 特別な記帳方法の採用の有無
- イ 伝票会計採用
- ロ 電子計算機利用

(3) 税理士が関与している場合におけるそ

税理士署名押印

※税務署処理欄　部門　決算期　業種番号　　年月日　確認

所轄税務署を事前に調べておきます

第1期目の期間、（自）会社設立年月日、（至）決算日を記入します

登記事項証明書に記載された会社設立年月日を記入します

コンピュータを使用する場合には○印をつけます

上から2段目をチェックします

「現金出納帳」「預金出納帳」「総勘定元帳」「仕訳帳」「買掛帳」「売掛帳」「出金伝票」「入金伝票」「振替伝票」などがありますが、「現金出納帳」「預金出納帳」「総勘定元帳」「仕訳帳」が記入されていればまず問題ありません。帳簿の形態については、会計ソフトを使用するならば「会計ソフト」もしくは実際の会計ソフト名、そのほか、使用する形態によって「ルーズリーフ」「ノート」「伝票」というように記入しておきます。記帳の時期は、「毎日」「1週間ごと」「10日ごと」「随時」などと記入します

❸ 給与支払事務所等の開設届出書（次頁書式参照）

≪期日

給与支払事務所開設（会社設立）から1カ月以内に届け出ます。

従業員および社長である「自分」に給与を払うために必要な届け出です。

給与支払事務所とは、役員や従業員などに給与などの支払事務を行う事務所や事業所などをいいます。会社は給与や報酬などを支払う場合、それらの総額から所得税をいったん預かり、支払い月の翌月10日に税務署に納付することになります。そのような事務手続きを行う事務所開設の旨を通知するのがこの届出書の役割です。

会社を設立すると、従業員を雇っていなくても、自分自身に社長として給与（役員報酬）を支払うことになります。つまり会社を設立したら、通常は給与などの支払いが発生することになります。

届出書に添付書類は必要ありません。

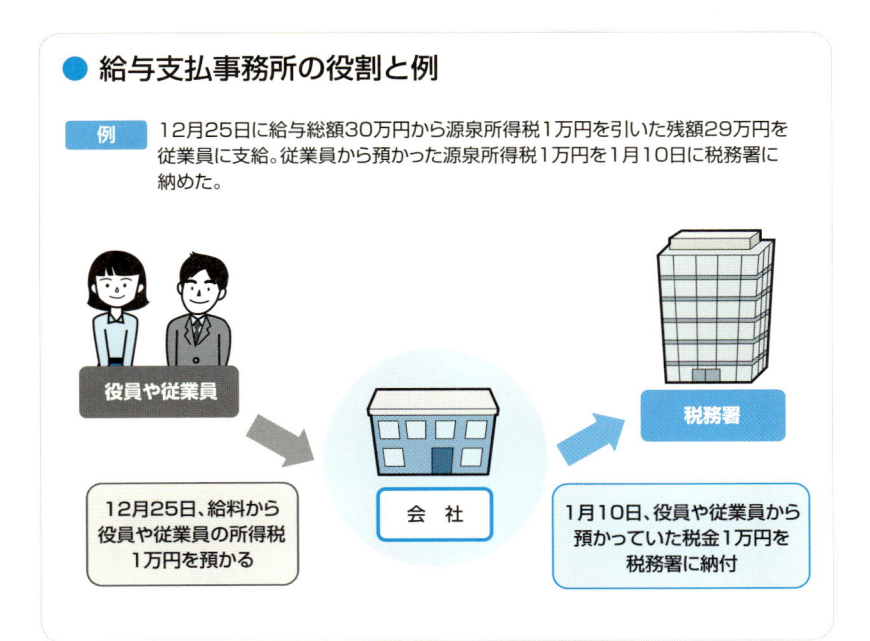

● 給与支払事務所の役割と例

例　12月25日に給与総額30万円から源泉所得税1万円を引いた残額29万円を従業員に支給。従業員から預かった源泉所得税1万円を1月10日に税務署に納めた。

役員や従業員

12月25日、給料から役員や従業員の所得税1万円を預かる

会社

1月10日、役員や従業員から預かっていた税金1万円を税務署に納付

税務署

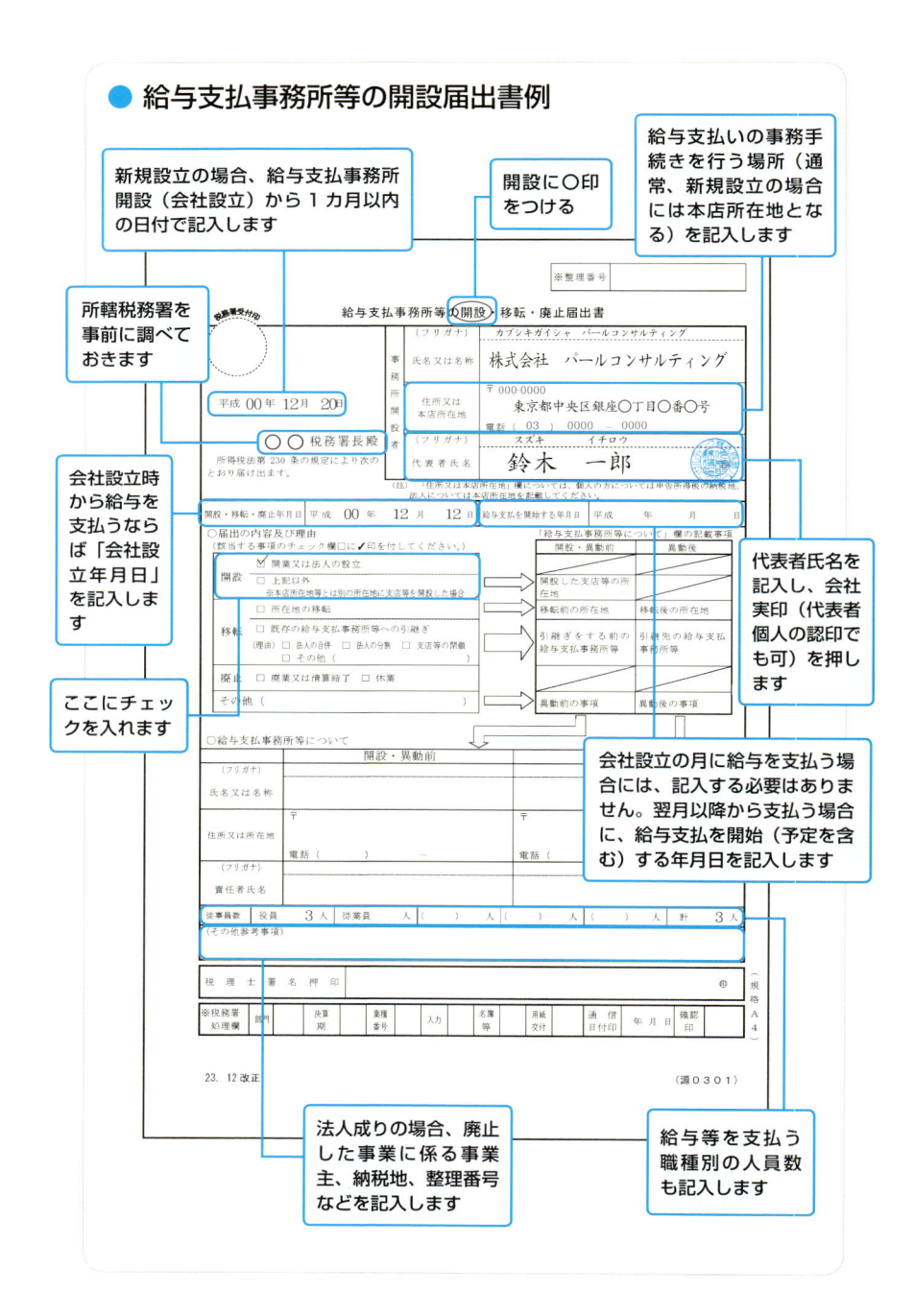

● 給与支払事務所等の開設届出書例

新規設立の場合、給与支払事務所開設（会社設立）から1カ月以内の日付で記入します

開設に○印をつける

給与支払いの事務手続きを行う場所（通常、新規設立の場合には本店所在地となる）を記入します

所轄税務署を事前に調べておきます

※整理番号

給与支払事務所等の開設・移転・廃止届出書

（フリガナ）カブシキガイシャ　パールコンサルティング
氏名又は名称　株式会社　パールコンサルティング
住所又は本店所在地　〒000-0000　東京都中央区銀座○丁目○番○号
電話（03）0000-0000
（フリガナ）スズキ　イチロウ
代表者氏名　鈴木　一郎

平成 00 年 12 月 20 日
○○税務署長殿
所得税法第230条の規定により次のとおり届け出ます。

開設・移転・廃止年月日　平成 00 年 12 月 12 日
給与支払を開始する年月日　平成　年　月　日

会社設立時から給与を支払うならば「会社設立年月日」を記入します

○届出の内容及び理由
開設：☑ 開業又は法人の設立
移転：所在地の移転／既存の給与支払事務所等への引継ぎ
廃止：廃業又は清算結了／休業
その他

ここにチェックを入れます

代表者氏名を記入し、会社実印（代表者個人の認印でも可）を押します

会社設立の月に給与を支払う場合には、記入する必要はありません。翌月以降から支払う場合に、給与支払を開始（予定を含む）する年月日を記入します

○給与支払事務所等について
開設・異動前／異動後
（フリガナ）氏名又は名称
住所又は所在地　〒　電話（　）
（フリガナ）責任者氏名

従事員数　役員 3人　従業員　人　計 3人
（その他参考事項）

税理士署名押印

※税務署処理欄

23.12改正　（源0301）

法人成りの場合、廃止した事業に係る事業主、納税地、整理番号などを記入します

給与等を支払う職種別の人員数も記入します

222

❹ 源泉所得税の納期の特例の承認に関する申請書（次頁書式参照）

≪期日

提出期限は特にありません。

「給与支払事務所等の開設届出書」で説明しましたが、給与や報酬を支払うとき、原則として、会社は給与などから源泉所得税等（復興特別所得税を含む。以下同）を天引きしていったん預かり、給与受給者に代わって翌月の10日までに毎月納付しなければなりません。業務的に考えると手間がかかります。

そこで、**給与を支払う従業員が常時10人未満の小規模な会社の場合には、本来なら毎月納付しなければならない手続きを、半年に1回まとめて納付できる特例が認められています。**

この特例を承認してもらうために「源泉所得税の納期の特例の承認に関する申請書」を提出します。申請書を提出することで、1月から6月までに会社が預かった源泉所得税は7月10日までに、7月から12月までに会社が預かった源泉所得税は翌年1月20日までにまとめて納付すればよいことになります。申請書に添付書類は必要ありません。

≪注意点

この特例がいつから適用されるのか、注意が必要です。**特例が適用されるのは届出書を提出した月の翌月です。**よって、書類を提出した月に支払う給与の源泉所得税は、翌月10日が納付期限になり、書類を提出した月の翌月以降に支払う給与の源泉所得税から7月10日（または1月20日）になります。

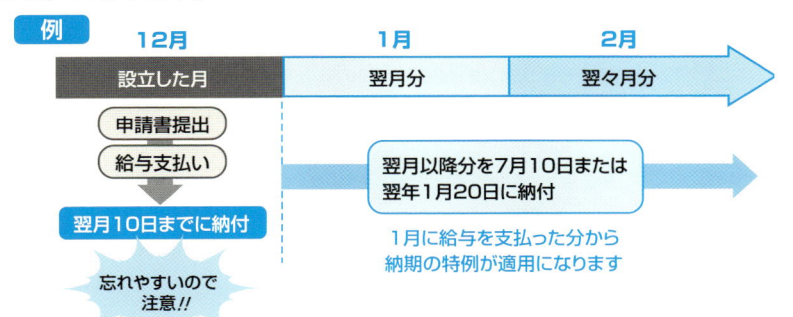

例

12月	1月	2月
設立した月	翌月分	翌々月分

申請書提出
給与支払い
翌月10日までに納付
忘れやすいので注意!!

翌月以降分を7月10日または翌年1月20日に納付

1月に給与を支払った分から納期の特例が適用になります

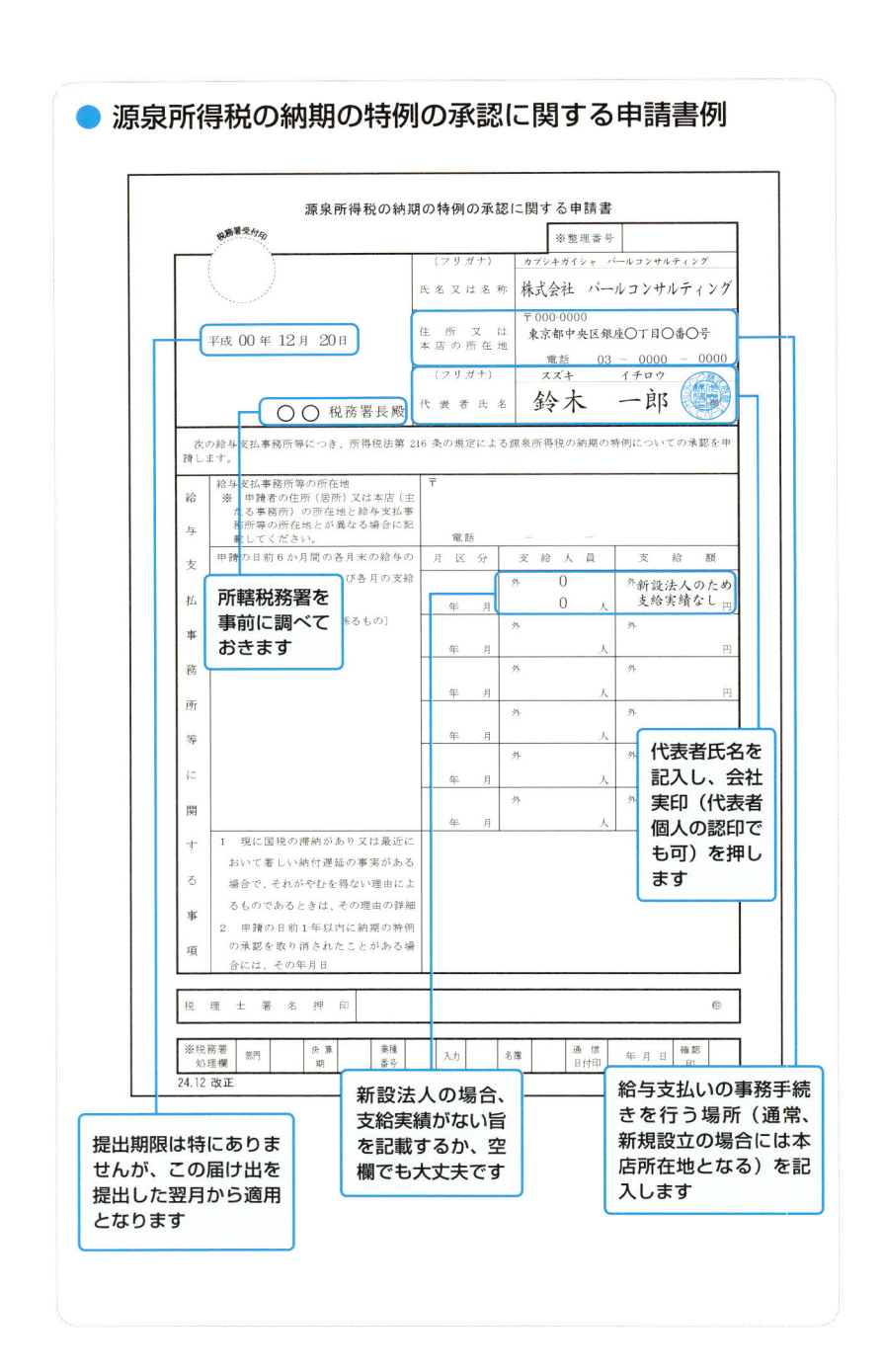

● 源泉所得税の納期の特例の承認に関する申請書例

源泉所得税の納期の特例の承認に関する申請書

※整理番号

（フリガナ）	カブシキガイシャ　パールコンサルティング
氏名又は名称	株式会社　パールコンサルティング
住所又は本店の所在地	〒000-0000 東京都中央区銀座○丁目○番○号 電話　03－0000－0000
（フリガナ）	スズキ　イチロウ
代表者氏名	鈴木　一郎　㊞

税務署受付印

平成 00 年 12 月 20 日

○○　税務署長殿

次の給与支払事務所等につき、所得税法第216条の規定による源泉所得税の納期の特例についての承認を申請します。

給与支払事務所等に関する事項

給与支払事務所等の所在地
※ 申請者の住所（居所）又は本店（主たる事務所）の所在地と給与支払事務所等の所在地とが異なる場合に記載してください。

〒
電話　－　－

申請の日前6か月間の各月末の給与の支払を受けた者の人員及び各月の支給金額 [外書きは、臨時雇用者に係るもの]

月区分	支給人員	支給額
年　月	外　　0 　　　0 人	外　新設法人のため支給実績なし 　　　円
年　月	外 　　　　人	外 　　　　円
年　月	外 　　　　人	外 　　　　円
年　月	外 　　　　人	外 　　　　円
年　月	外 　　　　人	外 　　　　円
年　月	外 　　　　人	外 　　　　円

1. 現に国税の滞納があり又は最近において著しい納付遅延の事実がある場合で、それがやむを得ない理由によるものであるときは、その理由の詳細
2. 申請の日前1年以内に納期の特例の承認を取り消されたことがある場合には、その年月日

税理士署名押印　　　　　　　　　　　　　㊞

※税務署処理欄	部門	決算期	業種番号	入力	名簿	通信日付印	年月日	確認印

24.12 改正

所轄税務署を事前に調べておきます

代表者氏名を記入し、会社実印（代表者個人の認印でも可）を押します

提出期限は特にありませんが、この届け出を提出した翌月から適用となります

新設法人の場合、支給実績がない旨を記載するか、空欄でも大丈夫です

給与支払いの事務手続きを行う場所（通常、新規設立の場合には本店所在地となる）を記入します

❺ 棚卸資産の評価方法の届出書

≪期日

設立第1期の確定申告書の提出期限までに届け出ます。

店頭や倉庫、工場にある棚卸資産（商品、製品、原材料など）は、期末に売れ残ったものについて、一定の評価方法で換算し、当期の費用とはせず、当期に売り上げた分を計算しなければなりません。その売れ残った分をどう計算するか選択します。

● 棚卸資産のしくみ

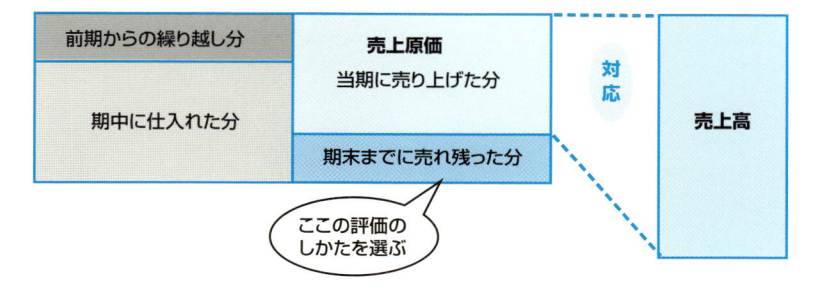

前期からの繰り越し分	売上原価 当期に売り上げた分	対応	売上高
期中に仕入れた分	期末までに売れ残った分 ←ここの評価のしかたを選ぶ		

評価方法にはいくつか種類がありますが、そのうちどの評価方法を採用するかは、事業内容や棚卸資産の種類によって、任意に選択できるようになっています。**どの評価方法を選択するのかを届け出る書類が「棚卸資産の評価方法の届出書」**です。なお、この届出書を提出しなかった場合には、「最終仕入原価法」が適用されます。

ただし、原則として棚卸資産1種類に対しては、ひとつの評価方法しか選択できません。それぞれの方法にメリット、デメリットがあり、利益に影響する場合もあります。**専門家に頼らない場合には、「棚卸資産の評価方法の届出書」を提出せずに、実務的にも1番簡単な「最終仕入原価法」にするというのも1つの方法です。**

> 「棚卸資産の評価方法の届出書」と、次頁の「減価償却資産の償却方法の届出書」は提出しなくても、そのこと自体は問題ありません。

❻ 減価償却資産の償却方法の届出書

　会社で10万円未満の文房具や消耗品などを購入した場合には、経費として処理できます。しかし、**10万円以上するパソコンや自動車などは、原則、即座に経費にすることはできません。いったん資産として計上し、毎期少しずつ、使用したりすることで価値が下がった分を経費に計上していきます。**この手続きを「**減価償却**」といいます。

　この下がった分をどのように計算するか、その方法として主に「**定額法**」と「**定率法**」という2つの方法があります。建物やソフトウエア、特許権などは「定額法」しか選択できません。しかし、附属設備、構築物、機械装置、車両運搬具、工具器具備品については、「定額法」「定率法」のいずれかを選択することができます。これらの資産にそのどちらを選択するかを届け出る書類が「**減価償却資産の償却方法の届出書**」になります。

　届け出をしなかった場合、自動的に「定率法」となるので、この届出書は提出しなくてもそれ自体は問題となりません。

　「定率法」になると、「定額法」と比べて設備を導入した初年度の償却費の負担が重く、赤字になることもあります。毎期一定額を均等に償却していく「定額法」のほうが、自社の業態に合っていると思われる場合には、届け出をして「定額法」を選択することも検討してみるとよいでしょう。

● 定額法
　毎年一定額（同額）を費用にしていく方法。
　例 100万円の資産を5年で償却する場合、いったん資産に計上して、毎期20万円ずつ経費に計上していきます。

● 定率法
　毎年一定の割合で減少していくように費用計上していく方法。
　はじめの年度ほど多く費用計上していくので、設立当初から売上が順調で、早い時期に経費に計上したい場合に適しています。
　例 100万円の資産を10年で償却する場合、1年目に20万円、2年目に16万円と、だんだんと償却費（経費に計上できる額）が減っていきます。

5-2 会社設立後にしなくてはいけない届け出

3. 都道府県税事務所に届け出る書類

法人設立届出書

会社を設立したら、地方税（住民税や事業税）に関する届け出もしなければなりません。「法人設立届出書」は各県によってその形式などが若干異りますが、内容は税務署に届け出たものとほぼ同じです。

管轄の都道府県税事務所と担当部署

提出先は会社の本店が所在する都道府県税事務所になるので、事前に調べておきます。

インターネットを使って、「（会社の本店の住所）　都（道府県）税事務所」といったキーワードで検索すると、比較的早く見つけられます。

提出先は「法人事業税課」または「法人住民税課」になります。

提出期限と添付書類

東京23区の場合、設立日から15日以内に提出します。そのほかの地域は、設立日から1カ月以内（異なる場合もあるので、管轄の都道府県税事務所に確認してください）に提出します。その際、「定款のコピー」と「登記事項証明書（またはコピー）」を添付します。

書類の入手方法

都道府県税事務所に直接取りに行くか、または各都道府県税事務所のホームページからダウンロードします（東京都は税務署の窓口でも入手可能。「法人設立届出書」が複写式になっていて、「税務署提出用」「都税事務所提出用」「市町村提出用」「会社控」の4枚が1度で作成できます）。

5-2 会社設立後にしなくてはいけない届け出

4. 市町村に届け出る書類

法人設立届出書

　会社を設立したら、都道府県税事務所以外に地方税に関する届け出を各市町村の役所にしなければなりません（東京23区内は不要です）。「法人設立届出書」は各市町村によってその形式が若干異なっていますが、内容は税務署に届け出たものとほぼ同じになります。

　提出先は「法人住民税課」になります。

提出期限と添付書類

　設立日から1カ月以内（異なる場合もあるので、各市町村役場に確認してください）に提出します。

　その際、「定款のコピー」と「登記事項証明書のコピー」を添付します。

書類の入手方法

　市町村の役所に直接取りに行くか、または市町村役場のホームページからダウンロードします。

　東京都（23区以外）の場合は、税務署の窓口でも入手可能です。「法人設立届出書」が複写式になっていて、「税務署提出用」「都税事務所提出用」「市町村提出用」「会社控」の4枚が1度で作成できるようになっています。

> 各自治体によって届出書の様式、提出期限、添付書類が若干異なるので、事前に確認しましょう。

5-2 会社設立後にしなくてはいけない届け出

5. 年金事務所に届け出る書類

　会社を設立したら、年金事務所で社会保険加入手続きをします。社会保険とは、「健康保険」「介護保険」「厚生年金保険」を指します。会社が負担する保険料は給与総額の13〜14％程度です。しかし、会社が負担した社会保険料は「全額損金」（必要経費）にできるメリットがあります。

健康保険・厚生年金保険の加入に必要な書類

- ❶ 健康保険・厚生年金保険　新規適用届
- ❷ 健康保険・厚生年金保険　被保険者資格取得届
- ❸ 健康保険　被扶養者（異動）届（国民年金第3号被保険者関係届）
  ※ 要件に該当する被扶養者がいる場合

社会保険に加入するおおまかな目安

- パートなどの場合、労働時間と労働日数が一般社員のおおむね4分の3以上

　人を雇いたいけれど、社会保険料負担が気になるなら、労働時間を調節してみましょう。たとえば、フルタイムで1人雇った場合は社会保険に加入させなければなりませんが、同じ仕事を2人で分けてもらえば、労働時間は2分の1ずつになるので、加入要件である「労働時間が一般社員のおおむね4分の3以上」を満たさなくなり、2人とも社会保険に

229

は加入しなくてもよいのです。

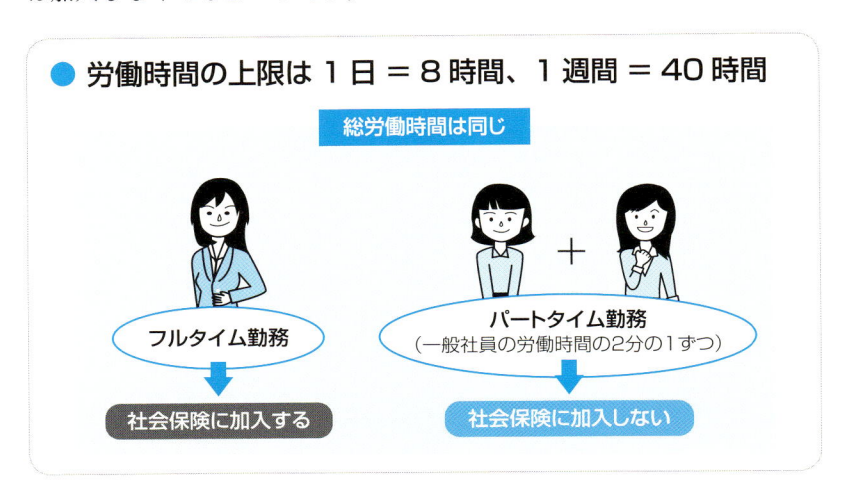

● 労働時間の上限は1日＝8時間、1週間＝40時間

総労働時間は同じ

フルタイム勤務 → 社会保険に加入する

パートタイム勤務（一般社員の労働時間の2分の1ずつ）→ 社会保険に加入しない

　そのほかの要件を確認するほか、仕事の内容によっては1人に任せたほうがいい場合や、教育にかかる時間、従業員の仕事に対する姿勢や責任感に違いが出てくることもあるので、慎重に決めなければいけません。

チェック欄	提出が必要な場合	提出書類	添付書類	提出期限
	法人設立時や従業員が常時5人以上になったとき（一部の業種を除く）	❶ 健康保険・厚生年金保険 新規適用届	・登記事項証明書（提出日からさかのぼって60日以内に発行されたもの） ・賃貸借契約書のコピー（事業所の所在地が登記上の所在地と異なる場合）	会社設立日から5日以内 ※登記の手続きなどで5日以内に届け出ができないようなら、年金事務所もしくは社労士に相談しましょう。
	1週間の所定労働時間が30時間以上になる場合など	❷ 健康保険・厚生年金保険 被保険者資格取得届	原則として不要	加入要件を満たした日（入社や勤務体系変更日）から5日以内
	無職の配偶者や子どもを扶養に入れる場合など	❸ 健康保険 被扶養者（異動）届（国民年金 第三号被保険者関係届）	添付書類は事情により求められることがあるので、あらかじめ年金事務所に確認しておく	事実発生日（入社、婚姻、出生など）から5日以内

5-2 会社設立後にしなくてはいけない届け出

6. 労働基準監督署に届け出る書類

労働者を雇用したら、労働保険に加入する

　労働者を雇用したら、労働保険（労災保険、雇用保険）に加入しなくてはなりません。労働保険とは労災保険と雇用保険をまとめた総称です。

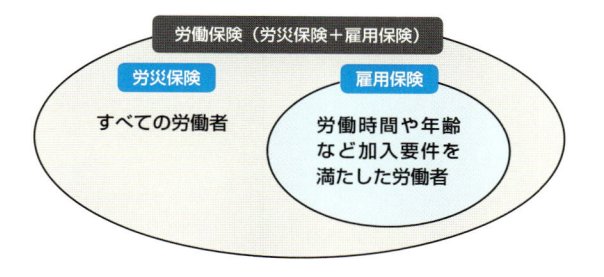

```
        労働保険（労災保険＋雇用保険）
     労災保険            雇用保険
   すべての労働者      労働時間や年齢
                      など加入要件を
                      満たした労働者
```

　労災保険とは、従業員が業務上の災害や通勤による災害を受けたとき、被災した従業員や遺族を保護するために必要な保険給付を行うものです。労災保険は、パート、アルバイトといった労働時間の短い人も対象となります。

　労災保険料は全額会社が負担し、従業員の負担はありません。労災保険料率は業種によって異なり給与総額の0.25〜8.9％です。

　また、会社が負担した労働保険料（労災保険料、雇用保険料）は全額損金（必要経費）にできるメリットがあります。

　労災保険の加入・給付手続などは労働基準監督署、雇用保険の加入・給付手続などはハローワークとなりますが、保険料については、労災保険と雇用保険をまとめて労働基準監督署で手続きをします。

加入・給付手続き	労災保険 ＝ 労働基準監督署 雇用保険 ＝ ハローワーク
保険料手続き	労災保険と雇用保険をまとめて労働基準監督署

231

労災保険の加入に必要な書類

❶ 労働保険 保険関係成立届（労災保険）
❷ 労働保険 概算保険料申告書（労災保険・雇用保険の保険料手続き）

チェックシートをコピーしよう

● 各種書類の提出先と提出期限チェックシート
（労働基準監督署届出用）

チェック欄	提出が必要な場合	提出書類	添付書類	提出期限
	労働者を雇ったとき	❶ 労働保険 保険関係成立届	・登記事項証明書 ・賃貸借契約書のコピー（事業所の所在地が登記上の所在地と異なる場合）	労働者を雇い入れた日の翌日から10日以内
	労働者を雇ったとき	❷ 労働保険 概算保険料申告書	なし	労働者を雇い入れた日の翌日から50日以内
	届け出ている会社名や会社住所が変わったとき	❸ 労働保険 名称・所在地変更届	・登記事項証明書 ・賃貸借契約書のコピー（事業所の所在地が登記上の所在地と異なる場合）	変更があった日の翌日から10日以内

まとめ

- どんなに労働時間が短くても、従業員は全員、労災保険に加入する
- 労働者1人ひとりについて労災保険への加入手続きは不要である
- 労災保険料は全額会社負担である
- 保険料の申告・納付は原則として年1回である

5-2 会社設立後にしなくてはいけない届け出

7. ハローワークに届け出る書類

雇用保険とは

　雇用保険は、従業員が失業したり育児や介護などで休業した場合などに、雇用と生活を守るために給付を行うものです。事業主には、従業員の採用、失業の予防などといった措置に対し、一定の要件を満たすと各種助成金が支給されます。また、会社が負担した労働保険料（労災保険料、雇用保険料）は全額損金（必要経費）にできるメリットがあります。

雇用保険の加入に必要な書類

❶ 雇用保険 適用事業所設置届
❷ 雇用保険 被保険者資格取得届

加入対象者

　31日以上引き続き雇用されることが見込まれること。かつ1週間の所定労働時間が20時間以上であること（昼間の学生アルバイトは、原則として何時間働いても被保険者とはなりません。また65歳以上の新規加入もできません）。役員であっても、従業員として働いていて、給料の面からも労働者性が高い場合は被保険者となるので、ハローワークもしくは社労士に相談しましょう。

　雇用保険の保険料率は、被保険者が給与総額の0.5～0.6％、事業主が0.85～1.05％なので、健康保険料や厚生年金保険料に比べるとそれほど負担にはなりません。

　雇用保険と健康保険（厚生年金保険）の加入要件は違うので、パートなどの労働時間によっては、雇用保険は加入するが、健康保険（厚生年

金保険）は加入しない場合も出てきます。

● 加入要件の目安

	20時間未満	20時間以上30時間未満	30時間以上	通常の労働者の4分の3以上
労災保険	○	○	○	○
雇用保険	×	○	○	○
社会保険	×	×	○	○

※ 時間は1週間の所定労働時間

チェックシートをコピーしよう

● 各種書類の提出先と提出期限チェックシート
（ハローワーク届出用）

チェック欄	提出が必要な場合	提出書類	添付書類	提出期限
	労働者を雇ったとき	❶ 雇用保険適用事業所設置届	・労働保険保険関係成立届（労働基準監督署で労働保険番号を振り出されたもの） ・労働保険概算保険料申告書（労働基準監督署に提出した事業主控） ・登記事項証明書 ・事業所の賃貸借契約書 ・法人設立届または公共料金請求書（原本） ・事業所宛に配達された郵便物（現物）など	設置した日（雇用保険加入対象となる労働者を雇い入れるなどした日）の翌日から10日以内
	1週間の所定労働時間が20時間以上かつ31日以上雇用の見込みがあることなど加入要件を満たす労働者がいる場合	❷ 雇用保険被保険者資格取得届	・労働者名簿 ・労働条件通知書または雇い入れ通知書 ・賃金台帳 ・出勤簿 など ※ 雇用したことが確認できる書類	入社日など加入要件を満たした日の翌月10日まで
	会社名や会社住所などハローワークに届け出ている内容に変更があった場合	❸ 雇用保険事業主事業所各種変更届	・雇用保険適用事業所台帳 ・登記事項証明書など記載内容を確認できる書類	変更があった日の翌日から10日以内

5-3 資金の調達

1. 開業資金の借り方

創業時に借りられる2つの融資

創業時には何かと資金が必要です。家賃や保証金、事業に必要な備品、ホームページ作成費用など、設備資金や運転資金の確保が必要となります。創業時には、資金の調達の問題が重くのしかかってきます。

創業時の資金の調達方法は、大きく分けて次の2つになります。

● 創業時の資金調達方法

❶ 日本政策金融公庫の融資
❷ 都道府県や市町村と民間金融機関が共同して設けている制度融資

創業時は、融資を受けるにあたって、非常に大切な機会です。設立したての会社は事業実績がないので、成功するか失敗するか誰にもわかりません。わからないからこそ、「意欲」と「計画」で融資を受けられる可能性が高くなるまたとない機会なのです。ただし、**事業実績がないからこそ「計画」が実現可能であると説明できる客観的な根拠を出せるか否かが重要**なポイントになります。

設立したての会社だと、民間の金融機関では「実績不足」「リスクが大きい」などを理由に、融資を受けるのが困難になります。

そうはいっても、事業を進めるためには、資金調達をしなくてはならない場合もあります。

そこで、❶の日本政策金融公庫（旧国民生活金融公庫）の「**新創業融資制度**」と❷**各自治体が行っている「制度融資」**を検討していきます。

日本政策金融公庫で扱う各種融資のなかでも、創業者に最も活用されている制度が「**新創業融資制度**」です。

5-3 資金の調達

2. 日本政策金融公庫の「新創業融資制度」の融資の受け方

日本政策金融公庫とは

　日本経済を支えているのは多くの中小企業であるにもかかわらず、「実績不足」「返済される見込みが不透明」といった理由で、創業時の中小企業に融資してくれる民間の金融機関はほとんどありません。
　こうした民間の金融機関が引き受けることができない分野を補完する役割を担っているのが、日本政策金融公庫なのです。

無担保・無保証人で借りられる

　「新創業融資制度」の最大のポイントは、「無担保・無保証人制度」です。審査の通りやすさと利用率の高さから、まずはこの制度で融資を受けることを1番の目標にします。
　「新創業融資制度」は、創業者が借りやすく、民間の金融機関がなかなか引き受けてくれない融資を引き受けてくれる、非常にありがたい制度です。そうはいっても、誰でも借りられるわけではなく、融資の条件を満たし、客観的に相手（日本政策金融公庫）を説得できる資金計画と事業計画を立てることが大切です。
　ただし、担保がある場合や保証人がある場合と比較して、無担保・無保証人の融資は金利が高かったり、承認される借入額が申し込み額より減らされてしまう可能性があります。「金利を節約したい」「自己資金が少ないので多めに借りたい」と考えている場合は、担保や保証人を条件として借りるほうが得策となることもあります。金利や金額の面も広く勘案して申し込みをしましょう。

新創業融資制度について

● 融資制度概要

> ❶ 融資限度額：1,500万円
>
> ❷ 返済期間
>   運転資金 ⇒ 5年以内
>   設備資金 ⇒ 10年以内
>
> ❸ 利用できる会社の主な条件
>   ● 自己資金が創業資金総額の3分の1以上必要である
>   ● 雇用の創出を伴う事業をはじめる
>   ● 申し込みは会社設立後2期目まで

融資実行手順

新創業融資制度は、申し込みから融資まで3週間ぐらいで可能ですが、念のため1カ月ぐらい見てスケジュールを立てましょう。

ちなみに、日本政策金融公庫であれば新創業融資制度以外の融資でも、ほぼ同じ手順になります。

≪❶ 支店窓口へ相談し、書類を作成

まずは、申し込みをする管轄支店を、日本政策金融公庫のホームページで確認します。支店を確認できたら、電話または窓口で創業融資について相談します。必要書類や面談日、融資までの流れなど、親切に教えてくれます。

支店窓口に行った場合、その場で借入申込書（244頁参照）や創業計画書（245頁参照）などの必要書類を入手できますが、これらの書類は、ホームページからダウンロードすることも可能です。

手続きとしては、いきなり書類を郵送しても問題ありませんが、面談に備えて、雰囲気を把握するためにも、一度窓口に足を運ぶことをお勧

めします。わからないことや不安なことがあったら、どんどん聞いておきましょう。

　また、窓口への相談時には、「登記事項証明書」や事業の概要がわかるものを準備しておくとよいでしょう。

　添付する書類の準備ができたら、**「借入申込書」**や**「創業計画書」**などを作成します。これらの書類によって、日本政策金融公庫の担当者を説得することになるので、時間をかけてじっくりと作成しましょう。

≪❷ 必要書類の提出

　入念に準備した必要書類を提出して、正式に融資の申し込みをします。書類は持参してもいいですし、郵送でも可能です。わざわざ窓口に行っても、そこでやりとりがあるわけではありません。

● **主な必要書類**

❶ 借入申込書（244頁参照）
❷ 創業計画書（245頁参照。資金繰り表があればなお可）
❸ 見積書（設備資金の借入の場合）
❹ 会社の登記事項証明書（発行後3カ月以内のもの）
❺ 店舗などを借りている場合は、賃貸契約書

　上記に関連する資料がほかにも求められることがあります。

　特に、**「創業計画書」は融資を申し込むにあたって重要な書類で、これで融資の判断が左右されるといっても過言ではありません。空欄や「特になし」などとはせず、関連することをできるかぎり詳しく書き、自社をアピール**します。

≪❸ 面談

　申し込み日から1～2週間ほどすると、日本政策金融公庫の担当者との面談があります。日時や場所、面接時に必要な資料については、郵送または電話で連絡が来ます。

　民間の金融機関は面談の内容よりも実績が重視されるのに対し、**日本政策金融公庫では、担当者との面談が重要視されているので、事前にリハーサルをして、当日は悔いのないようアピールしましょう。**

◉ 面談の雰囲気やこちらの姿勢

　面談は、日本政策金融公庫内で、かしこまった雰囲気ではなく、和やかな雰囲気で行われます。面談担当者も融資が下りるようにと思っているので、変にかまえたり緊張したりしないように、自社を知ってもらうことを目指し、事業に対する熱意が伝わるようにします。

　背伸びして、無理に難しい専門用語を使ったり、自分でも説明できない資料をつくったりする必要はありません。嘘は「信用」を失いかねないので、気をつけてください。

◉ 事前に準備しておきたいポイント

　面談時に想定される質問には、ある程度答えられるようにしておくことが大切です。次の8つは最低限、整理しておきましょう。

● 面談でしっかり答えたい項目

❶ 創業の動機
❷ 事業概要
❸ 事業の経験
❹ 事業に対する理念
❺ 事業計画（売上の確保、返済計画、従業員の有無、家賃など）
❻ 借りたい金額とその使い道
❼ 自己資金の調達ルート
❽ お金の流れ（仕入れサイト、売り上げサイトなど）

◉ そのほかの注意点

　服装は清潔感のあるきちんとした身だしなみを心がけましょう。マナー、言葉遣いは社会人としての最低限のレベルを保つようにします。

　面談時間は30分から1時間30分ぐらいと考えておきましょう。

　面談内容は創業計画書に書かれた内容について確認されます。ここでは担当者が知りたいことをわかりやすく、できるだけ情報を提供するように心がけます。

　担当者が知りたいことは、どれぐらい売上の見込みがあるのか、支出はどのぐらいあるのか、どのように借入を返していくつもりなのかといったことですから、その根拠を客観的にハッキリさせることが重要と

なります。

わからない質問をされた場合には、「わからないので後ほど確認してご連絡させていただきます」と答え、誠実さをアピールします。

また、水道光熱費などの公共料金の支払い状況を聞かれることもあるので、滞納のないようにしましょう。

≪❹ 結果についての通知

面談後、1〜2週間で審査結果の通知がきます。融資が決定されなかった場合でも通知は来ます。通知は郵送で来ることが多いですが、電話の場合もあります。

希望金額の満額ではなく、減額した金額で融資される場合もあるので、内容をよく確認しましょう。融資が決まると契約に必要な書類（借用証書など）が送られてきます。必要事項を記入して窓口へ持参するか送付してください。

≪❺ 融資の実行

契約書類を返送後、契約の手続きが完了すると、融資金額が希望した金融機関の口座へ振り込まれます。ここまで順調に進んだとして、相談から約1カ月が目安になります。

≪❻ 返済方法

返済は基本的に月賦払いで、一般金融機関からの自動振替を選択します。

まとめ

- まずは日本政策金融公庫の融資を検討する
- 面談が重視されるので、準備は怠らないようにする
- 創業計画書は自社をアピールできる絶好のチャンス（数字の根拠を説明できるようにしておく）

創業計画書の書き方 (245頁参照)

≪書類の入手方法
　日本政策金融公庫の窓口で用紙を入手するほか、ホームページからも用紙がダウンロードできます。また自分で作成してもかまいません。

≪書き方のポイント
　書き方のポイントは次の2つになります。

> ❶ 各項目の内容を正確に記入し、担当者の印象をよくすること
> ❷ 現実的な数値や内容を記載し、実現できる可能性が高いと印象づける
> 　※ 過度の誇張表現や、抽象的な表現は避けるようにしましょう。

≪❶ 創業の動機
・**業種**：細かく書かずに、シンプルかつわかりやすく書きましょう。
・**創業動機、事業の目的**：何をどういう目的でやりたいか、将来的なビジョンを明確に書きます。自分の利益だけではなく、社会にどう役に立つのか、熱い思いをアピールしましょう。

≪❷ 事業の経験等
・**過去に自分で事業を経営していたことがありますか**：これからはじめようとしている業種でなくてもかまいません。ここでは単に事業を経営していた経験があるかないかを記載します。
・**この事業の経験はありますか**：最終学歴から、過去に勤務していた経歴を記入します。アルバイトでもかまいません。これまでに、創業予定の業種と同じ業種で働いていたか否かは融資決定の際に大きな影響をもたらします。もし、同業種に勤務した経験がない場合にも、事業に役立つ経験をしてきた（過去の経験から掘り起こす）旨を、別紙（A4用紙を自分で用意）に書きましょう。経験がない場合には、それをどう補っていくのかを書いておくことも大切です。また、言うまでもありませんが嘘を書いてはいけません。

≪❸ 取扱商品、サービス

・**セールスポイント**：提供する商品、サービス、技術またはそれらの提供方法にどのような特徴があるのか、同業他社に勝てる強みはどんなところか、顧客ニーズに合致しているものなのか、現在の市場で求められているものなのか、また将来の事業を取り巻く環境変化に対応できるのか、そういった部分を客観的にわかりやすく記入します。また、商売の流れがわかりにくい場合には、別途図解で説明するといいでしょう。

≪❹ 取引先、取引条件など

・**販売先が決まっている場合**：販売先を記入し、契約書などを添付します。販売先に関しては、立地が売上を左右する業種の場合、その地域を選んだ理由も明記します。掛け取引の割合や回収条件がどうなっているかなども記入します。

・**販売先が決まっていない場合**：商談が進んでいれば、それらを明記します。

・**仕入先が決まっている場合**：仕入先を記入し、契約書などを添付します。掛け取引の割合や支払い条件がどうなっているかなども記入します。

・**仕入先が決まっていない場合**：参考になるパンフレットやカタログなどを添付します。

≪❺ 必要な資金と調達方法（資金計画）

創業にあたり資金がいくら必要で、それをどう調達するかを表にします。いくらでも借りたいからといって、無意味に大きな金額を書くのは避けましょう。事業規模にあった適正な金額を書きます。

ここでのポイントは「小さく生んで大きく育てよう！」です。

創業時は夢も膨らんでいるため立派な設備を持ちたいと考えがちですが、立派な設備はそれだけ多額の資金が必要です。多額の資金を返済するのは容易なことではないので、最初は小さな設備ではじめ、事業規模に応じて大きく育てていくほうが賢明です。

・**設備資金**：内装工事代や備品類などの金額を記入し、見積書などを添付します。

・**運転資金**：「資本金の決め方」（61頁参照）に書いたような項目から、1カ月に必要な運転資金を計算し、その2〜6カ月分の金額を記入しま

す。
　・**自己資金**：総資金の3分の1以上になることが必要です。もし、自己資金が少ない場合は、設備のなかで賃借するものを増やしたりして、必要資金額を少なくする工夫をしてみましょう。また、いわゆる「見せ金」で自己資金を多く見せるのはNGです。
　・**親、兄弟、知人、友人などからの借入**：無利息でもかまいません。いくらずつ、何回に分けて返済していくのかを記入します。
　・**日本政策金融公庫からの借入**：自己資金の2倍以下になるように記入します。
　・**合計金額**：左右を一致させます。

≪❻ 事業の見通し（月間収支計画）

　売上から費用を引いた利益から、借入の返済をしていきます。
　・**売上高**：売上高は融資するかどうかの重要な判断材料になります。単なる予想ではなく、達成すべき目標というつもりで記入します。そのためには、明確な根拠に基づいて売上計画を作成します。根拠を明確にするためには、需要の予測、同業他社の状況、生産能力などを調べておく必要があります。すでに受注契約が決まっている場合には、契約書などを添付しましょう。
　業種ごとの売上予測の方法は、日本政策金融公庫のHP（http://www.jfc.go.jp/n/service/dl_kokumin.html）を参考にしてください。
　・**売上原価**：業界平均をもとに、一般的には「売上高×原価率」で求めます。
　・**経費（人件費）**：アルバイト、パートに関しては「時給×時間×日数」で求めます。人件費は、従業員数も記入します。
　・**家賃**：売上が変わっても家賃の金額は変わらないので、特に引っ越しをする予定がなければ、創業当初と軌道に乗ったあとの数字は通常、同じ金額を記入します。
　・**支払利息**：「借入金×利率÷12」で求めた金額を記入します。
　・**その他**：消耗品代、広告宣伝費、ガス、電気、水道そのほか毎月支払うものを記入します。
　・**利益**：利益と減価償却費の合計額が、毎月の返済額を下回らないようにします。もし、下回る場合は、総事業経費を減らすか、公庫からの借入額を減らすなどして、検討し直します。

● 借入申込書例

● 創業計画書例

● 1ページ目

創業計画書 （1／2）

お名前　株式会社　パールシルク

・この書類は、ご面談にかかる時間を短縮するために活用させていただきます。お手数ですが、ご協力のほどよろしくお願いいたします。
・なお、本書類はお返しできませんので、あらかじめご了承ください。
・お手数ですが、可能な範囲でご記入いただき、借入申込書に添えてご提出ください。
・この書類に代えて、お客さまご自身が作成された計画書をご提出いただいても結構です。

〔 平成 00 年 1 月 10 日作成 〕

1 創業の動機

| 業種 | シルク製品の販売 | 創業（予定）時期 | 平成 00 年 12 月 |

創業されるのは、どのような目的、動機からですか。
長年、アトピーで悩んできましたが、シルク製品の下着を身につけたところ、症状が大きく改善されました。しかし、シルク製品は価格が高く、また、オシャレなものが少ないのが現状です。シルクを身につけることで人間本来の健康を取り戻せ、かつオシャレを楽しめる生活を提供したいと思います。

2 事業の経験等

過去にご自分で事業を経営していたことはありますか。
☑ 事業を経営していたことはない。
□ 事業を経営していたことがあり、現在もその事業を続けている。
□ 事業を経営していたことがあるが、既にその事業をやめている。〔⇒ やめた時期：　年　月〕

この事業の経験はありますか。
（お勤め先、勤務年数など創業に至るまでのご経歴）

年月	略歴・沿革
平成00年3月	○○大学家政学部被服学科卒
平成00年4月	○○商事アパレルマーケティング担当8年
平成00年4月	（株）○屋　下着販売　4年
平成00年3月	△△デザイン専門学校卒業予定

| 取得されている資格 | ㊲　（ 衣料管理士 　）・特になし |

創業される方（法人の場合、代表者の方）の現在のお借入の状況（事業資金を除きます。）

お借入先名	お使いみち	お借入残高	年間返済額
Aファイナンス	住宅・車・教育・カード・その他	150 万円	60 万円
	住宅・車・教育・カード・その他	万円	万円
	住宅・車・教育・カード・その他	万円	万円

3 取扱商品・サービス

お取扱いの商品・サービスを具体的にお書きください。
① 肌着（シルクくつ下、下着等）　　　　　　　　　（売上シェア 70 ％）
② 洋服（パジャマ、ブラウス等）　　　　　　　　　（売上シェア 20 ％）
③ 小物（マフラー、腹巻等）　　　　　　　　　　　（売上シェア 10 ％）

セールスポイントは何ですか。
・○○国在住の知人を通じて、シルク生地を安価で仕入れる
・企画・デザインは自社で行い、既存製品とは一線を画す
・縫製は商社時代の人脈を生かして、○○国のA社で行うことでコストを抑える

4 取引先・取引条件等

	取引先名（所在地等）	シェア	掛取引の割合	回収・支払の条件	取引先名（所在地等）	シェア	掛取引の割合	回収・支払の条件
販売先	一般個人（通販）	55%	0 %	日〆日回収		%	%	日〆日回収
	一般個人（店舗）	45%	0 %	日〆日回収		%	%	日〆日回収
仕入先	C社	50%	100%	末〆10日支払		%	%	日〆日支払
	D社	50%	100%	末〆10日支払		%	%	日〆日支払
外注先	A社	80%	100%	末〆10日支払		%	%	日〆日支払
	E社	20%	100%	末〆10日支払		%	%	日〆日支払

従業員数	常勤役員の人数（法人の方のみ）	1人	人件費の支払	25日〆　末日支払（ボーナスの支給月　6月、12月）
	従業員数（うち家族）	1人（1人）		
	パート・アルバイト	1人		

（日本政策金融公庫 国民生活事業）

（次頁に続く）

● 2ページ目

(2／2)

お名前　株式会社　パールシルク

〔 平成　00 年　1 月　10 日作成 〕

5　必要な資金と調達の方法

	必要な資金	金額	調達の方法	金額
設備資金	店舗、工場、機械、備品、車両など (内訳) 　内装工事 　備品類 　商品棚 　保証金 　車両1台	600 万円 300 50 50 100 100	自己資金	300 万円
			親、兄弟、知人、友人等からの借入 (内訳・返済方法) 元金5万×46回　無利息	230 万円
			日本政策金融公庫 国民生活事業 からの借入	600 万円
			他の金融機関等からの借入 (内訳・返済方法)	万円
運転資金	商品仕入、経費支払資金など (内訳) 　材料仕入 　外注費 　人件費 　諸経費	530 万円 170 160 140 60		
	合　　　計	1,130 万円	合　　　計	1,130 万円

6　事業の見通し（月平均）

		創業当初	軌道に乗った後 (00年12月頃)	売上高、売上原価(仕入高)、経費を計算された根拠をご記入ください。
売上高①		282 万円	427 万円	<創業当初> ①売上高 　直営店(店舗)　平均単価5,000円×12人×25日＝150万 　ネット販売　　平均単価4,000円×11人×30日＝132万 ②原価率　58% ③・人件費　代表者1人30万　従業員1人25万 　　　　　　アルバイト1人15万（時給800円×7.5時間×25日） 　・家賃　15万 　・支払利息　600万×年3.7%÷12カ月＝18,500円 　・その他　光熱費、宣伝広告費、備品消耗品等13万 <軌道に乗った後> ①創業時の1.5倍 ②当初原価率の採用 ③人件費　代表者3万増　従業員　3万増 　　　　　アルバイト1人増
売上原価② (仕入高)		163 万円	247 万円	
経費	人件費(注)	70 万円	91 万円	
	家　賃	15 万円	15 万円	
	支払利息	2 万円	2 万円	
	その他	13 万円	17 万円	
	合　計③	100 万円	125 万円	
利益①-②-③		19 万円	55 万円	

(注)個人営業の場合、事業主の分は含めません。

ほかに参考となる資料がございましたら、計画書に添えてご提出ください。　　　　（日本政策金融公庫 国民生活事業）
※本書類はお返しできませんので、あらかじめご了承ください。

5-3 資金の調達

3. 自治体の「制度融資」の受け方

前述の日本政策金融公庫の「新創業融資」のほかに、創業者にとって利用しやすい融資制度として、各自治体の「制度融資」があります。

自治体の設ける「制度融資」とは

自治体の中小企業振興政策などにしたがって、自治体、金融機関、信用保証協会が協調して設けたものです。そのなかで創業者向けの制度融資は、保証制度を利用して、一般的には民間金融機関が融資しにくい創業者に対して融資されやすいものとなっています。

また、自治体が金融機関に預金を預託することで、低金利で融資を受けられるようになっていることが多いようです。さらに、金融機関に支払う金利または保証協会に支払う保証料の一部を、自治体が負担してくれるものもあります。

信用保証協会とは

信用保証協会は中小企業が金融機関から融資を受けるとき、その信用を保証することによって、借入をしやすくすることを目的としてつくられた機関です。

簡単にいうと、信用保証協会が保証人になってくれるということです。あくまで保証をするだけで、資金を貸し出すということはしません。融資を実際に行うのは金融機関です。

中小企業が金融機関に対して返済できなくなった場合、この信用保証協会が代わりに金融機関に返済します。

金融機関からすると、信用保証協会が保証を肩代わりしてくれるのであれば、万が一、中小企業が事業の経営が立ち行かなくなっても貸し倒れのリスクが少なくなるので、融資をしやすくなります。

ただし、保証協会が代わりに融資を返済してくれても、借入をした会社は、保証協会が立て替えたお金を保証協会に支払う義務が残ります。
　このように信用保証協会が保証人となってくれることで、中小企業は金融機関から融資を受けられる可能性が飛躍的に高くなります。

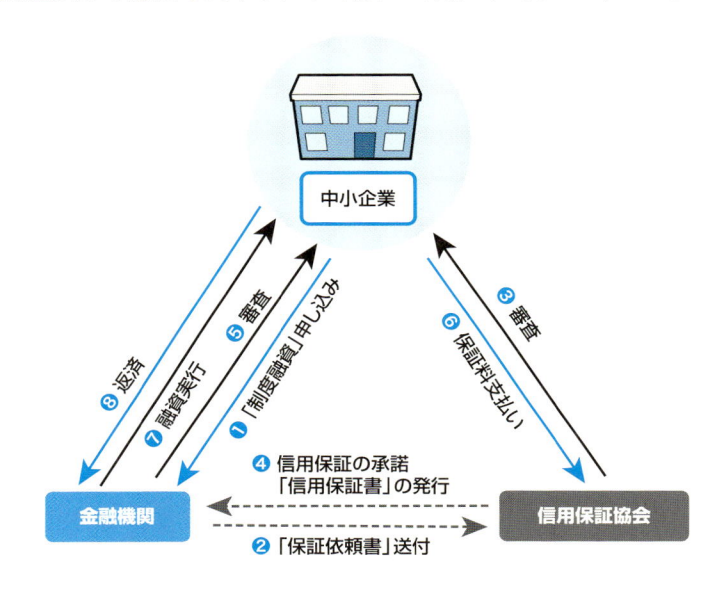

中小企業

❶「制度融資」申し込み
❺審査
❼融資実行
❽返済
❸審査
❻保証料支払い
❹信用保証の承諾「信用保証書」の発行
❷「保証依頼書」送付

金融機関　　信用保証協会

本店所在地について

　日本政策金融公庫の「新創業融資」を利用する場合、融資条件は全国一律なので本店所在地がどこにあろうと関係ありませんが、「制度融資」の場合は、自治体ごとに融資の条件や内容が異なります。
　利用できる制度融資は、原則、登記上の本店所在地の自治体のもの（　例　東京都港区に本店があれば、東京都と港区の両方の制度融資）です。
　たとえば、東京都に本店所在地がある会社は東京都の「制度融資」しか利用できず、あとから「埼玉県の制度融資を受けたい」と思っても、埼玉県の融資を利用することはできません。
　自宅を本店所在地とする場合もあるかと思いますが、自宅と実際に使っている事業所が異なる自治体にあるとき、事業所のある自治体の制

度融資を利用したい場合は、登記する本店の所在地を事業所のある場所としておく必要があるので注意が必要です。

東京都の制度融資について

制度融資は自治体ごとに制度の内容が異なります。ここでは東京都の制度融資について見ていきます。

● 東京都の制度融資概要

❶ 融資限度額：2,500万円　　　※ 条件によって異なります。

❷ 返済期間
　運転資金 ⇒ 7年以内
　設備資金 ⇒ 10年以内
※ 日本政策金融公庫より長くなっています。

❸ 利用できる会社の主な条件
● 中小企業者である
● 都内に事業所がある
● 信用保証協会の対象業種である（80頁参照）
● 許認可、登録、届出などが必要な業種は、その許認可などを受けている
● 会社設立日から5年未満である

● 融資実行手順

≪❶ 金融機関の確認と決定

　制度融資は、一部の金融機関では受付していないことがあるので、事前に自治体か金融機関に確認をしておきます。なお、自治体と親密な地域金融機関（地方銀行・信用金庫など）は、制度融資を積極的に取り扱っています。
　また、自分が親しくしている金融機関がない場合は、直接、信用保証協会に出向いて、職員と相談することもできます（信用保証協会の中には、直接、保証申し込みを受けつけるところもあります）。その場合でも、

最終的には融資を受ける金融機関を決める必要があります。

≪❷ 金融機関担当者に相談

　金融機関を決めたら、事前にその金融機関の担当者へ、注意点を聞いたり、質問があれば相談をしておきます。

≪❸ 必要書類の提出

　多くの場合、金融機関で制度融資の申し込みが可能です。ただし、制度融資によっては、融資を受ける人自身が制度融資を利用するために必要な書類を自治体に提出したり、要件の審査を受けなければならない場合もあります。信用保証協会宛の書類は、金融機関が保証協会へ送付してくれることが一般的です。

　申し込みに必要な主な書類は以下のとおりになります。

必ず必要なもの
- 信用保証委託申込書
- 信用保証委託契約書
- 個人情報の取扱いに関する同意書
- 創業計画書
- 印鑑証明書
- 登記事項証明書
- 許認可が必要な事業の場合、許認可書のコピー

必要に応じてそろえるもの
- 定款のコピー
- 見積書のコピー（設備資金の場合）
- 不動産がある場合、不動産登記簿謄本（全部事項証明書）
- 勤務経験がある場合、それを確認できる書類（雇用証明書、源泉徴収票など）
- 自己資金について、金額確認ができる客観的な証明書類（預金通帳など）

※ そのほかにも、状況によって必要書類が変わるので確認してください。

≪❹ 信用保証協会の審査

　その後、保証のための審査を行います。提出された書類は、信用保証協会でも審査され、担当者が会社に出向いて社長と面談をしたり、事業所の確認をしたりして調査をします。その結果、保証可能となった場合、信用保証協会から融資をしてくれる金融機関宛に保証書が送られます（融資を受ける会社には、保証書の控えが融資実行後に渡されます）。

≪❺ 書類審査・面談

　この結果を受けて、金融機関はさらに独自の審査を行います。
　保証協会の承諾が下りれば、ほとんどの場合融資が実行されますが、必ずしも絶対ということではないので、注意しておいてください。

≪❻ 融資の実行

　審査が通ったら、1〜2週間後に融資が実行されます。申し込みから融資の実行までは1カ月から1カ月半程度かかります。

≪❼ 返済方法

　毎月、元金と利息を返済します。元金と利息は融資を受けた金融機関の支店の口座から引き落とされます。

創業計画書はしっかりとつくり込みましょう

　創業計画書の記載方法や組み立て方がわからない場合は、金融機関の窓口ではなく信用保証協会の窓口に直接行くか、各都道府県にある中小企業支援センターの相談窓口に行くことをお勧めします。特に中小企業支援センターは、融資審査に関して直接利害関係がないことから、第三者の立場で親切丁寧に指導してくれます。中小企業診断士や金融機関経験者の人が多く、親切に対応してくれます。

　ちなみに、東京信用保証協会には創業アシストプラザという窓口があり、同様のアドバイスを受けることができるほか、創業者向けのセミナー（有料、無料共にあり）や補助金などの案内をしてくれるケースも多いので、相談するメリットがあります。

　なお、日本政策金融公庫の審査と同様に、制度融資も創業計画書が審査のすべてといっても過言ではありません。なぜなら実績のある企業で

● **信用保証委託申込書例**

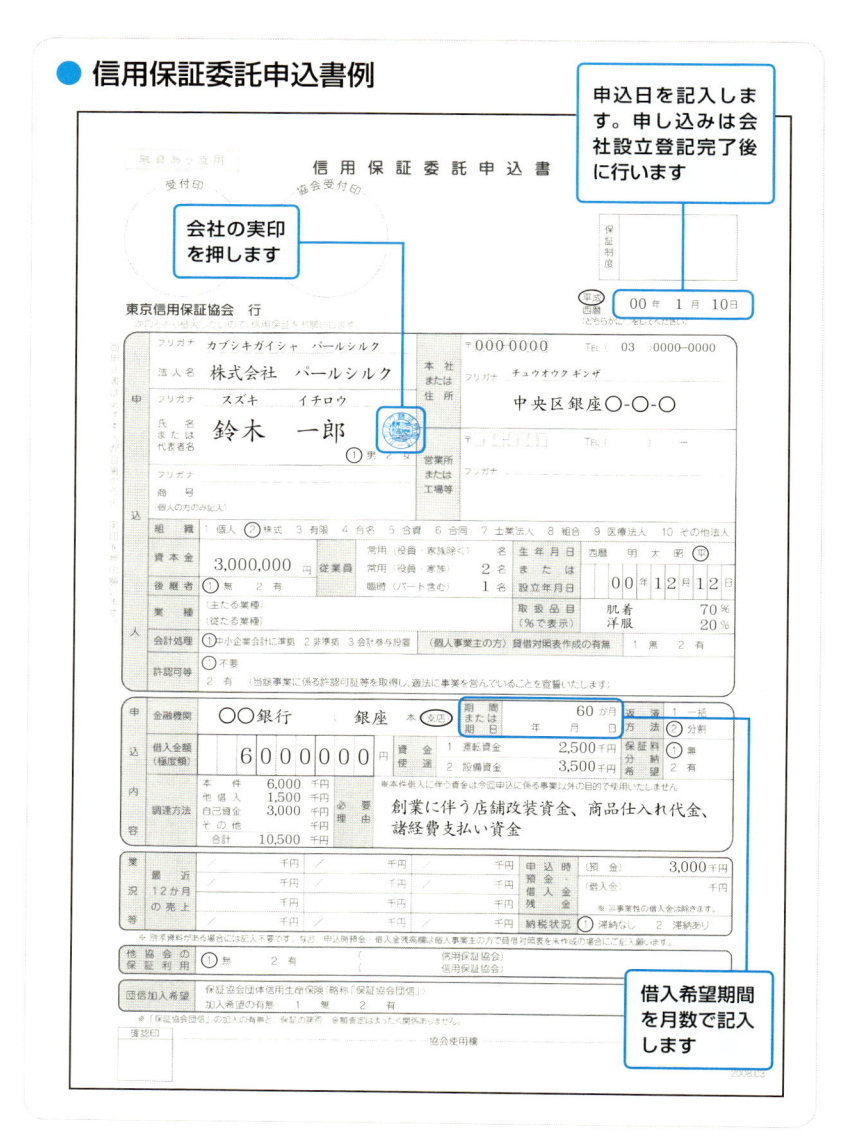

あれば、過去の決算書を提出することで実績を示すこともできますが、創業者は実績（決算書）を示すことができません。そこで、申し込み前に専門家や中小企業支援センターといった第三者に内容をチェックしてもらうことがポイントになります。

5-3 資金の調達

4.「新創業融資制度」と「制度融資」の注意点

申し込みは法人設立登記後

事前の準備などは会社の設立登記前でもかまいませんが、申し込みは登記完了後に行いましょう。

信用保証協会への保証料

制度融資は日本政策金融公庫と違い、信用保証協会への保証料を支払うことが条件になります。利息のほかにこの信用保証料が必要になることは忘れないようにしましょう。

各自治体、制度融資の内容によって保証料は異なりますが、おおよそ0.45〜1.9％の保証料率が掛かります。保証料率が異なるのは、企業の信用状況に応じて信用保証協会が独自にランク付けをするためです。

なお、保証料は融資の際に一括で支払う必要があります。

例 信用保証料の計算例
● 東京都の制度融資の場合

融資金額1,200万円×保証料率1.15％×保証期間（月数）24／12カ月×分割係数0.60＝16万5,600円

※分割係数とは、分割によって返済の進捗を考慮した掛目のことで、保証協会で決められています。

参考：（均等）分割返済回数　　　分割係数
　　　　2回以上6回以下　　　　　0.70
　　　　7回以上12回以下　　　　 0.65
　　　　13回以上24回以下　　　　0.60
　　　　25回以上　　　　　　　　0.55

そしてこの信用保証料と利息の両方を考えて、どちらが有利かを検討します。

自己資金の必要性

日本政策金融公庫の場合は、創業資金の3分の1以上の自己資金が必要条件となっていました。

たとえば、800万円の融資を希望する場合、自己資金を400万円以上（創業資金1,200万円 × 1/3 ＝ 400万円）準備する必要があります。

それに対し、制度融資は自己資金に関する要件はありません。しかし、まったく自己資金がないという状況では、審査は非常に厳しくなるので注意が必要です。

また、東京都の制度融資を例にすると、無担保で1,000万円を超える融資を受ける場合には、自己資金を証明する必要があるなどの細かい条件があるので、事前に金融機関や自治体に問いあわせることをお勧めします。

連帯保証について

日本政策金融公庫の場合、代表者は連帯保証人になる必要はありませんでしたが、制度融資では、連帯保証人となることが条件にあがっている自治体が多くあります。ただし、制度融資でも保証人を必須としていないところもあります。

日本政策金融公庫または創業者向けの融資制度に通らない場合は厳しい

日本政策金融公庫または自治体の制度融資が通らなかった場合、ほかにも融資制度はありますが、残念ながらそのほかの融資を受けることは厳しいと思って間違いありません。したがって、しっかりと準備をして申し込みをすることが大切です。申請にあたって不安な場合は、金融機関や商工会議所、融資に詳しい専門家に、事前に相談することをお勧めします。

この章の中で、何月何日に●●●をしようと決めたらここに書き込んで、実際にやったらチェックを入れましょう。

月　日 _____ ☐
月　日 _____ ☐
月　日 _____ ☐

第6章

個人事業者が法人成りしたらすること

　個人事業から、法人事業に移行した人は、個人事業で使用していた財産などを会社に移す作業が必要になります。どんなものをどういった方法で引き継ぐのか、方法によってメリットデメリットがあるので、よく検討して慎重に進めていきましょう。

　また、個人事業者としての最後の確定申告と、廃業に伴う手続きも必要となります。

6-1 法人成りをするとき・したあとにすること

1. 法人成り(ほうじんな)に伴う流れ

事業用資産・負債の引き継ぎ

　法人成りに伴い、個人事業として所有していた資産（車や備品など）や負債を会社へ引き継ぐ方法を決め、手続きを踏みます。
- ・「資産」や「負債」を引き継がない場合（257頁参照）
- ・「資産」や「負債」を引き継ぐ場合（259頁参照）

各種契約の変更手続き

　取引先などへ、個人事業から会社に変更になった旨を連絡します。
　また、事務所や店舗、工場などの賃貸借契約（67頁参照）、複合機、機械などのリース契約、水道光熱費関係も社長個人から会社名義に変更するとともに、引落口座も法人口座に変更します。

各種届け出

　法人成りに伴い、各種届け出が必要となります。
- ・会社の設立に伴う届出書（214頁参照）
- ・個人事業の廃業に伴う届出書（268頁参照）

個人時代の確定申告をする

　個人事業を廃止した年の翌年3月15日までに最後の確定申告をします。ただし、不動産所得（会社に建物を貸す）などがある場合は、引き続き確定申告を行います。
　それまでになかった特別な処理も発生するので、注意が必要です（265頁参照）。

6-2 法人成りをするとき

1. 「資産」や「負債」を引き継がない場合

個人事業を粛々と精算していく

これは、厳密にいえば「法人成り」ではありません。

個人事業の閉鎖と会社での事業をスタートさせることを、同時並行させるイメージです。

個人事業に関してはあくまで売掛金や買掛金の精算のみで、法人設立日以降に発生する売上や費用は計上しません。

例 個人事業の売掛金
⇒ 会社を設立したあとも個人事業の売掛金として回収します。

例 個人事業の在庫
⇒ 個人事業でしか販売できません。個人事業の在庫を会社で販売するためには、会社が個人事業から直接その在庫を仕入れる必要があります。

個人事業の「資産」や「負債」を引き継がない場合には、会社を設立してから、個人事業として、在庫の販売、売掛金の回収、買掛金の支払いそのほか、個人事業を粛々と精算していきます。

具体的には、次のような処理をしていきます。

●「資産」や「負債」を引き継がない場合にするべきこと（その1）

① すべての在庫を販売する。
② 売掛金、貸付金をすべて回収する。
③ 買掛金、借入金をすべて支払う（可能であれば、前倒しで支払うのもよいでしょう）。資産や負債の引き継ぎとは別に契約関係については、解約もしくは会社への引き継ぎを検討します。
④ 個人で事務所を借りていた場合は、解約するか名義を会社に変更する（262頁参照）。
※ 敷金などを預けていた場合には、会社名義へ変更してもらいます。

（次頁に続く）

❺ 従業員がいれば、退職処理を行います（引き続き会社で雇うのはかまいません）。
※ 個人と会社を区別して最後の給料をきっちり支払います。
❻ 保険契約やリース契約は、会社に引き継ぐことができないか担当者へ確認する。

これらの手続きを進め、個人事業をすべて清算したときをもって、個人事業は廃止となります。

● 「資産」や「負債」を引き継がない場合にするべきこと（その2）

❼ 個人事業廃業に伴う各種届出書を提出して終了（268頁参照）。
❽ 最後に、個人事業でのすべての取引を終えた日までの確定申告を翌年3月15日までにする。

● 資産や負債を会社に引き継がない場合の売上代金の回収や経費の支払い

会社

12月12日以降に売り上げた代金の回収や仕入れ代金の支払いは会社の口座で行い、個人事業の売上とはなりません。

会社設立00年12月12日

個人

12月11日以前に売り上げた代金の回収や仕入れた代金の支払いは、個人口座で行います。

資産や負債を会社に引き継がない場合、売上代金の回収や経費の支払いは個人口座で行い、会社のお金とは明確に区別してごちゃ混ぜにしないようにしましょう！

6-2 法人成りをするとき
2.「資産」や「負債」を引き継ぐ場合

引き継ぐことができる資産負債と引き継ぎ方法

ほとんどの資産と負債は会社へ引き継ぐことができます。

ただし、事務所を借りる際に不動産オーナーに支払いをした敷金や保証金、コピー機のリース契約は、不動産オーナーやリース会社に確認が必要になります。

また、開業費などの繰延資産といった例外もあるので、注意します。

引き継ぐ方法にはいくつかありますが、いずれの方法も時価で取引することが大切になります。

会社への引き継ぎ方としては、❶売買契約、❷現物出資、❸賃貸借契約の3つの方法があります。

● 個人事業から会社への財産の引き継ぎ方

引き継ぎ方	特　徴
❶ 売買契約	個人事業と会社で「売買契約書」を交わし、個人事業で使用していた財産を売買する。わかりやすく手続きが比較的簡単にすむ
❷ 現物出資	個人事業で使用していた財産を、会社へ出資する。資本金を大きくしたいときに有効
❸ 賃貸借契約	売却すると利益が大きい資産などは、売買や出資をすると多額の所得税がかかるため、そのような財産を会社に貸しつける

❶ 売買契約

個人事業者である社長から会社へ、資産（もしくは負債も一緒に）を売却※する方法です。基本的に、**個人事業者である社長と会社で売買契約書を締結して代金のやり取りをする**ことになります。

※ 正確には負債については「債務の引き受け」といいます。

メリット わかりやすい方法であること。
デメリット 会社に買い取るだけの資金が必要。所得税、消費税などを検討する必要がある。不動産の場合には、不動産所得税、登録免許税が会社にかかる。

個人事業者は、売却資産の種類に応じて所得税がかかります。会社は、通常どおり第3者から資産を買い取ったときと変わりありません。

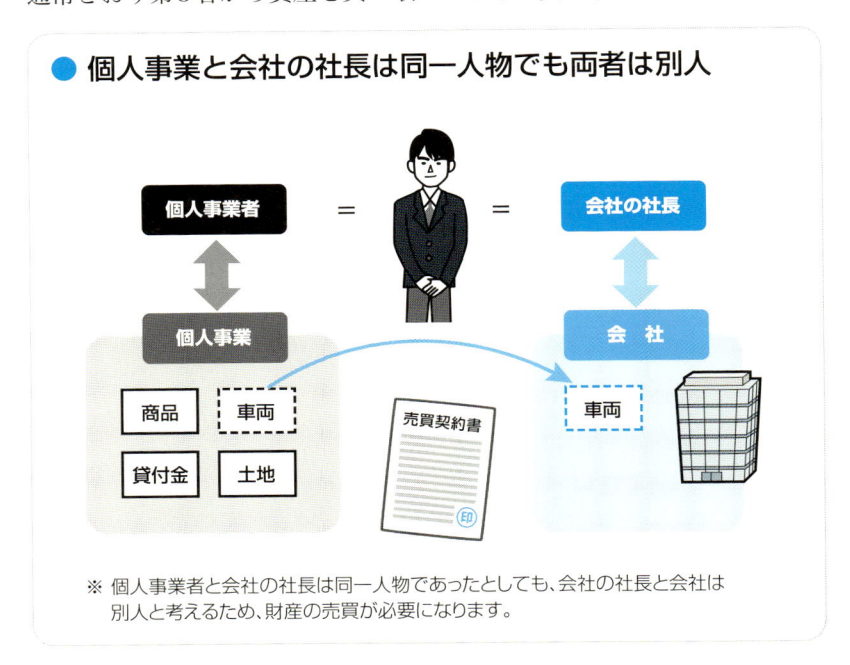

● 個人事業と会社の社長は同一人物でも両者は別人

※ 個人事業者と会社の社長は同一人物であったとしても、会社の社長と会社は別人と考えるため、財産の売買が必要になります。

❷ 現物出資

　個人事業者である社長から会社へ、金銭以外の資産（もしくは負債も一緒に）を出資する方法です。

　通常、出資というと、金銭（つまりお金）を会社へ払い込んで、代わりにその会社の株主になることをいいますが、なにも出資は金銭にかぎられたことではありません。車や売掛金、そのほかのものも出資することができます。

メリット 現物出資をすると、会社の資本金を増加させることができる。

デメリット 資産によっては時価の算定が難しいものもあり、税理士などにも相談したほうが無難です。

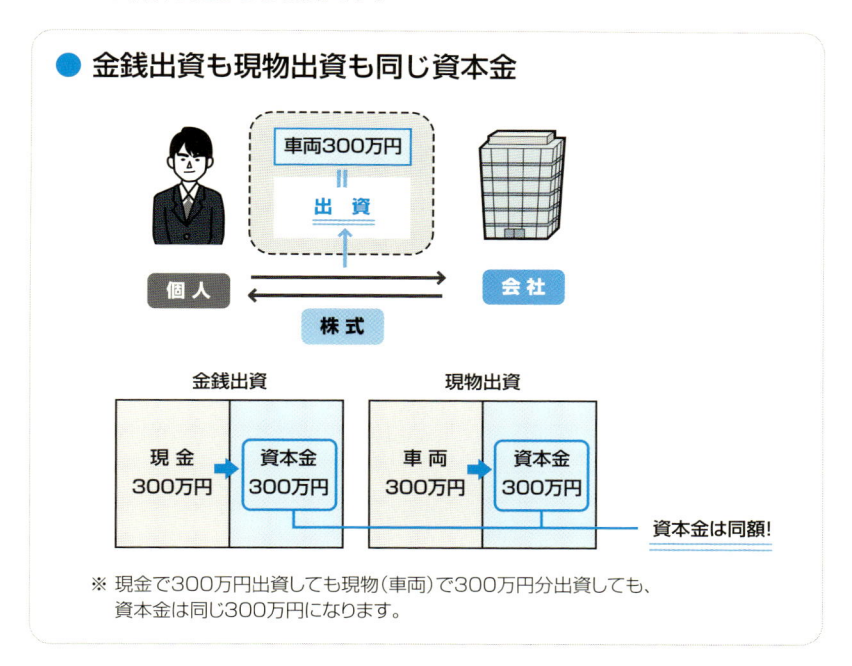

● **金銭出資も現物出資も同じ資本金**

車両300万円 = 出資

個人 ←→ 会社
株式

金銭出資： 現金300万円 → 資本金300万円
現物出資： 車両300万円 → 資本金300万円

資本金は同額！

※ 現金で300万円出資しても現物（車両）で300万円分出資しても、資本金は同じ300万円になります。

❸ 賃貸借契約

個人事業者である社長から会社に資産を貸す方法です。基本的に、**個人事業者である社長と会社の間で「賃貸借契約書」を締結して、賃貸料のやり取りをする**だけでよく、わかりやすい方法です。

「個人事業者」と「会社の社長」は同じ人物であっても、「会社の社長」と「会社」はまったくの別人ですから、両者の間の貸し借りは問題ありません。会社の社長と会社で「賃貸借契約書」を作成し、会社は月々使用料を支払い、会社の社長は賃貸料を受け取ります。

たとえば、個人で所有していた自宅兼事務所で個人事業を営んできた場合、法人成りしたあとは事務所部分を会社に貸しつけることができま

す。この場合は、会社が会社の社長に対して家賃を支払うことになります。

ただし、個人事業者として賃借していた事務所を会社に又貸し（転貸）する場合には、無断転貸など法的な問題点には十分注意してください。

借りている人（賃借人）が誰か、実際にその物件を使っているのが誰なのかは、大家さんにとって重大な関心事です。したがって、無断転貸は、原則として大家さんとの信頼関係を破壊する行為（背信行為）となり、契約を解除されることもあります。

個人事業者から法人成りする場合には、あらかじめ大家さんに事情を話し、改めて法人としての「賃貸借契約」を締結しなおしてもらうようにします。

ただし法人成りのケースについては、参考になる判例があります（最高裁判所昭和39年11月19日判決）。この判例では、大家さんに断りなく個人営業から法人成りすることは無断転貸ではあるけれど、営業の内容に実質的な変更がなく、従業員、店舗の使用状況も同一であったことなどから、大家さんとの間の信頼関係が損なわれてしまうものではないとして、賃貸借契約の解除は否定されました。

つまり、**ポイントは無断で法人成りしたかどうかというよりは、それによって信頼関係が損なわれるような実態の変化があったかどうか**ということです。

信頼関係が損なわれたかどうかは、裁判所による個別具体的な判断になってしまうので、そんな状態まで大家さんとの関係がこじれてしまってはビジネスにも支障を来しかねません。

したがって、単純にトラブルを避ける意味で、大家さんには法人成りすることをあらかじめ話しておくことをお勧めします。話をするにあたっては、上記のような判例があることも参考に、**「会社になるからといっても実態は同じなので」**と説明し、賃料値上げや名義書換料（めいぎかきかえりょう）の支払いなどの要求を防ぐように交渉してみましょう。

メリット　賃貸借契約をうまく使うと、不動産取得税や登録免許税、含み益（会社へ売却することにより得られる利益のこと）に対する所得税がかからない。

デメリット　賃貸料の受け取りは所得となり、法人成りしたあとも基本

的に確定申告を続けなければならない。また、適正な賃貸料を決めないと、適正な賃貸料と実際の賃貸料の差額を役員賞与(費用とは認められないので、その分、法人税が課せられてしまいます)とされる税務リスクがあります。ネットなどで周辺の相場を調べたりして、賃貸料の根拠資料を残しておくことが大切になります。

資産・負債を引き継ぐ場合の具体的な注意点

≪売掛金、貸付金、買掛金

売買契約、もしくは現物出資のいずれでも引き継ぐことができます。

ただし、手続きが少し複雑になるため、専門家に手続きを依頼する場合を除き、個人事業として回収、支払いをしたほうが無難です。

≪棚卸資産

売買契約もしくは現物出資のいずれでも引き継ぐことができます。いずれによるかは、次頁のフローチャートを参考にしてください。ただし、通常の価格では販売見込みのない季節外れや棚ざらしされたものについては時価を評価することが難しく、これについては個人事業として販売し切るようにします。

≪固定資産

車や工具器具備品が代表的ですが、これらは売買契約もしくは現物出資、賃貸借契約のいずれでも引き継ぐことができます。売買契約もしくは現物出資で車を引き継ぐ場合には、名義変更や保険の手続きを忘れないようにします。

建物や土地などは、売買もしくは現物出資をすると、個人事業者である社長に多額の売却益が発生したり、多額の登録免許税や不動産取得税が会社側に発生することがあります。建物や土地などは、会社へ賃貸借契約により引き継ぐことが得策です。ただし賃貸借契約によって、会社から個人へ家賃の支払いが発生すると、個人では法人成りしたあとも、その家賃収入を確定申告する必要があります。

≪借入金

　売買契約もしくは現物出資のいずれでも、ほかの資産と一緒に引き継ぐことができます。ただし、事前に金融機関などの債権者にその旨を相談しておくとともに、手続きを事前に確認しておきます。金融機関が認めない場合には個人事業者として引き続き返済することになります。つまり、会社のお金を当該借入金の返済に充てることはできないので、どのように返済資金を確保するのか、よく検討する必要があります。

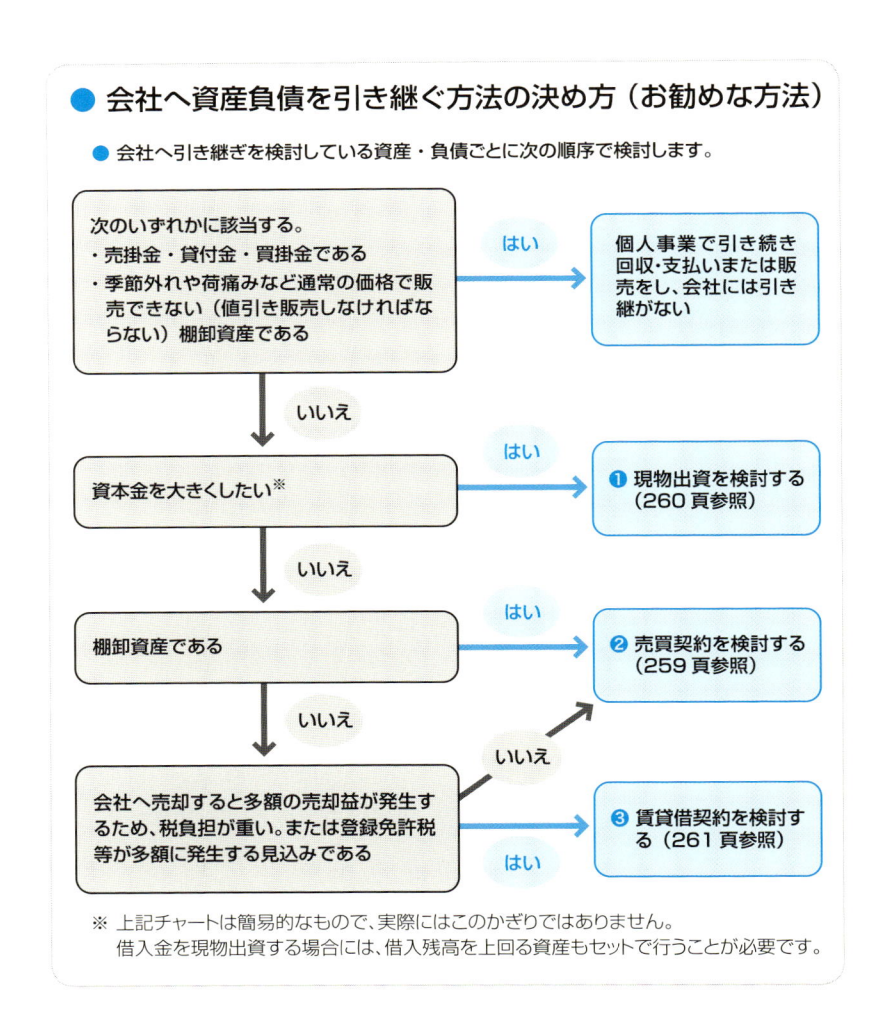

● 会社へ資産負債を引き継ぐ方法の決め方（お勧めな方法）

● 会社へ引き継ぎを検討している資産・負債ごとに次の順序で検討します。

次のいずれかに該当する。
- 売掛金・貸付金・買掛金である
- 季節外れや荷痛みなど通常の価格で販売できない（値引き販売しなければならない）棚卸資産である

　→ はい → 個人事業で引き続き回収・支払いまたは販売をし、会社には引き継がない

　↓ いいえ

資本金を大きくしたい※

　→ はい → ❶ 現物出資を検討する（260頁参照）

　↓ いいえ

棚卸資産である

　→ はい → ❷ 売買契約を検討する（259頁参照）

　↓ いいえ

会社へ売却すると多額の売却益が発生するため、税負担が重い。または登録免許税等が多額に発生する見込みである

　→ いいえ → ❷ 売買契約を検討する（259頁参照）
　→ はい → ❸ 賃貸借契約を検討する（261頁参照）

※ 上記チャートは簡易的なもので、実際にはこのかぎりではありません。
　借入金を現物出資する場合には、借入残高を上回る資産もセットで行うことが必要です。

6-3 法人成りしたあと

1. 法人成りしたあとの個人事業者としての確定申告

　法人成りをしても、個人事業者としての最後の年度の確定申告については、それまでと何ら変わりません。ただし、いくつか注意しなくてはならない点があります。

売買契約、現物出資による財産の移転があった場合の注意点

≪所得税と住民税

　売買契約、現物出資により、個人の財産を会社に移した場合、原則として時価で譲渡したものと考え、所得税や住民税の対象となります。

　例　トラック（帳簿価額150万円）を、会社に200万円（時価）で現物出資した場合、仮に現物出資するためにかかった費用がゼロだとすると、200万円－150万円＝50万円の売却益が個人に発生します。この売却益をもとに、所得税と住民税を計算します。

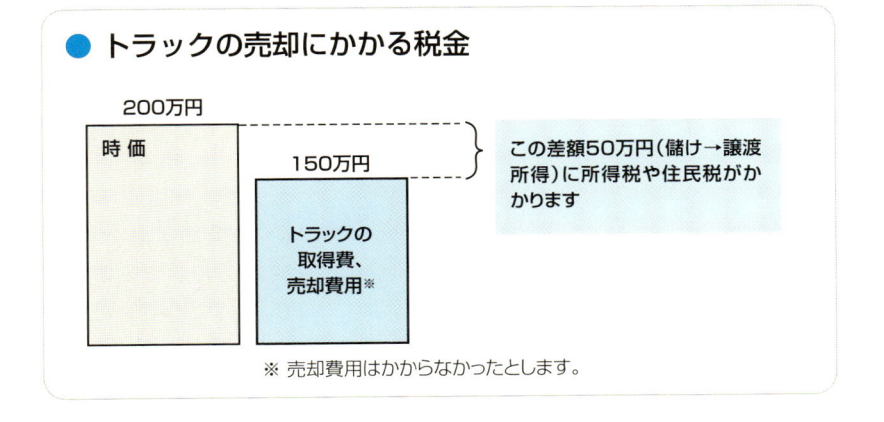

● トラックの売却にかかる税金

200万円 時価
150万円 トラックの取得費、売却費用※

この差額50万円（儲け→譲渡所得）に所得税や住民税がかかります

※ 売却費用はかからなかったとします。

個人に対する所得税や住民税は、会社に移した財産の種類に応じて計算方法が変わってきます。
　❶の場合には、今まで作成していた申告書の延長で計算できるかもしれませんが、❷や❸については、「確定申告の手引き」を見てもわからなければ、税務署や税理士に相談することをお勧めします。

❶ 棚卸資産
　「事業所得」となります。今まで消費者や得意先に販売していたときと変わりません。

　　例 商品、製品、材料、仕掛品など

❷ 建物や土地
　「譲渡所得」となります。これはほかの所得とは区別して課税されるところから、「分離課税の譲渡所得」といわれます。

　　例 事務所、倉庫、駐車場、作業場など

　特に、古くから持っている土地は、時価が取得費よりもかなり高くなっていることが多く、多額の売却益が発生するため、注意が必要です。

❸ 固定資産（❷に該当するものを除く）
　「譲渡所得」となります。これは❷と異なり、ほかの所得と区別せずに課税されるところから「総合課税の譲渡所得」といわれます。

　　例 営業車、トラック、パソコン、機械、ゴルフ会員権など

≪消費税
売買契約や現物出資にも消費税がかかります。

　建物や機械など、高額な財産を移した場合、多額の消費税の納税義務が発生する可能性があるので、事前に税額を見積もっておく必要があります。また、**土地の売買には消費税がかかりません**が、課税売上割合という難しい問題があるため、税理士に相談することをお勧めします。

個人事業の事業税の見込控除のしかた

　個人事業の事業税は、通常、所得税の確定申告をもとに都道府県税事務所が計算します。そして個人事業者宛に通知書が送付され、それにもとづき納付します。したがって、事業税は所得税の計算上、通知書を受け取った年の経費として処理します。しかし、法人成りをした最終年度

については、最終年度の確定申告をしたあとに通知される事業税を経費とすることができません。そこで、「見込額」をその年のうちに（前倒しで）経費とすることができるようになっています。

● **個人事業の事業税の見込額の計算方法**

(A ± B) × C ÷ (1 + C)

A：所得金額
B：調整金額（主なものとして事業主控除※）

※ 290万円 × $\frac{事業年度月数}{12カ月}$

C：事業税の税率（3〜5％）

上記計算は複雑なため、税務署や税理士に相談することをお勧めします。

法人成りしたあとの入出金口座の移行

法人成りしたあとは、すべての取引は会社として行うことになります。したがって、**入金や支払いには、会社の預金口座を使用します。**特に売掛金の入金は、得意先にしっかり連絡をしておかないと、個人の口座に振り込まれてしまいがちです。口座を開設したらすぐに得意先にお知らせします。

また、社長のプライベートの支出は、必ず個人の口座を使用します。

まとめ

- 資本金を増やしたければ現物出資を検討する
- 手続きが面倒であれば、売買契約、賃貸借契約を考える
- 現物出資、売買契約による場合は、個人事業の消費税や所得税・住民税が大きくなることもあるため、事前の試算が必要
- 現物出資、売買、賃貸借いずれにしても、時価の算定が重要になる。時価の算定については、専門家の協力も検討する
- 法人成りをすれば、遅かれ早かれ税理士は必要になる。法人成り前からいろいろ相談するのも手

6-3 法人成りしたあと
2. 個人事業の廃業に伴う届出書

　法人成りの場合、今まで個人事業として行ってきた事業を廃業し、新たに会社として事業をスタートすることになります。個人事業を廃止するにあたり、次のような届出書を提出します。

　ただし、法人成りをしたあと社長個人の不動産を会社に貸すようなときは、社長個人には家賃収入が入り、不動産所得が発生します。

　たとえば、自宅の一部を会社の事務所として貸した場合、**社長個人の不動産所得が発生するので、そのまま確定申告を継続していく**ことから、❶、❷、❹の届出書は不要になります。

❶ 個人事業の開業・廃業等届出書（所得税）

　法人成りにより、個人事業を廃止する場合に提出します。

❷ 所得税の青色申告の取りやめ届出書

　個人事業を青色申告で申告していた場合は、法人成りにより個人事業を廃止する際、提出します。新しく設立した会社で青色申告を選択する場合（219頁参照）にも、この届出書が必要になります。

❸ 給与支払事務所等の廃止届出書

　従業員や事業専従者に給与を支払っていた場合に提出します。

❹ 事業廃止届出書（消費税）

　個人事業のときに、消費税の納税義務者であった場合に提出します。

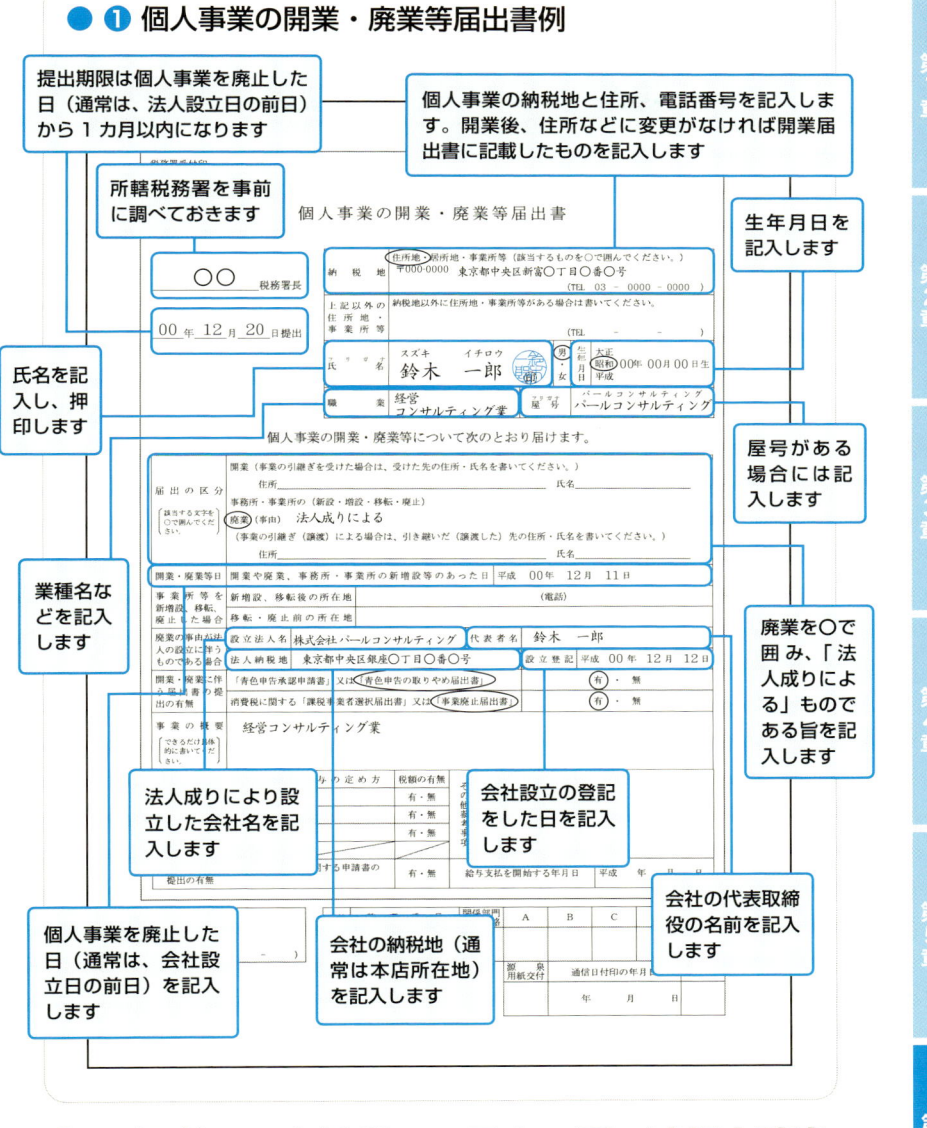

❶ 個人事業の開業・廃業等届出書例

提出期限は個人事業を廃止した日（通常は、法人設立日の前日）から1カ月以内になります

個人事業の納税地と住所、電話番号を記入します。開業後、住所などに変更がなければ開業届出書に記載したものを記入します

所轄税務署を事前に調べておきます

○○ 税務署長

00年12月20日提出

生年月日を記入します

氏名を記入し、押印します

氏名：鈴木 一郎
住所：〒000-0000 東京都中央区新富○丁目○番○号
（TEL 03-0000-0000）
昭和00年00月00日生
職業：経営コンサルティング業
屋号：パールコンサルティング

屋号がある場合には記入します

業種名などを記入します

廃業（事由）法人成りによる

廃業を○で囲み、「法人成りによる」ものである旨を記入します

開業・廃業等日 平成00年12月11日

設立法人名：株式会社パールコンサルティング
代表者名：鈴木 一郎
法人納税地：東京都中央区銀座○丁目○番○号
設立登記：平成00年12月12日

法人成りにより設立した会社名を記入します

会社設立の登記をした日を記入します

会社の代表取締役の名前を記入します

個人事業を廃止した日（通常は、会社設立日の前日）を記入します

会社の納税地（通常は本店所在地）を記入します

❺ 所得税の予定納税の7月（11月）減額申請書

　法人成りをすると、通常、個人の所得が下がります。税務署から通知された予納額が多すぎるときに、それを減らしてもらうための申請です。

269

❷ 所得税の青色申告の取りやめ届出書例

青色申告を取りやめようとする年の翌年3月15日までが提出期限ですが、通常は、「個人事業の開業・廃業等届出書」と同時に届け出ます

個人事業の納税地と住所、電話番号を記入します。開業後、住所などに変更がなければ開業届出書に記載したものを記入します

所轄税務署を事前に調べておきます

氏名を記入し、押印します

屋号がある場合には記入します

生年月日を記入します

業種名などを記入します

青色申告の承認を受けていた期間を記入します

理由を記入します

通常は会社を設立した年の翌年になります

記入例:
- ○○税務署長殿
- 平成00年12月20日提出
- 鈴木 一郎
- 経営コンサルティング業
- 屋号：パールコンサルティング
- 昭和00年から平成00年分まで
- 法人成り

270

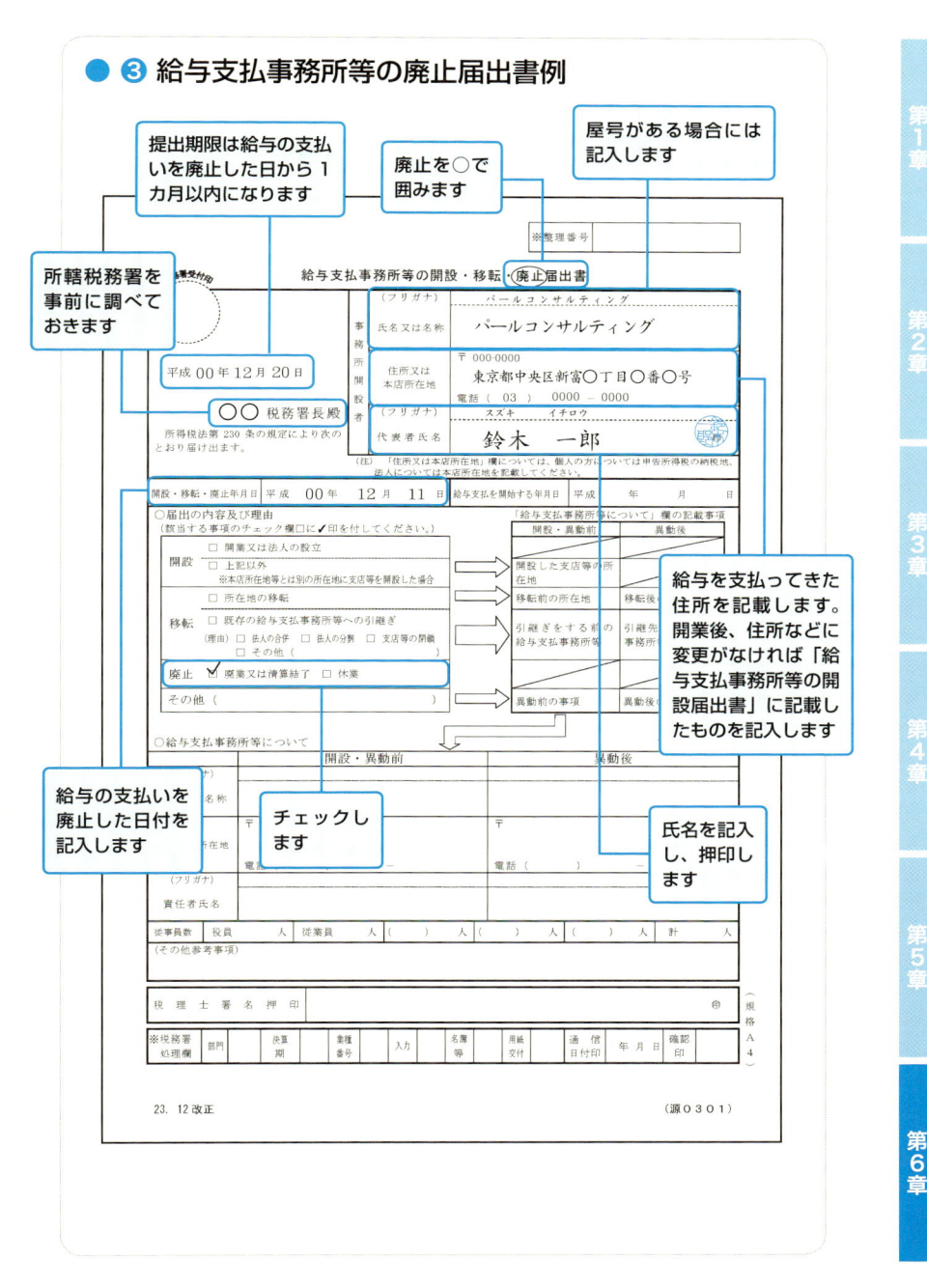

● ❸ 給与支払事務所等の廃止届出書例

提出期限は給与の支払いを廃止した日から1カ月以内になります

廃止を○で囲みます

屋号がある場合には記入します

所轄税務署を事前に調べておきます

給与支払事務所等の開設・移転・廃止届出書

※整理番号

平成 00年 12月 20日

(フリガナ) パールコンサルティング
事務所開設者
氏名又は名称 パールコンサルティング

〒 000-0000
住所又は本店所在地 東京都中央区新富○丁目○番○号
電話 (03) 0000 - 0000

○○税務署長殿

(フリガナ) スズキ イチロウ
代表者氏名 鈴木 一郎 ㊞

所得税法第230条の規定により次のとおり届け出ます。

(注) 「住所又は本店所在地」欄については、個人の方については申告所得税の納税地、法人については本店所在地を記載してください。

開設・移転・廃止年月日 平成 00年 12月 11日 給与支払を開始する年月日 平成 年 月 日

○届出の内容及び理由
(該当する事項のチェック欄口に✓印を付してください。)

開設
□ 開業又は法人の設立
□ 上記以外
※本店所在地等とは別の所在地に支店等を開設した場合

移転
□ 所在地の移転
□ 既存の給与支払事務所等への引継ぎ
(理由) □ 法人の合併 □ 法人の分割 □ 支店等の閉鎖
□ その他 ( )

廃止 ✓ 廃業又は清算結了 □ 休業

その他 ( )

「給与支払事務所等について」欄の記載事項
開設・異動前 / 異動後
開設した支店等の所在地
移転前の所在地 / 移転後
引継ぎをする前の給与支払事務所等 / 引継先事務所
異動前の事項

給与を支払ってきた住所を記載します。開業後、住所などに変更がなければ「給与支払事務所等の開設届出書」に記載したものを記入します

給与の支払いを廃止した日付を記入します

チェックします

氏名を記入し、押印します

○給与支払事務所等について
開設・異動前 / 異動後
氏名
住所
電話 ( ) / 〒 電話 ( )
(フリガナ)
責任者氏名

従事員数 役員 人 従業員 人 ( ) 人 ( ) 人 ( ) 人 計 人
(その他参考事項)

税理士署名押印 ㊞ (規格A4)

※税務署処理欄 | 部門 | 決算期 | 業種番号 | 入力 | 名簿等 | 用紙交付 | 通信日付印 | 年月日 | 確認印

23.12改正 (源0301)

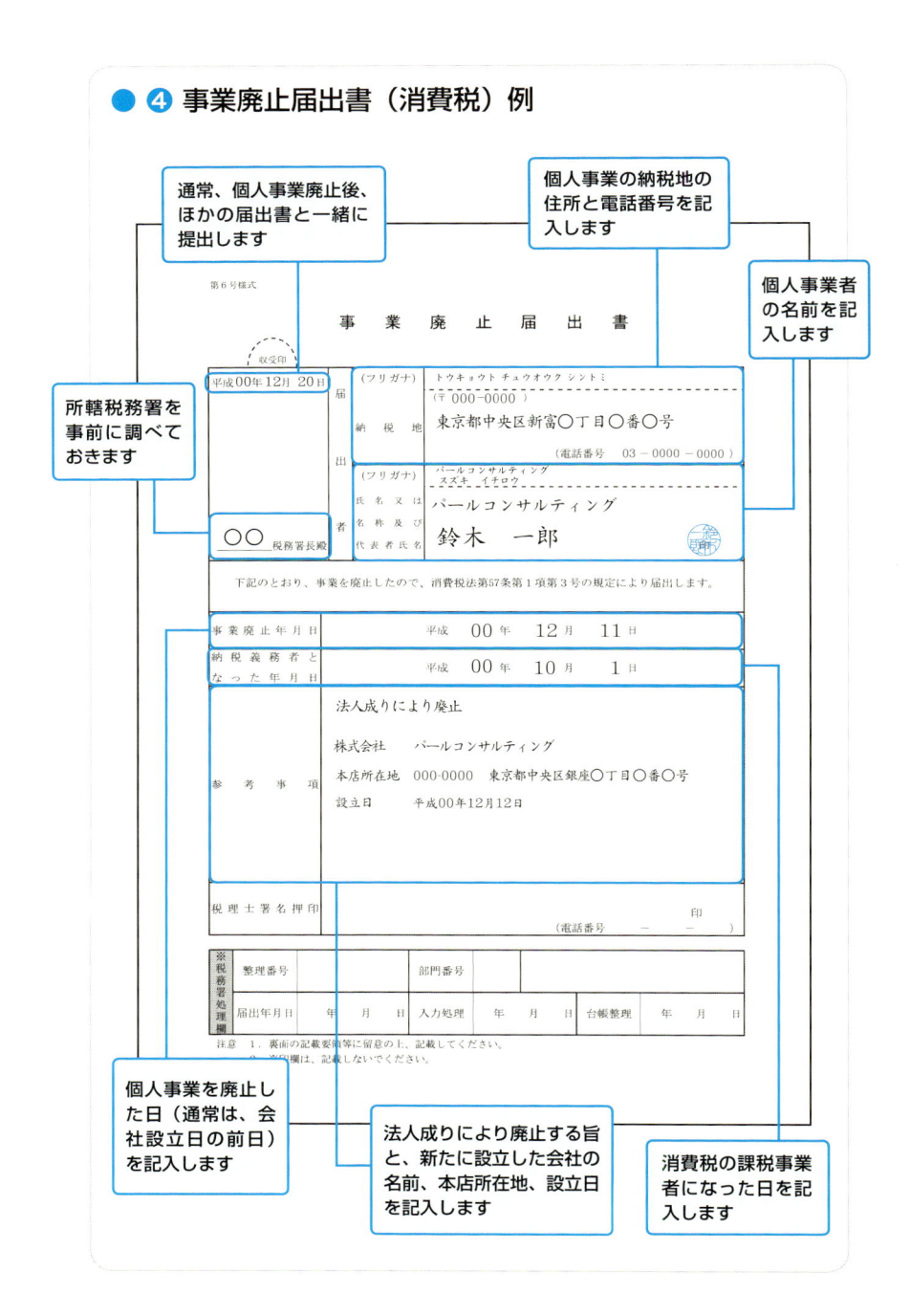

❹ 事業廃止届出書（消費税）例

通常、個人事業廃止後、ほかの届出書と一緒に提出します

個人事業の納税地の住所と電話番号を記入します

個人事業者の名前を記入します

所轄税務署を事前に調べておきます

第6号様式

事 業 廃 止 届 出 書

収受印

平成00年12月20日

○○税務署長殿

届出者	（フリガナ）	トウキョウト チュウオウク シントミ
	納税地	（〒000-0000）東京都中央区新富○丁目○番○号（電話番号　03－0000－0000）
	（フリガナ）	パールコンサルティング　スズキ　イチロウ
	氏名又は名称及び代表者氏名	パールコンサルティング　鈴木　一郎　㊞

下記のとおり、事業を廃止したので、消費税法第57条第1項第3号の規定により届出します。

事業廃止年月日	平成　00年　12月　11日
納税義務者となった年月日	平成　00年　10月　1日
参考事項	法人成りにより廃止 株式会社　パールコンサルティング 本店所在地　000-0000　東京都中央区銀座○丁目○番○号 設立日　平成00年12月12日

税理士署名押印　　　　　　　　　　　　　　　　印
（電話番号　　－　　－　　）

※税務署処理欄	整理番号		部門番号					
	届出年月日	年　月　日	入力処理	年　月　日	台帳整理	年　月　日

注意　1．裏面の記載要領等に留意の上、記載してください。
　　　2．※印欄は、記載しないでください。

個人事業を廃止した日（通常は、会社設立日の前日）を記入します

法人成りにより廃止する旨と、新たに設立した会社の名前、本店所在地、設立日を記入します

消費税の課税事業者になった日を記入します

索　引

アルファベット

- CD-R 178
- CSR（企業の社会的責任） 78
- ICカードリーダライタ 139
- OCR用申請用紙 174
- OCR用申請用紙例 175
- PDF署名プラグインソフト 141
- PDF変換ソフト 141

あ行

- 青色申告の承認申請書 .... 219，220
- 委任契約 47
- 委任状例 133
- 印鑑 71
- 印鑑カード（個人） 73
- 印鑑カード（会社） 202
- 印鑑カード交付申請書 203
- 印鑑（改印）届書例 188
- 印鑑証明書（個人） 73
- 印鑑証明書交付申請書（個人） 72
- 印鑑証明書交付申請書（会社） 204
- 印鑑証明書交付申請書例 .... 72，204
- 印鑑証明書例（会社） 206
- 印鑑証明書（会社）を提出するとき 205
- 印鑑登録申請書例（個人） 72
- 印鑑届出書（会社） 187
- インターネット専業銀行 208
- 運転資金 59

- 営利性 77
- 閲覧申請書例 37
- 押印 106

か行

- 開業資金 235
- 会計参与 53
- 外国人 47
- 介護保険 229
- 会社 16
- 会社設立にかかる費用の一覧 24
- 会社の口座開設の際に必要な
  　主な書類と持ち物例 212
- 会社の実印 73
- 会社の設立に伴う届出書 214
- 会社の設立記念日 148
- 会社の登記段階で必要な印鑑の種類 70
- 会社の目的 77
- 会長 54
- 解約予告期間 68
- 角印 76
- 課税標準金額 168
- 株券 113
- 株式会社 16
- 株式会社と合同会社の違い 17
- 株式の譲渡制限に関する規定 91
- 株式払込金保管証明書 157
- 株主 42
- 株主名簿 219

273

借入申込書例	244
過料	151
管轄する法務局	194
監査役	51
監査役の任期	55
官報	89
機関	46
議決権	42
記名押印	106
記名押印例	106
却下	193
給与支払事務所	221
給与支払事務所等の開設届出書	221, 222
給与支払事務所等の廃止届出書	268, 271
業種別会社目的例	83
業務執行取締役	49
業務執行の決定	49
許可・届け出が必要な仕事の例	96
許認可業種	94
銀行印	75
銀行口座	208
金融機関の選び方	209
金融機関の種類	208
契印	109
消印	131
決算期	86
決算期の選び方	87
決定事項チェックシート	28
減価償却	226
減価償却資産の償却方法の届出書	226
健康保険	229
健康保険・厚生年金保険　新規適用届	229
健康保険・厚生年金保険　被保険者資格取得届	229
健康保険　被扶養者（異動）届（国民年金第3号被保険者関係届）	229
現在事項証明書	199
検査役	62
検査役の調査	63
原状回復費	68
源泉所得税	221, 223
源泉所得税の納期の特例の承認に関する申請書	223, 224
現物出資	62, 260
原本	135
公告	89
公証人	132
公証役場	132
公証役場の認証	129
公正証書	132
公正証書原本不実記載罪	151
厚生年金保険	229
合同会社	16
個人事業	16
個人事業から会社への財産の引き継ぎ方	259
個人事業の開業・廃業等届出書（所得税）	268, 269
個人事業の廃業に伴う届出書	268
個人の実印	71
ゴム印（住所印）	76
雇用保険	231, 233
雇用保険事業主事業所各種変更届	234
雇用保険適用事業所設置届	234
雇用保険 被保険者資格取得届	234
混同惹起行為	39

さ行

財産引継書書面例 163
最終仕入原価法 225
最小行政区画 65
再使用証明 193
最短1週間で会社をつくる場合の
　タイムテーブル 22
債務超過 60
磁気ディスク 178
事業税の見込控除 266
事業年度 86
事業廃止届出書（消費税）.............. 268, 272
事業目的 81
事業用資産・負債の引き継ぎ 256
資金の調達 235
自己破産 47
「資産」や「負債」を引き継がない場合に
　するべきこと 257
指定公証人 142
辞任 55
資本金 58
資本金の額の計上に関する
　証明書 185, 186
資本金の決め方 61
資本金の払い込み 153
社会保険 229
社長 54
重任 55
就任承諾書 182
就任承諾書（設立時監査役）例 184
就任承諾書（設立時代表取締役）例 ... 184
就任承諾書（設立時取締役）例 183
住民基本台帳カード（ICカード）........... 140
出資者 45
出資比率 56
商号 29
商号調査簿 35
譲渡制限 91
消費税 58, 86
商標 40
商標登録 40, 41
抄本 135
常務 54
助成金 97
助成金がもらえる例 98
所得税の青色申告の取りやめ
　届出書 268, 270
所得税の予定納税の7月（11月）
　減額申請書 269
署名押印 106
署名押印例 106
書類のセット例 191
書類をとじる順番 189
申請者操作手引書 143
申請用総合ソフト 142
新創業融資制度 236
信用金庫 208
信用組合 209
信用保証委託申込書例 252
信用保証協会 247
捨印 110
捨印例 110
制度融資 247
成年被後見人 46
税務署 215

275

絶対的記載事項 102
設立時監査役 183
設立時貸借対照表 219
設立時代表取締役 183
設立時取締役 183
設立時の取締役の仕事..........................48
設立時役員 182
設立当初発行する株数..........................92
善意の第三者 151
前各号に附帯または関連する
　一切の業務 80
宣誓供述書 47
選任 46
専務 54
創業計画書 241
創業計画書例 245
相対的記載事項 103
相談役 54
創立記念日 148

た行

代表者印 73
代表者事項証明書 199
代表取締役 49
棚卸資産 225
棚卸資産の評価方法の届出書............225
地方銀行 208
調査報告書 161
調査報告書例 161
著名表示冒用行為 39
賃貸借契約 261
通帳のコピーを取る頁........................159
定額法 226

定款 100
定款の認証..129
定款の認証の際に、公証役場に
　持っていくもの 134
定款例 111, 120
定時株主総会 114
訂正印 109
訂正印例 109
定率法 226
適法性 77
電子公告 90
電子証明書 139
電子署名 139
電子定款 136
電子定款の認証手続きを代理人に
　依頼するときの委任状例 137
電子定款の末尾例 142
登記 16, 148
登記・供託オンライン申請システム 142
登記完了予定日 195
登記事項証明書 197
登記事項証明書交付申請書 197
登記事項証明書交付申請書例 200
登記事項証明書の種類......................198
登記事項証明書を提出するとき 205
登記情報提供サービス......................199
登記申請書 167
登記申請書例 170, 172
登記すべき事項をCD-Rへ記録する
　場合の記載例 179
登記する事項 150
登記に必要な書類........................165 166
登記の申請ができない日 149
謄本 135
登記情報提供サービス........................38

登録免許税	169
登録免許税納付用台紙	174
登録免許税納付用台紙例	174
特別決議	116
都市銀行	208
特許電子図書館（IPDL）	40
取下げ	193
取下書	193
取下書例	193
取締役	46
取締役会	49
取締役会を設置しない会社の場合の必要書類一覧表	165
取締役会を設置する会社の場合の必要書類一覧表	166
取締役になれない人	46
取締役の互選	49
取締役の任期	55

な行

名板貸	34
日刊新聞紙	89
日本政策金融公庫	235
任意的記載事項	104
任期	55
認証	100
認証手続き	129
ネットバンク	208

は行

バーチャル事務所	65
売買契約	259

発行可能株式総数	93
発行済株式の総数	92
払込があったことを証する書面例	158
払込証明書	157
払込証明書のとじ方	160
ハローワーク	233
被保佐人	46
袋とじ	107
不正競争防止法	39
閉鎖事項証明書	199
変更事項	151
変態設立事項	103
法人	16
法人口座の開設	212
法人住民税	59
法人住民税の均等割	59
法人設立届出書	217, 218, 227, 228
法人成り	20, 256
法定代理人	44
募集設立	43
補助金	97
補正日	195
発起設立	43
発起人	42
発起人の決定書	180
発起人の決定書例	181
発起人の資格	44
発起人の仕事	45
本店	64
本店所在場所決議書	180

ま行

窓口別手続き早見表	21

無断転貸 262
明確性 78
持ち株比率 56

や行

役員 42
役付取締役 54
用法遵守義務 67
与信審査 80

ら行

履歴事項証明書 199
履歴事項全部証明書例 201
臨時株主総会 115
類似の商号 39
レンタルオフィス 65
労災保険 231
労働基準監督署 231
労働保険 231
労働保険 概算保険料申告書 232
労働保険 保険関係成立届 232

執筆協力：坂和　宏展（弁護士）
　　　　　天野　俊裕（税理士）
　　　　　小美野尊之（行政書士）
　　　　　上木戸一仁（公認会計士）
　　　　　坂本　直紀（社会保険労務士）
　　　　　柴家　茉弓（司法書士）
　　　　　福留　誠　（中小企業診断士）
　　　　　六角　明雄（中小企業診断士）

ダンゼン得（とく）する　知（し）りたいことがパッとわかる
会社設立（かいしゃせつりつ）のしかたがよくわかる本（ほん）

2012年 9月30日　初版第1刷発行
2013年 8月10日　初版第3刷発行

著　者　　鎌田幸子　北川真貴　山口絵理子　今井多恵子
発行人　　柳澤淳一
編集人　　久保田賢二
発行所　　株式会社　ソーテック社
　　　　　〒102-0072 東京都千代田区飯田橋4-9-5　スギタビル4F
　　　　　電話：販売部 03-3262-5320
　　　　　FAX： 　　 03-3262-5326
印刷所　　図書印刷株式会社

本書の全部または一部を、株式会社ソーテック社および著者の承諾を得ずに無断で
複写（コピー）することは、著作権法上での例外を除き禁じられています。
製本には十分注意をしておりますが、万一、乱丁・落丁などの不良品がございまし
たら「販売部」宛にお送りください。送料は小社負担にてお取り替えいたします。

©KOUKO KAMATA & MAKI KITAGAWA & ERIKO YAMAGUCHI & TAEKO IMAI 2012,
　Printed in Japan
ISBN978-4-88166-878-8

ソーテック社の好評書籍

本シリーズは、必要な書類とその書類の書き方のサンプルをできるかぎり掲載しているので、いざというときにも安心！

最新　知りたいことがパッとわかる
勘定科目と仕訳が見つかる本

税理士　北川真貴　著

● A5判　● 定価（本体価格1,600円+税）　● ISBN978-4-88166-863-4

一番わかりやすくて役に立つ勘定科目の本！

こんなとき会計ソフトだけで、ちゃんと処理できますか？

・クレジットカードで購入したときの仕訳
・事業用とプライベート用のお金のやりとりの仕訳
・個人事業の開始・法人設立時の仕訳

勘定科目も会計ソフトだけではどうにもならないときがありませんか？

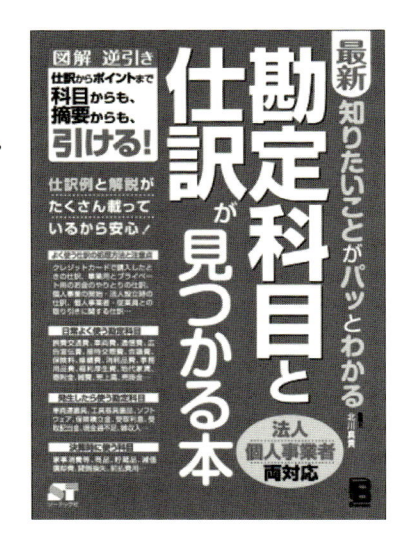

「日常よく使う科目」「発生したら使う科目」「決算時に使う科目」を、なるべく多くの仕訳例を掲載して、迷いやすいポイントは詳しく解説しているので安心！

http://www.sotechsha.co.jp/